FE 21世纪高等职业教育财经类规划教材

财务会计类

工业和信息化高职高专“十二五”规划教材立项项目

财务管理实务（第2版）

Financial Management Practice (2nd Edition)

◎ 黄佑军 主编 ◎ 余笑冰 王亮 魏文兰 副主编

人民邮电出版社
北京

图书在版编目（CIP）数据

财务管理实务 / 黄佑军主编. -- 2版. -- 北京 :
人民邮电出版社, 2016.1
21世纪高等职业教育财经类规划教材. 财务会计类
ISBN 978-7-115-41517-2

Ⅰ. ①财… Ⅱ. ①黄… Ⅲ. ①财务管理－高等职业教
育－教材 Ⅳ. ①F275

中国版本图书馆CIP数据核字(2016)第008753号

内容提要

本书以就业和创新创业为导向，以企业财务管理实际工作的有关岗位为核心，按照高职高专学生的认知特点，让学生在完成具体项目、任务的过程中构建相关理论知识，并形成职业素养，培养职业能力。本书包括财务管理认知、筹资管理、投资管理、营运资金管理、收益与分配管理、财务预算、财务控制、财务分析8个项目。

本书既适合高职高专会计、会计电算化、财务管理、会计与审计等财会类专业和市场营销、零售等工商管理专业的读者使用，也适用于其他相关培训。

◆ 主　　编　黄佑军
副 主 编　余笑冰　王　亮　魏文兰
责任编辑　李育民
责任印制　张佳莹　杨林杰

◆ 人民邮电出版社出版发行　　北京市丰台区成寿寺路11号
邮编　100164　　电子邮件　315@ptpress.com.cn
网址　http://www.ptpress.com.cn
三河市海波印务有限公司印刷

◆ 开本：787×1092　1/16
印张：14.75　　2016年2月第2版
字数：327千字　　2016年2月河北第1次印刷

定价：34.00元

读者服务热线：(010)81055256　印装质量热线：(010)81055316
反盗版热线：(010)81055315
广告经营许可证：京崇工商广字第0021号

（第 2 版）前言

“财务管理实务”课程既是财务管理、会计、金融、市场营销、商务管理、工商企业管理等财经、工商管理类专业的一门核心专业课程，也是其他财经、工商管理类专业的专业基础课程或选修课程。本书以企业财务管理活动为主线，参照当前财务管理的职业资格标准，注重职业素养形成和职业能力培养，体现基于职业岗位分析和具体工作过程的课程设计理念，围绕财务管理活动设计相应的项目、任务而进行编写的。

本书强调学生知识目标和能力目标的实现，注重学生职业素养的形成和职业技能的培养，以教育部职成司〔2015〕6 号《教育部关于深化职业教育教学改革，全面提高人才培养质量的若干意见》等文件和全国职业教育工作会议精神为指引，强化学生职业素养的形成和职业能力的培养，培育创新型、复合型和发展型的高级技术技能型人才。本书打破以知识传授为主要特征的传统学科教材模式，将模式转变为以工作项目与任务为中心组织课程内容，在邀请企业、行业财务专家对有关专业所涵盖的业务岗位群进行任务与职业能力分析的基础上，以就业和创新创业为导向，以企业财务管理实际工作岗位为核心，按照高职学生的认知特点，采用并列与流程相结合的结构展示教学内容，让学生在完成具体项目、任务的过程中构建相关理论知识，并形成职业素养，培养职业能力。为了使学生课后巩固知识和提升技能，本教材还安排了相应的能力拓展训练。本教材包括财务管理认知、筹资管理、投资管理、营运资金管理、收益与分配管理、财务预算、财务控制、财务分析 8 个项目。

本书每个工作项目的学习与实训都以基本业务操作技能为载体设计的活动进行，以每一项工作任务为中心，整合理论与实践，实现理论与实践的一体化。这些项目以财务管理一线岗位的基本价值观念、基本能力、基本方法、基本业务、基本操作等为线索进行设计，本书内容注重对学生职业素养的形成和职业能力的训练，理论知识的选取紧紧围绕完成工作任务的需要进行，同时又充分考虑了高等职业教育对理论知识学习的需要，并融合了相关职业资格证书考试对知识和技能的要求，充分体现了“工学结合、任务驱动、项目导向”的教学模式。

本书的编写突出了以下几个特点。

（1）以公司财务管理相关业务操作为主线，充分体现“任务驱动、项目导向”的高等职业教育专业课程设计思想，以财务管理岗位为核心，结合岗位职业资格证书的考核要求，合理安排教材内容。

（2）以设计完成的项目活动为基础，通过情景模拟、角色体验、角色互换、情景再现、能力拓展训练等多种手段，深入浅出、图文并茂地展现教学内容。

（3）在内容上具有实用性和可操作性，同时注重与时俱进，把财务管理实务过程中的新知识、新规定、新技术、新方法融入本书之中，使教材更贴近财务管理实务的发展变化和实际需要。

本书由黄佑军担任主编，在第 1 版的基础上，对有关项目、任务进行了结构调整和内容优化，

（第2版）前言

并负责项目三的编写和全书的修改、校对；余笑冰负责项目二、项目六的编写；王亮负责项目四、项目八的编写；魏文兰负责项目一、项目五、项目七的编写。本书在编写过程中，吸收、引用了兄弟院校相关老师的教学资料，在此对他们致以衷心的感谢。

由于时间有限，加之编者水平有限，书中难免存在有待改善之处，恳请各位读者批评指正。

编　者

2016年1月

目 录

目 录

目 录

项目一

财务管理认知

【知识目标】

- 了解财务管理的内涵、目标、环境和组织机构
- 掌握资金时间价值含义、计算
- 掌握名义利率和实际利率含义、计算
- 掌握年金含义、种类和计算
- 掌握风险和风险价值含义、计算

【能力目标】

- 正确分析企业财务活动和财务关系，熟悉企业财务管理环节
- 正确分析企业财务管理环境和合理设置财务管理的组织机构
- 能有效利用资金时间价值和风险价值分析有关实际项目
- 有效利用风险衡量指标分析有关投资项目

任务一　分析企业财务活动、理清财务关系

任务引入

财务管理组织机构的研究经历了 3 个阶段，众多专家学者对财务管理组织机构的研究已经形

成了以下 3 种比较有代表性的观点。

观点一，清华大学杨纪琬、夏冬林教授设计的财务管理组织机构，是实行总经理领导下的总会计师负责制，下设财务、会计、内部审计 3 个部门。财务部门包括资金科、投资科、预算科和内部银行，主要负责公司的资金管理和资本运作。会计部门下设会计科、成本科、材料科、固定资产科和收入科，主要负责公司的成本管理和会计核算。内部审计部门既对董事会或股东大会负责，同时又对总经理负责。

观点二，东北财经大学陆正飞教授设计的财务管理组织机构，属于典型的制造企业组织，财务副总经理是作为现代公司 3 大功能板块之一的领导，直接对公司总裁或首席执行官（CEO）负责。在大型公司里，财务副总裁负责的工作往往又被分为两块：一块由财务长负责，另一块由主计长负责。

观点三，上海财经大学张鸣教授设计的财务管理组织机构中，财务管理部门由企业主管财务的副总经理或首席财务官（CFO）领导，下设主计长和司库。财务副总经理除了管理主计长和司库的工作外，主要负责企业财务战略和计划的制订、外汇交易和管理、利率风险管理、生产和存货的控制，具体对主计长和司库的分工做出安排。任务要求如下。

1. 财务与会计师是等价的吗？你是如何理解的？
2. 你认为以上 3 种财务管理组织机构存在什么问题，为什么？
3. 根据相关理论，请设计一个相对合理的财务管理组织机构？

相关知识

财务管理（Financial Management）是企业以组织财务活动、处理财务关系来实现财务目标的一项综合性经济管理工作。

一、财务管理对象

财务管理主要是资金管理，其对象是现金及其流转。财务管理也会涉及成本、收入和利润问题。从财务的观点来看，成本和费用是现金的耗费，收入和利润是现金的来源。

1. 现金流转

我们以制造业企业为例来说明企业资金的运动过程，其运动过程如图 1-1 所示。

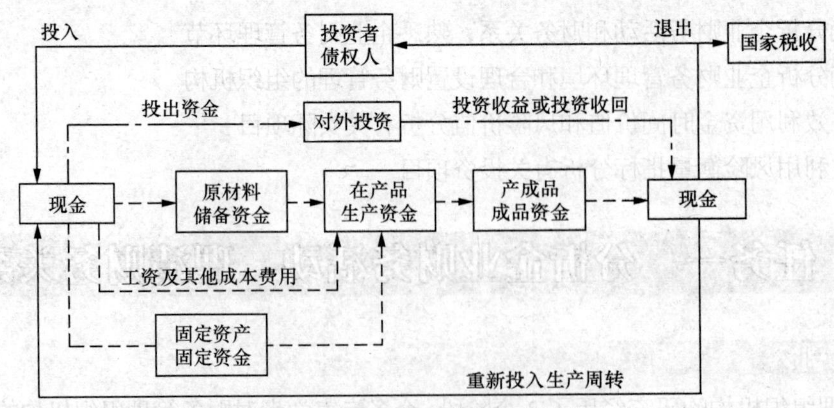

图 1-1　制造业企业资金运动过程

通过图 1-1 可以看出，企业的生产经营过程具有两重性，它既是使用价值的生产和交换过程，又是价值的形成和实现过程。在生产经营过程中，随着使用价值的生产和交换，物质的价值形态和价值量在不断地发生变化。在这个过程中，现金流转的起点和终点都是现金，其他资产都是现金在流转中的转化形式，因此，财务管理的对象也可以说是现金及其流转。这种流转周而复始，不断循环，形成现金的循环。

在资金循环过程中，应注意折旧是现金的一种来源。

例如，ABC 公司的损益情况如表 1-1 所示。

表 1-1　　损益表　　单位：元

项目	金额
销售收入	100 000
制造成本（不含折旧）	50 000
销售和管理费用	10 000
折旧	20 000
税前利润	20 000
所得税	5 000
税后利润	15 000

该公司获利 15 000 元，现金却增加了 35 000 元。因为销售收入方面增加了现金 100 000 元，各种现金支出是 65 000 元（付现成本 50 000 元 + 付现费用 10 000 元 + 所得税 5 000 元），现金增加了 35 000 元，比净利多了 20 000 元（35 000 元 -15 000 元），这是计提折旧 20 000 元引起的。利润是根据收入减全部费用计算得出的，而现金余额是收入减全部现金支出计算得出的。折旧不是本期的现金支出，但却是本期的费用。因此，每期的现金增加是利润与折旧之和。利润会使企业现金增加，折旧也会使现金增加，不过，折旧同时还能够使固定资产的价值减少。

2. 现金流转不平衡的原因及其影响

如果企业的现金流入量与流出量相等，财务管理工作将大大简化。实际上这种情况极为罕见，不是收大于支，就是支大于收。现金流转不平衡的原因有企业内部引起的，如盈利、亏损或扩充；也有企业外部引起的，如市场变化、经济兴衰和企业竞争等。

（1）影响企业现金流转的内部原因

① 盈利企业的现金流转。不打算扩充的盈利企业，其现金流转一般比较顺畅。税后净利使企业现金多余出来，折旧、摊销等也会积存现金。盈利企业也可能由于抽出过多现金而发生临时流转困难。例如，付出股利、偿还借款、更新设备等。

② 亏损企业的现金流转。从长期的观点看，亏损企业的现金流转是不可能维持的。短期来看，可分为两类：一类是亏损额小于折旧额的企业，这类企业在固定资产重置以前可以维持下去；另一类是亏损额大于折旧额的企业，这类企业若不从外部补充现金将很快破产。

③ 扩充企业的现金流转。任何要迅速扩大经营规模的企业，都会遇到相当严重的现金短缺问题。固定资产的投资扩大、存货增加、应收账款增加、营业费用增加等，都会使现金流出扩大。

财务主管人员的任务不仅是维持当前经营的现金收支平衡，而且要设法满足企业扩大的现金需要，并且力求使企业扩充的现金需求不超过扩充后新的现金流入。首先，扩充企业及其财务应从企业内部寻找扩充项目所需资金，如出售短期证券、减少股利分配、加速收回应收账款等。其次，内部筹集的资金不能满足扩充需要时，主管人员从外部筹集，但从外部筹集的资金，要承担资本成本，将来要还本付息、支付股利等，这些都会引起未来的现金流出。

（2）影响企业现金流转的外部原因

① 市场的季节性变化。通常来讲，企业的生产部门力求全年均衡生产，以充分利用设备和工人，但销售总会有季节性变化。

② 经济的波动。在经济收缩时，销售下降，进而生产和采购减少。整个短期循环中的资金减少了，企业便有了过剩的现金。如果预知不景气的时间很长，推迟固定资产的重置，折旧积累的现金也会增加。这种财务状况给人以假象，随着销售额的进一步减少，大量的经营亏损很快会接踵而来，现金将被逐步销蚀掉。当经济"热"起来时，现金需求迅速扩大，积存的过剩现金很快被用尽，不仅扩充存货要投入大量现金，而且受繁荣时期乐观情绪的鼓舞，企业会对固定资产进行扩充性投资，并且往往要超过提取的折旧。

③ 通货膨胀。通货膨胀会使企业遭遇现金短缺的困难，由于原料价格上升，保持存货所需的现金增加；人工和其他费用的现金支付增加。企业唯一的希望是利润也会增加，否则，现金会越来越短缺。

④ 竞争。竞争会对企业的现金流转产生不利影响。

- 价格竞争会使企业立即减少现金流入。在竞争中获胜的一方会通过多卖产品挽回其损失，实际是靠牺牲别的企业的利益加快自己的现金周转。失败的一方，不但会蒙受价格下降的损失，还将会受到销量减少的打击，现金周转可能会严重失衡。
- 广告竞争会立即增加企业的现金流出。最好的结果是广告促进销售，加速现金流回。若竞争对手也为推销做了努力，企业广告只能制止其销售额的下降。

二、企业财务活动

企业财务活动是以现金收支为主的企业资金收支活动的总称。企业财务活动可分为以下4个方面。

1. 企业筹资引起的财务活动（筹资活动）

企业要进行生产活动，首先必须从各种渠道筹集资金。企业的资金来源主要有两种方式：一是企业的自有资金，企业可通过向投资者吸收直接投资、发行股票、企业内部留存收益等方式取得；二是企业的债务资金，企业可通过从银行借款、发行债券、利用商业信用等方式取得。

2. 企业投资引起的财务活动（投资活动）

企业取得资金后，必须将资金投入使用，以谋求最大的经济效益，否则筹资便失去了意义。企业资金投放可分为对内和对外两种方式。企业把筹集到的资金投资于企业内部用于购置固定资产、无形资产等，便形成企业的对内投资；企业把筹集到的资金投资于购买其他企业的股票、债券或与其他企业联营进行投资，便形成企业的对外投资。

企业在投资过程中，必须考虑投资规模，同时还必须通过投资方向和投资方式的选择，来确定合理的投资结构，以提高投资效益，降低投资风险，这是财务管理的主要内容之一。

3. 企业经营引起的财务活动（营运活动）

企业在正常的经营过程中，会发生一系列的资金收支。首先，企业要采购材料或商品，以便从事生产和销售活动，同时，还要支付工资和其他营业费用；其次，当企业把产品或商品售出后，便可取得收入，收回资金；最后，如果企业现有资金不能满足企业经营的需要，企业还要采取短期借款方式来筹集所需资金。

4. 企业分配引起的财务活动（利润分配活动）

企业在经营过程中会产生利润，也可能会因对外投资而分得利润，这表明企业有了资金的增值或取得了投资报酬。企业的利润要按规定的程序进行分配，首先要依法纳税；其次要用来弥补亏损，提取公积金、公益金；再次要向投资者分配利润。

上述财务活动的4个方面不是相互割裂、互不相关的，而是相互联系、依存的。正是上述4个方面既有联系又有区别，从而构成了完整的企业财务活动。另外，这4个方面也是财务管理的基本内容，即企业筹资管理、企业投资管理、营运资金管理、利润及其分配的管理。

三、企业的财务关系

财务关系是指企业在组织财务活动过程中与有关各方发生的经济关系。企业的筹资活动、投资活动、经营活动和利润及其分配活动与企业内外各方面有着广泛的联系。企业的财务关系可概括为以下5个方面。

1. 企业与投资者和受资者之间的财务关系

企业与投资者的财务关系（投资—受资）主要指企业的投资人向企业投入资金，而企业向其支付投资报酬所形成的经济关系。

2. 企业与债权人和债务人之间的财务关系

企业与债权人的财务关系（债权—债务）主要指企业向债权人借入资金，并按合同定时支付利息和归还本金而形成的经济关系。

3. 企业与政府之间的财务关系

政府作为社会管理者，担负着维持社会正常秩序、保卫国家安全、组织和管理社会活动等任务。企业与政府之间的财务关系（纳税—征税）是一种强制和无偿的分配关系。

4. 企业内部各单位之间的财务关系

企业内部的各职能部门和生产单位既分工又合作，共同形成一个企业系统。企业内部各单位之间的财务关系主要指企业内部各单位之间在生产经营各环节中相互提供产品或劳务所形成的经济关系。

5. 企业与职工之间的财务关系

企业和职工之间的财务关系是企业向职工支付劳动报酬的过程中形成的经济关系。

四、财务管理的环节

财务管理环节是指财务管理工作的各个阶段，它包括财务管理的各种业务手段。财务管理的基本环节有财务预测、财务决策、财务计划、财务控制和财务分析。这些管理环节互相配合，紧密联系，形成周而复始的财务管理循环过程，构成完整的财务管理工作体系。

1. 财务预测

财务预测是根据财务活动的历史资料，考虑现实的要求和条件，对企业未来的财务活动和财务成果做出科学的预计和测算。它既是两个管理循环的连接点，又是财务决策环节的必要前提。财务预测环节包括以下工作步骤：① 明确预测对象和目的；② 收集和整理相关资料；③ 建立预测模型；④ 确定财务预测结果。

2. 财务决策

财务决策是根据企业经营战略的要求和国家宏观经济政策的要求，从提高企业经济效益的理财目标出发，在若干个可以选择的财务活动方案中，选择一个最优方案的过程。财务决策环节包括以下工作步骤：① 确定决策目标；② 拟订备选方案；③ 选择最优方案。

3. 财务计划

财务计划工作是运用科学技术手段和数学方法，对目标进行综合平衡，制订主要计划指标，拟定增产节约措施，协调各项计划指标。编制财务计划要做好以下工作：① 分析主客观条件，确定主要指标；② 安排生产要素，组织综合平衡；③ 编制计划表格，协调各项指标。

4. 财务控制

财务控制是在生产经营活动的过程中，以任务计划和各项定额为依据，对资金的收入、支出、占用和耗费进行日常的核算，利用特定手段对各单位财务活动进行调节，以便实现计划制订的财务目标。财务控制要适应管理定量化的需要，落实财务控制主要抓好以下工作：① 指定控制标准，分解落实责任；② 确定执行差异，及时消除差异。

5. 财务分析

财务分析是以核算资料为主要依据，对企业财务活动的过程和结果进行剖析和评价的一项工作。进行财务分析的一般程序是：① 收集资料，掌握情况；② 指标对比，揭露矛盾；③ 因素分析，明确责任；④ 提出措施，改进工作。

任务实施

1. 随机分成若干小组（每组 5～8 人），讨论合理的财务管理机构如何设置，应该设置哪些相应的职能岗位，分别扮演各工作岗位角色，分析各岗位自身的职责。
2. 分析讨论 3 种财务管理组织机构存在的问题及其原因。
3. 小组代表汇报，其他小组和老师评分。
4. 互换角色。
5. 根据相关理论，设计一个相对合理的财务管理组织机构。

任务二　财务管理目标选择与协调

任务引入

天桥商场是一家老字号商业企业，成立于 1953 年，是全国第一面“商业红旗”。20 世纪 80 年代初，天桥商场首先在中国打破了 30 年工资制，将商业 11 级改为新 8 级。1993 年 5 月，天桥商场股票在上海证券交易所上市。1998 年 12 月 30 日，北大青鸟有限责任公司和北京天桥百货股份有限公司发布公告，宣布北大青鸟通过协议方式受让北京天桥部分法人股股权。北大青鸟出资 6 000 多万元，拥有了天桥商场 16.76%的股份，北京天桥百货商场更名为“北京天桥北大青鸟科技股份有限公司”（简称天桥青鸟公司）。此后，天桥商场的经营滑落到盈亏临界点。面对严峻的形势，公司决定裁员，以谋求长远发展，于是就有了下面一幕。

1999 年 11 月 18 日下午，北京天桥商场里面闹哄哄的，商场大门也挂上了“停止营业”的牌子。11 月 19 日，很多顾客惊讶地发现，天桥商场在周末居然没开门。据一位售货员模样的人说：“商场管理层年底要和我们终止合同，我们就不给他们干活了。”员工们不仅不让商场开门营业，还把货场变成了群情激愤的论坛。1999 年 11 月 18 日～12 月 2 日，对北京天桥北大青鸟科技股份有限公司管理层和广大员工来说，是黑色的 15 天。在这 15 天里，天桥商场经历了 46 年来第一次大规模裁员，天桥商场被迫停业达 8 天之久，公司管理层经受了职业道德与人道主义的考验，作出了在改革的道路上是前进还是后退的抉择。

经过有关部门的努力，对面临失业的职工的安抚有了实际的举措，公司董事会开会决定，同意给予终止合同的职工给予适当的经济补助，并同意参照解除劳动合同的相关规定，对 283 名终止劳动合同的职工给予人均 1 万元，共计 300 万元左右的一次性经济补助。至此，这场风波总算平息。任务要求如下。

1. 天桥青鸟事件给你什么启示？
2. 从以上公司介绍的情况看，你能否推断该公司的财务目标。
3. 你认为天桥青鸟的最初决策是合理的吗？后来的让步是否合适？

相关知识

一、企业目标及其对财务管理的要求

财务管理是企业管理的一部分，是有关资金的获得和有效使用的管理工作。财务管理的目标取决于企业的总目标，并且受财务管理自身特点的制约。不同的企业目标对财务管理有不同的要求。

（1）生存目标及其对财务管理的要求。

（2）发展目标及其对财务管理的要求。

（3）获利目标及其对财务管理的要求。

二、财务管理的目标

财务管理的目标是指企业进行财务活动所要达到的根本目的，又称理财目标，它决定着企业财务管理的基本方向。财务管理的目标主要有以下 4 种观点。

1. 利润最大化

利润最大化一般指税后利润总额的最大化。

（1）利润最大化目标的优点。

① 利润额是企业在一定期间经营收入和经营费用的差额，是按照收入费用配比原则加以计算的，它在一定程度上反映了企业经济效益的高低。

② 利润是增加投资者投资收益、提高职工劳动报酬的来源，也是企业补充资本积累、扩大经营规模的源泉。

③ 提倡企业最大限度地谋求利润，对于改变人们对利润的偏见，扬弃“产值最大化”的理财目标具有积极意义。

（2）利润最大化目标的缺点。

① 这里的利润是指企业一定时期实现的利润总额，没有考虑资金的时间价值。

② 没有反映创造的利润与投入的资本之间的关系，因而不利于不同资本规模的企业或同一企业不同期间之间的比较。

③ 在市场风险逐渐增加的情况下，盲目追求利润最大化导致资本规模的无度扩张，这会给企业带来财务风险。

④ 片面追求利润最大化，可能导致企业短期行为，如忽视产品开发、人才开发、生产安全、技术装备水平、生活福利设施和履行社会责任等。

2. 资本利润率最大化或每股利润最大化

资本利润率是利润额与资本额的比率。每股利润是利润额与普通股股数的比值。这里的利润额指税后净利润。

（1）资本利润率最大化或每股利润最大化目标的优点。把企业实现的利润额同投入的资本或股本数进行对比，能够说明企业的盈利水平，可以在不同资本规模的企业或同一企业不同期间之间进行比较，揭示其盈利水平的差异。

（2）资本利润率最大化或每股利润最大化目标的缺点。

① 没有考虑资金的时间价值。

② 没有考虑风险因素。

3. 股东财富最大化

现代企业的日常财务管理工作由受委托的经营者负责处理，经营者应最大限度地谋求股东或委托人的利益，而股东或委托人的利益目标则是提高资本报酬，增加股东财富，实现权益资本的保值、增值。人们往往用股票市场价格来代表股东财富，股东财富最大化的目标在一定条件下也就演变成股票市场价格最大化这一目标。

（1）股东财富最大化目标的优点。

① 股东财富最大化目标考虑了风险因素，因为风险的高低会对股票价格产生重要影响。

② 股东财富最大化在一定程度上能够克服企业在追求利润上的短期行为，因为不仅目前的利润会影响股票价格，未来预期的利润对企业股票价格也会产生重要影响。

③ 股东财富最大化目标比较容易量化，便于考核和奖惩。

（2）股东财富最大化目标的缺点。

① 它只适用于上市公司，对非上市公司则很难适用。

② 它只强调股东的利益，而对企业其他关系人的利益重视不够。

③ 股票价格受多种因素影响，并非都是公司所能控制的，把不可控因素引入理财目标是不合理的。

尽管股东财富最大化存在上述缺点，但如果一个国家的证券市场高度发达，市场效率极高，上市公司可以把股东财富最大化作为财务管理的目标。

4. 企业价值最大化

现代企业是多边契约关系的集合，不能只考虑股东的利益，而应以企业价值最大化作为理财目标。企业价值不是账面资产的总价值，而是企业全部财产的市场价值，它反映了企业潜在或预期获利能力。投资者在评价企业价值时，是以投资者预期投资时间为起点的，并将未来收入按预期投资时间的同一口径进行折现，未来收入的多少按可能实现的概率进行计算。可见，这种计算办法考虑了资金的时间价值和风险问题。企业所得的收益越多，实现收益的时间越近，应得的报酬越能够确定，企业的价值或股东财富也就越大。

（1）企业价值最大化目标的优点。

① 该目标考虑了资金的时间价值和投资的风险价值，有利于统筹安排长、短期规划，合理选择投资方案，有效筹措资金，合理制定股利政策等。

② 该目标反映了对企业资产保值、增值的要求。企业市场价值的增大，会促使企业资产保值或增值。

③ 该目标有利于克服管理上的片面性和短期行为。

④ 该目标有利于社会资源的合理配置。社会资金通常流向企业价值最大化的企业或行业，这有利于实现社会效益最大化。

（2）企业价值最大化目标的缺点。

① 对于股票上市企业，虽然可以通过股票价格的变动揭示企业价值，但是股价是受多种因素影响的结果，特别在即期市场上的股价不一定能够直接揭示企业的获利能力，只有长期的趋势才能做到这一点。

② 为了控股或稳定购销关系，现代企业往往采用环形持股的方式，相互持股。法人股东对股票市价的敏感程度远不及个人股东，对股价最大化目标没有足够的兴趣。

③ 对于非股票上市企业，只有对企业进行专门的评估才能真正确定其价值。而在评估企业的资产时，由于受评估标准和评估方式的影响，这种估价不易做到客观和准确，这也导致企业价值确定的困难。

三、财务管理目标的协调

企业财务管理目标是企业价值的最大化，在这一目标上，财务活动所涉及的利益主体如何进行协调是财务管理必须解决的问题。具体内容有以下两个方面。

1. 所有者与经营者的矛盾与协调

企业价值的最大化直接反映了企业所有者的利益，而作为企业的经营者只得到薪金（工资），与企业的长远收益没有直接的关系。经营者与所有者的主要矛盾就是经营者希望在提高企业价值和股东财富的同时，能更多地增加享受成本，而所有者和股东则希望以最小的享受成本支出带来更高的企业价值和股东财富。

为了解决所有者与经营者在实现理财目标上存在的矛盾，企业应当建立激励和制约机制。

（1）建立激励机制。通常可采用以下激励方式：① 适当延长经营者任期；② 实行年薪制；③ 实行绩效股。

（2）建立约束机制。经营者背离所有者的理财目标，其条件是双方的信息不一致，经营者了解的信息比所有者既多且早，因而容易出现“内部人控制”的现象。为了解决这一矛盾，就要加强对经营者的监督，并采取必要的制约措施：① 实行经营状况公开制度；② 实行对经理的约束制度；③ 实行严格的奖惩制度。

2. 所有者与债权人的矛盾与协调

所有者与债权人的矛盾主要表现在两个方面。首先，所有者可能未经债权人同意，要求经营者投资比债权人预计风险更高的项目，这增大了偿债的风险，债权人的负债价值也必然会实际降低。项目成功，额外的利润会被所有者独享；项目失败，则债权人要与所有者一起承担由此而造成的损失。其次，所有者与股东未征得现有债权人的同意，要求经营者发行新债券或举借新债，这会导致旧债券或老债券的价值降低。

为协调所有者与债权人的上述矛盾，通常采用以下两个方法。

（1）限制性借债。

（2）收回借款或不再借款。

任务实施

宏伟公司是一家从事 IT 产品开发的企业。由 3 位志同道合的朋友共同出资 100 万元，平均分配股权比例共同创立的。企业发展初期，创始股东都以企业的长远发展为目标，关注企业地持续增长能力，所以，他们注重加大研发力度，不断开发新产品，这些措施有力地提高了企业的竞争力，使企业实现了营业收入的高速增长。在开始的几年间，销售业绩以每年 60%的递增速度提升。然而，随着利润的不断快速增长，3 位创始股东开始在收益分配上产生了分歧。股东王力、张伟倾向于分红，而股东赵勇则认为应将企业取得的利益用于扩大再生产，以提高企业的持续发展能力，实现长远利益的最大化。由此产生的矛盾不断升级，最终导致坚持企业长期发展的赵勇被迫退出，出让持有的 1/3 股份而离开企业。

但是，此结果引起了与企业有密切联系的广大供货商和分销商的不满，因为许多人的业务发展壮大都与宏伟公司密切相关，他们深信宏伟公司的持续增长能力将为他们带来更多的机会。于是，他们威胁如果赵勇离开企业，他们将断绝与企业的业务往来。面对这一情况，企业两位股东提出他们可以离开企业，条件是赵勇必须收购他们的股份。赵勇的长远发展战略需要较多投资，这样做将导致企业陷入没有资金维持生产的境地。这时，众多供应商和分销商伸出了援助之手，他们有的主动延长应收账款的期限，有的预付货款，最终使赵勇又重新回到了企业，成为公司的掌门人。

经历了股权风波后，宏伟公司在赵勇的领导下，不断加大投入，实现了企业规模化发展，在同行业中处于领先地位，企业的竞争力和价值不断提升。

思考：

1. 赵勇坚持企业长远发展，而其他股东要求更多分红，你认为赵勇的目标是否与股东财富最大化的目标相矛盾？

2. 拥有控制权的大股东与供应商和客户等利益相关者之间的利益是否矛盾，应如何协调？

3. 像宏伟这样的公司，其所有权和经营权是合二为一的，这对企业的发展有什么利弊？

任务三 分析财务管理相关环境

任务引入

宝钢是新中国成立以来规模最大的现代化钢铁联合企业，经过 10 年的生产发展，国家投资在宝钢的原始资本净增 12 倍。1995 年宝钢销售收入 253.83 亿元，实现利税 60.12 亿元，继 1994 年占据全国千家经济效益最佳企业排列榜榜首之后，1995 年又在国有企业 500 强中名列第一位。宝钢为何能取得如此大的成绩？其中一个原因就是宝钢在做好生产、开发技术和改善日常经营管理的同时，能够审时度势，广开增效渠道，争取到可观的政策效益、结构效益、级差效益、速度效益和规模效益。

特别是在政策效益方面，宝钢善于保持政策敏感度，抓住机会，用好、用足政策，取得了可观的效益。例如，为提高企业成本补偿度，保证企业发展有后劲，1998 年宝钢按科学程序组织大规模的清产核资和资产评估工作。评估前宝钢资产总值 295 亿元，评估后增至 549.5 亿元，增值约 250 亿元。而且经与财政部协商，宝钢在保证当年上交 19 亿元所得税的前提下，评估当年就多折旧 18 亿元。同时，宝钢还按照国家政策及时提高了折旧率，由此增加折旧所得的资金除用于一期、二期生产发展外，还为三期建设提供了资金。如果三期建设一时用不上，则用于提前归还二期工程的银行贷款，仅此项即时还贷 44 亿元，这不仅减少了利息支付，也相应交纳了能源、交通“两金”。又如，1993 年宝钢预测到国家外汇管理办法要与国际接轨，于是在外汇使用安排上就先花额度，后花现金，实现外汇保值，直接创汇效益 14.4 亿元。任务要求如下。

1. 试分析影响企业财务管理的环境因素有哪些？

2. 说明宝钢在财务管理上是如何适应企业内、外部环境的？

相关知识

企业的财务管理环境又称理财环境，是指对企业财务活动产生影响作用的企业外部条件。财务管理环境涉及的范围很广，其中最重要的是法律环境、经济环境和金融市场环境。

一、法律环境

法律环境是指对企业财务管理活动产生影响的各种法律因素。在我国，与企业财务管理有密切关系的法律、法规有以下几个。

1. 企业组织法律规范

企业组织必须依法成立。组建不同的企业，要依照不同的法律规范。按组织形式，可将企业分为独资企业、合伙企业和公司，它们分别要遵守《个人独资企业法》《合伙企业法》和《公司法》等。这些法律规范既是企业的组织法，又是企业的行为法。

（1）独资企业。独资企业是指由一个自然人投资，财产为投资人个人所有，投资人以其个人财产对企业债务承担无限责任的经营实体。

（2）合伙企业。合伙企业是指由各合伙人订立合伙协议，共同出资、合伙经营、共享收益、共担风险，并对本企业债务承担无限连带责任的营利性组织。

（3）公司。公司是指依照公司法登记设立，以其全部法人财产，依法自主经营、自负盈亏的企业法人。

从企业组织形式的变化可以看出：它是沿着从独资企业到合伙企业，一直到公司这样一条道路发展的。企业的组织形式对企业的理财活动有着重要影响。

2. 税务法律规范

任何企业都有法定的纳税义务。有关税收的法规分为3类，即所得税的法规、流转税的法规和其他税收法规。

依法纳税是每个独立法人应尽的义务，纳税构成企业的现金流出量。税收对于企业资本供求和税收负担有着重要影响，税种的设置、税率的调整对企业生产经营活动具有调节作用。因此，公司理财活动应当顺应税收政策的导向，合理安排现金流量，以求企业价值得到最大化。税收对公司理财的影响具体表现如下。

（1）影响企业融（筹）资决策。按照现行所得税制度，企业借款利息不高于金融机构同类、同期贷款利息的部分，可在所得税前予以扣除，债券利息也可记入财务费用，作为利润总额的扣减项目，这样就减少了企业的应纳所得税额。其他筹资方式则没有这个优势，如发行股票筹集的资本，其支付的股利必须在所得税后的净利润中列支。

（2）影响企业投资决策。按我国现行所得税制度规定，企业购买的国库券所得收益免交所得税，购买的其他债券、股票所得收益要交所得税。

（3）影响企业股利政策或利润分配。股份公司的股利政策不仅影响股东的个人所得，而且影响公司的现金流量。

可见，税收对公司理财行为有着重要的影响，企业的筹资决策、投资决策与股利政策都受到税收因素的影响。因此，企业财务经理必须对税收制度有所了解。

3. 财务法律规范

财务法律规范主要包括企业财务通则、企业会计准则和企业会计制度。

此外，与企业财务管理有关的其他经济法律规范还有《证券法》《票据法》《支付结算办法》、《破产法》和《合同法》等法律、法规。

二、经济环境

经济环境是指企业进行财务活动的宏观经济状况。它主要包括以下 5 个方面的内容。

（1）经济发展状况。经济发展的速度对企业理财有重大的影响。近几年来，我国经济增长比较快，企业为跟上这种发展，并在行业中维持它的地位，至少要保持同样的增长速度，企业要相应增加厂房、设备存货和职工等。

（2）通货膨胀。通货膨胀对企业财务管理的影响是多方面的。例如，利率上升、资金供应紧张，使得企业成本费用增加，给企业理财带来很大困难，也对消费者带来不利。

（3）利息率波动。利息率简称利率。银行贷款利率的波动，以及与此相关的股票和债券价格的波动，既是给企业的机会，也是对企业的挑战。

（4）政府的经济政策。由于我国政府具有较强的调控宏观经济的职能，其制定的国民经济的发展规划、国家的产业政策、经济体制改革的措施、政府的行政法规等对企业的财务活动都有重大影响。

（5）竞争。竞争广泛存在于市场经济之中，任何企业都不能回避。企业之间、各产品之间、现有产品和新产品之间的竞争，涉及设备、技术、人才、推销和管理等各个方面。

三、金融市场环境

金融市场是指资金融通的场所。金融市场是企业投资和筹资的场所，其环境如何对企业财务活动影响极大。金融市场的发育程度，各种融资方式的开放和利用情况，承兑、抵押、转让和贴现等各种票据业务的开展程度，直接决定企业在需要资金时能否便利地选择适合自己的筹资方式，在资金剩余时能否灵活地选择投资方式，为其资金寻找出路。

任务实施

1. 分别从国内市场变化、国外市场变化、信贷政策调整、汇率变动、利率变动、成本要素的价格变化、自然灾害、通货膨胀或通货紧缩等影响因素对宝钢过去、现在和未来的公司业绩及财务状况的影响进行讨论、分析。
2. 结合本任务分析影响宝钢财务管理环境的具体因素。
3. 说明宝钢在财务管理上是如何适应企业内、外部环境的。

任务四　资金时间价值应用

任务引入

如果你突然收到一张事先不知道的1 260亿元的账单，你一定会大吃一惊，而这样的事件却发生在瑞士的田纳西镇的居民身上。纽约布鲁克林法院判决，田纳西镇应向美国投资者支付这笔款。最初，田纳西镇的居民以为这是一件小事，但当收到账单时被这账单的巨款惊呆了。田纳西镇的问题源于1966年的一笔存款，斯兰黑不动产公司在内部交换银行（田纳西镇的一个银行）存入一笔6亿美元的存款，存款协议要求银行按每周1%的利率（复利）付息，几年后该银行破产。1994年，纽约布鲁克林法院作出判决：从存款日到田纳西镇对该银行进行清算的7年中，这笔款按每周1%的复利计算，而在银行清算后的21年中，每年按8.54%的复利计算。任务要求如下。

你能计算出该账单的巨款吗?

相关知识

一、资金时间价值的含义

资金时间价值是指货币经历一定时间的投资和再投资所增加的价值，也称为货币时间价值。一定量的货币资金在不同时点上具有不同的价值，人们将资金在使用过程中随时间的推移而发生增值的现象，称为资金具有时间价值的属性。资金时间价值的实质是资金周转使用后的增值额，是资金所有者让渡资金使用权而参与社会财富分配的一种形式。

资金时间价值可以用绝对数表示，也可以用相对数表示，即以利息额或利息率表示。但在实际工作中通常以利息率进行计量。一般的利息率除了包括资金时间价值因素外，还包括价值风险和通货膨胀因素，而资金时间价值通常被认为是在没有风险和通货膨胀条件下的社会平均资金利润率，这是利润平均化规律作用的结果。

在资金时间价值的学习中有以下3点应予以注意。

① 时间价值产生于生产领域和流通领域，消费领域不产生时间价值。因此，企业应将更多的资金或资源投入生产领域和流通领域而非消费领域。

② 时间价值产生于资金运动中，只有运动着的资金才能产生时间价值，处于停顿状态的资金不会产生时间价值，因此企业应尽量减少资金的停顿时间和数量。

③ 时间价值的大小取决于资金周转速度的快慢，时间价值与资金周转速度成正比，因此企业应采取各种有效措施加速资金周转，提高资金使用效率。

二、终值与现值的计算

一次性收付款项是指在生产经营过程中收付款项各一次的经济活动，如定期存款。终值又称未来值，是指现在一定量的资金在未来某一时点上的价值，俗称本利；现值又称本金，是指未来某一时点上的一定量现金折合到现在的价值。一次性收付款项资金时间价值的计算可以用单利法计算和复利法计算。

1. 单利终值与现值的计算

单利方式计算利息的原则是本金按年数计算利息，而以前年度本金产生的利息不再计算利息。因而在单利计算方式下，资金现值与终值的计算比较简单。

利息的计算公式为：

$$I = P \times i \times n$$

终值的计算公式为：

$$F = P + I = P + P \times i \times n = P \times (1 + i \times n)$$

现值的计算公式为：

$$P = F \div (1 + i \times n)$$

式中，I 为利息；i 为利率（折现率）；P 为现值；F 为终值；n 为计算利息的期数。

【业务实例 1-1】 某人存入银行 15 万元，若银行存款利率为 5%，5 年后的本利合计是多少？（若采用单利计息）

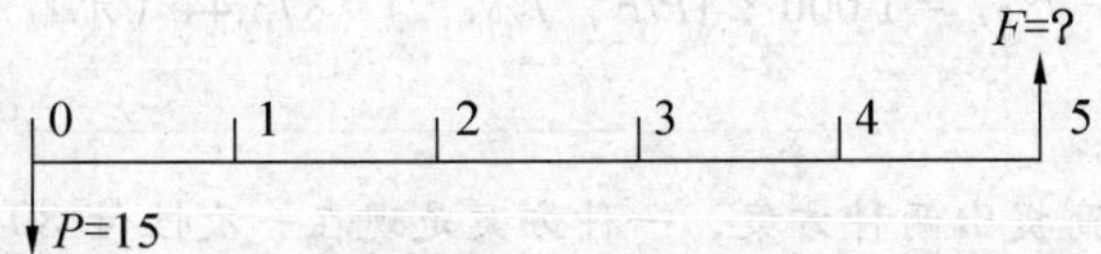

解析：$F = 15 \times (1 + 5\% \times 5) = 18.75$（万元）

【业务实例 1-2】 某人存入一笔钱，希望 5 年后得到 20 万元，若银行存款利率为 5%，问现在应存入多少？（若采用单利计息）

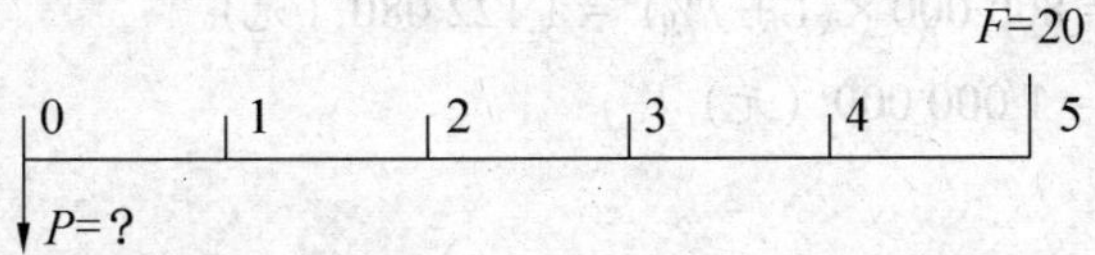

解析：$P = 20 \div (1 + 5\% \times 5) = 16$（万元）

2. 复利终值与现值的计算

复利不同于单利，既涉及本金的利息，也涉及以前年度的利息继续按利率生息的问题。

（1）复利终值计算公式为（已知现值 P，求终值 F）

$$F = P \times (1 + i)^n = P \times (F/P, i, n)$$

式中，$(1 + i)^n$ 称为复利终值系数，可以用（$F/P, i, n$）表示，可以通过查阅复利终值系数表直接获得。

【业务实例 1-3】 张云将 100 元钱存入银行，年利率为 6%，则各年年末的终值计算如下：

	0	1	2	3	4	5
利息		6.00	6.36	6.74	7.15	7.57
终值	100	106.00	112.36	119.10	126.25	133.82

解析：

1 年后的终值 $F_1 = 100 \times (1 + 6\%) = 106$（元）

2 年后的终值 $F_2 = 106 \times (1 + 6\%) = 100 \times (1 + 6\%)^2 = 112.36$（元）

3 年后的终值 $F_3 = 112.36 \times (1 + 6\%) = 100 \times (1 + 6\%)^3 = 119.10$（元）

……

n 年后的终值 $F = 100 \times (1 + 6\%)^n$（元）

因此，复利终值的计算公式为

$$F = P \times (1 + i)^n = P \times (F/P, i, n)$$

（2）复利现值计算公式（已知现值 P，求终值 F）

实际上计算现值是计算终值的逆运算：

$$P = F/(1 + i)^n = F \times (P/F, i, n)$$

式中，$(1 + i)^{-n}$ 称为复利现值系数，可以用（P/F，i，n）表示，可以通过查阅复利现值系数表直接获得。复利现值系数（P/F，i，n）与复利终值系数（F/P，i，n）互为倒数。

【业务实例 1-4】 假定李林在 2 年后需要 1 000 元，那么在利息率是 7%的条件下，李林现在需要向银行存入多少钱?

解析：$P = 1\ 000/(1 + 7\%)^2 = 1\ 000 \times (P/F, 7\%, 2) = 873.44$（元）

思考题

王某拟购房，开发商提出两种方案，一种方案是现在一次性付 80 万元；另一种方案是 5 年后支付 100 万元。若目前的银行贷款利率是 7%，应如何付款?

分析如下。

方法一：按终值比较。

方案一的终值：$F = 800\ 000 \times (1 + 7\%)^5 = 1\ 122\ 080$（元）

方案二的终值：$F_5 = 1\ 000\ 000$（元）

所以应选择方案二。

方法二：按现值比较。

方案一的现值：$P = 800\ 000$（元）

方案二的现值：$P = 1\ 000\ 000/(1 + 7\%)^5 = 1\ 000\ 000 \times (P/F, 7\%, 5) = 713\ 000$（元）比较结果，仍是方案二较好。

三、普通年金的计算

年金是在一定时期内每次等额的收付款项。利息、租金、险费等额分期收款、等额分期付款以及零存整取或整存零取等一般都表现为年金的形式。年金按其收付发生的时点不同，可分为普通年金、即付年金、递延年金、永续年金等几种。不同种类的年金用以下不同的方法计算，年金一般用符号 A 表示。普通年金，又称后付年金，是指一定时期每期期末等额的系列收付款项。

1. 普通年金终值（已知年金 A，求年金终值 F）

普通年金终值是指一定时期内每期期末收付款项的复利终值之和，即零存整取的本利和。

普通年金终值计算方法如图 1-2 所示。

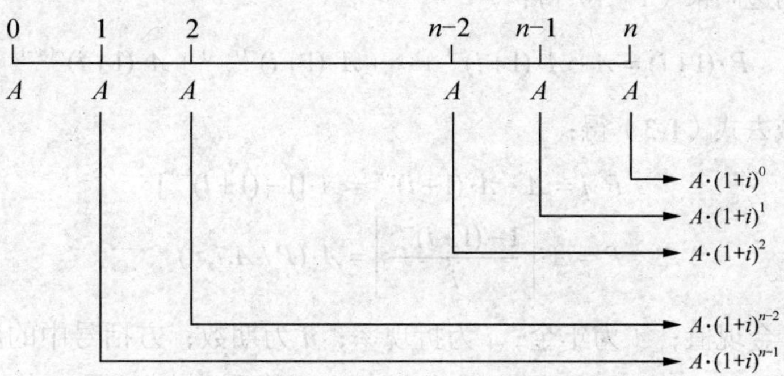

图 1-2 普通年金终值计算示意图

年金终值的计算公式为

$$F = A\cdot(1+i)^0 + A\cdot(1+i)^1 + A\cdot(1+i)^2 + \cdots + A\cdot(1+i)^{n-2} + A\cdot(1+i)^{n-1} \tag{1-1}$$

将式（1-1）两边同时乘上（$1+i$）得：

$$F\cdot(1+i) = A\cdot(1+i)^1 + A\cdot(1+i)^2 + A\cdot(1+i)^3 + \cdots + A\cdot(1+i)^{n-1} + A\cdot(1+i)^n \tag{1-2}$$

将式（1-2）减去式（1-1）得：

$$F\cdot i = A\cdot(1+i)^n - A = A\cdot[(1+i)^n - 1]$$

$$F = A\cdot\left[\frac{(1+i)^n - 1}{i}\right] = A\cdot(F/A,i,n)$$

式中，F 为普通年金终值；A 为年金；i 为利率；n 为期数；方括号中的数值通常称为年金终值系数，记做（F/A，i，n），可直接查阅“年金终值系数表”（见本书附表）。

【业务实例 1-5】 王红每年年末存入银行 2 000 元，年利率 7%，5 年后本利和应为多少？

解析：5 年后本利和为

$F = 2\,000 \times (F/A,7\%,5) = 2\,000 \times 5.751 = 11\,502$（元）

2. 普通年金现值（已知年金 A，求年金现值 P）

年金现值是指一定时期内每期期末收付款项的复利现值之和，整存零取求最初应存入的资金额就是典型的求年金现值的例子。

普通年金现值是一定时期内每期期末收付款项的复利现值之和。其计算方法如图 1-3 所示。

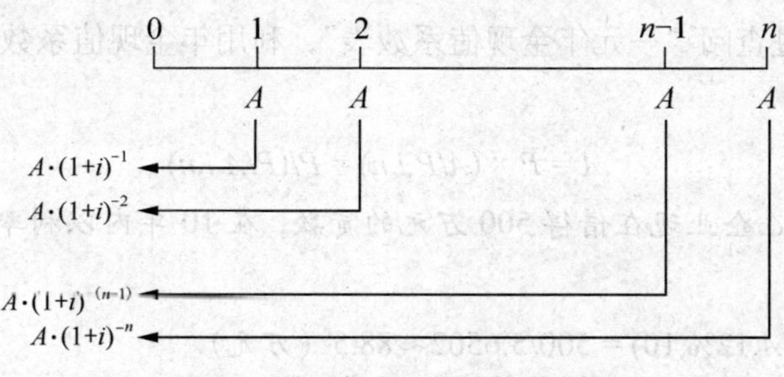

图 1-3 普通年金现值计算示意图

由图1-3可知，普通年金现值的计算公式为

$$P = A\cdot(1+i)^{-1} + A\cdot(1+i)^{-2} + \cdots + A\cdot(1+i)^{-(n-1)} + A\cdot(1+i)^{-n} \quad (1\text{-}3)$$

将式（1-3）两边同乘（$1+i$）得：

$$P\cdot(1+i) = A + A\cdot(1+i)^{-1} + \cdots + A\cdot(1+i)^{-(n-2)} + A\cdot(1+i)^{-(n-1)} \quad (1\text{-}4)$$

将式（1-4）减去式（1-3）得：

$$P\cdot i - A = A\cdot(1+i)^{-n} = A\cdot[1-(1+i)^{-n}]$$

$$P = A\cdot\left[\frac{1-(1+i)^{-n}}{i}\right] = A\cdot(P/A,i,n)$$

式中，P为普通年金现值；A为年金；i为折现率；n为期数；方括号中的数值通常称为“年金现值系数”，记做（$P/A, i, n$），可直接查阅“年金现值系数表”（见本书附表）。

【业务实例1-6】现在存入一笔钱，准备在以后5年中每年末得到100元，如果利息率为10%，现在应存入多少钱？

解析：$P = 100\times(P/A,10\%,5) = 100\times 3.791 = 379.1$（元）

3. 偿债基金与年资本回收额

偿债基金是指为了在约定的未来时点清偿某笔债务或积蓄一定数量的资金而必须分次等额形成的存款准备金。由于每次提取的等额准备金类似年金存款，因而同样可以获得按复利计算的利息，因此债务实际上等于年金终值。计算公式为

$$A = F\times 1/(F/A,i,n) = F\times[i/(1+i)^n - 1]$$

式中，$1/(F/A, i, n)$或$i/[(1+i)^n-1]$称作“偿债基金系数”。偿债基金系数是年金终值系数的倒数，可以通过查“一元年金终值表”求倒数直接获得，所以计算公式也可以写为

$$A = F\times 1/(A/F,i,n) = F\div(F/A,i,n)$$

【业务实例1-7】假设甲企业有一笔4年后到期的借款，到期值为1 000万元。若存款利率为10%，则为偿还这笔借款应建立的偿债基金为多少？

解析：$A = 1\,000\div(F/A,10\%,4) = 1\,000/4.641\,0 = 215.4$（万元）

资本回收额是指在给定的年限内等额回收或清偿所欠债务（或初始投入资本），年资本回收额的计算是年金现值的逆运算，其计算公式为

$$A = P\times[1/(P/A,i,n)] = P\times[i/1-(1+i)^{-n}]$$

式中，$1/(P/A,i,n$ 或 $i/1-(1+i)^{-n}$称作“资本回收系数”，记作$(A/P,i,n)$。资本回收系数是年金现值系数的倒数，可以通过查阅“一元年金现值系数表”，利用年金现值系数的倒数求得。所以计算公式也可以写为

$$A = P\times(A/P,i,n) = P/(P/A,i,n)$$

【业务实例1-8】乙企业现在借得500万元的贷款，在10年内以利率12%偿还，则每年应付的金额为多少？

解析：$A = 500/(P/A,12\%,10) = 500/5.6502\approx 88.5$（万元）

四、先付年金的计算

先付年金是指一定时期内每期期初等额的系列收付款项，又称预付年金或即付年金。先付年金与后付年金的差别仅在于收付款的时间不同。由于年金终值系数表和年金现值系数表是按常见的后付年金编制的，在利用后付年金系数表计算先付年金的终值和现值时，可在计算后付年金的基础上加以适当调整。

1. 先付年金终值（已知年金A，求年金终值F）

n 期先付年金终值和 n 期后付年金终值之间的关系如图 1-4 表示。

n 期先付年金与 n 期后付年金比较，两者付款期数相同，但先付年金终值比后付年金终值要多一个计息期。为求得 n 期先付年金的终值，可在求出 n 期后付年金终值后，再乘以$(1+i)$。计算公式为

$$F = A \times (F/A,i,n) \times (1+i)$$

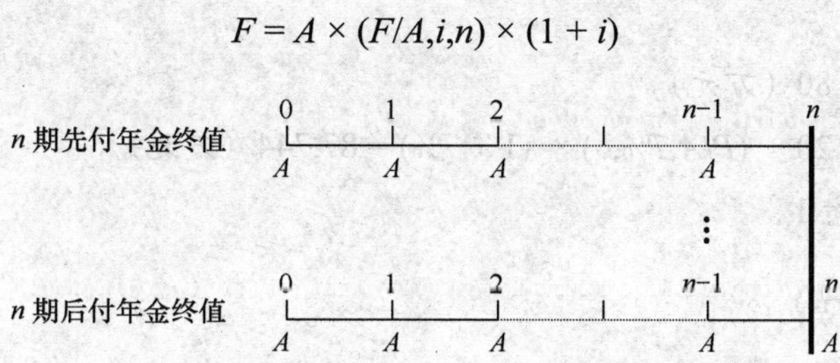

图 1-4　先付年金终值和后付年金终值之间关系图

此外，根据 n 期先付年金终值和 $n+1$ 期后付年金终值的关系还可推导出另一公式。n 期先付年金与 $n+1$ 期后付年金比较，两者计息期数相同，但 n 期先付年金比 $n+1$ 期后付年金少付一次款。因此，只要将 $n+1$ 期后付年金的终值减去一期付款额，便可求得 n 期先付年金终值。计算公式为

$$F = A \times (F/A,i,n+1) - A = A \times [(F/A,i,n+1) - 1]$$

【业务实例 1-9】 丙公司决定连续 5 年于每年年初存入 100 万元作为住房基金，银行存款利率为 10%。则该公司在第 5 年末能一次取出的本利和是多少？

解析：$F = 100 \times [(F/A,10\%,5+1) - 1] = 100 \times (7.715\,6 - 1) \approx 672$（万元）

2. 先付年金现值（已知年金A，求年金终值P）

n 期先付年金现值和 n 期后付年金现值之间的关系可以用图 1-5 表示。

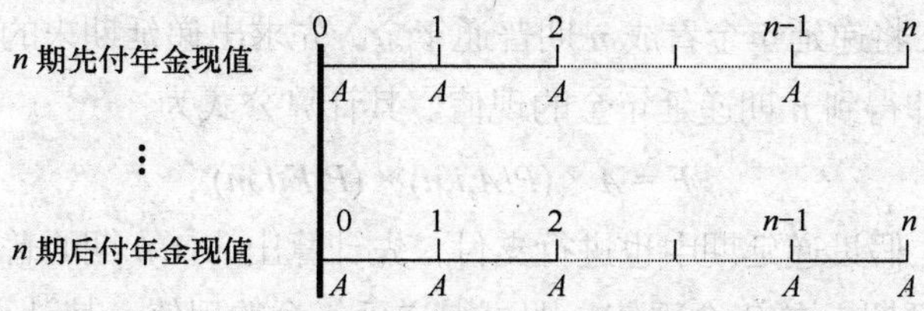

图 1-5　先付年金现值和后付年金现值之间关系图

n 期先付年金现值和 n 期后付年金现值比较，两者付款期数相同，但先付年金现值比后付年

金现值少贴现一期。为求得 n 期先付年金的现值，可在求出 n 期后付年金现值后，再乘以 $(1+i)$。计算公式为

$$P = A \times (P/A,i,n) \times (1+i)$$

此外，根据 n 期先付年金现值和 $n-1$ 期后付年金现值的关系也可推导出另一公式。n 期先付年金与 $n-1$ 期后付年金比较，两者计息期数相同，但 n 期先付年金比 $n-1$ 期后付年金多一期不需贴现的付款。因此，先计算出 $n-1$ 期后付年金的现值再加上一期不需贴现的付款，便可求得 n 期先付年金现值。计算公式为

$$P = A \times (P/A,i,n-1) + A = A \times [(P/A,i,n-1)+1]$$

【业务实例 1-10】 某人拟购房，开发商提出两种方案，一种方案是现在一次性付 80 万元；另一种方案是从现在起每年初付 20 万元，连续支付 5 年。若目前的银行贷款利率是 7%，应如何付款？

解析：

方案 1　现值 $P = 80$（万元）

方案 2　现值 $P = 20 \times (P/A,7\%,5) \times (1+7\%) = 87.744$（万元）

所以，应选择方案 1。

五、递延年金的计算

递延年金，又叫延期年金，是指在最初若干期没有收付款项的情况下，随后若干期等额的系列收付款项。m 期以后的 n 期递延年金可用图 1-6 表示。

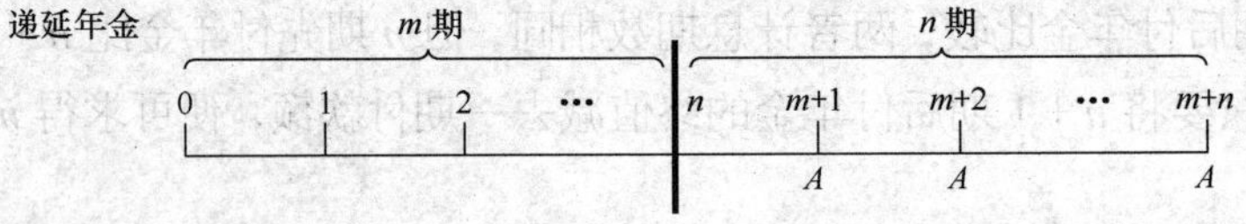

图 1-6　递延年金示意图

1. 递延年金终值

递延年金终值只与连续收支期 n 有关，与递延期 m 无关。其计算公式为

$$F = A \times (F/A,i,n)$$

2. 递延年金现值

递延年金现值的计算有两种方法。

方法一：分段法。将递延年金看成 n 期普通年金，先求出递延期末的现值，然后再将此现值折算到第一期期初，即得到 n 期递延年金的现值。其计算公式为

$$F = A \times (P/A,i,n) \times (P/F,i,m)$$

方法二：补缺法。假设递延期中也进行支付，先计算出 $m+n$ 期的普通年金的现值，然后扣除实际并未支付的递延期 m 的年金现值，即可得递延年金的现值。其计算公式为

$$P = P_{(m+n)} - P_m = A \times (P/A,i,m+n) - A \times (P/A,i,m) = A \times [(P/A,i,m+n) - (P/A,i,m)]$$

【业务实例 1-11】 W 项目于 1991 年年初动工，由于施工延期 5 年，于 1996 年年初方投产，从

投产之日起每年得到收益 40 000 元。按年利率 6%计算，则 10 年收益于 1991 年年初的现值是多少?

1991 年年初的现值为：

$P = 40\,000\times(P/A,6\%,10)\times(P/F,6\%,5)$

$= 40\,000\times 7.36\times 0.747 = 219\,917$（元）

或者：

$P = 40\,000\times[(P/A,6\%,15)-(P/A,6\%,5)]$

$= 40\,000\times(9.712-4.212) = 220\,000$（元）

六、永续年金的计算

永续年金是指无限期等额收付的年金，可视为普通年金的特殊形式，即期限趋于无穷的普通年金。存本取息可视为永续年金的例子。此外，也可将利率较高、持续期限较长的年金视同永续年金。

1. 永续年金终值

由于永续年金持续期无限，没有终止的时间，因此没有终值。

2. 永续年金现值

$$P = A\times\sum_{t=1}^{\infty}\left[1/(1+t)^{t}\right] = A/i$$

【业务实例 1-12】 某项永久性奖学金，每年计划颁发 100 000 元奖金。若年复利率为 8%，该奖学金的本金应为多少?

解析：永续年金现值 $P = 100\,000/8\% = 1\,250\,000$（元）

七、混合现金流

混合现金流是指各年收付不相等的现金流量。对混合现金流终值（或现值）的计算，可先计算出每次收付款的复利终值（或现值），然后加总。

【业务实例 1-13】 某人准备第 1 年年末存入银行 1 万元，第 2 年年末存入银行 3 万元，第 3～5 年年末存入银行 4 万元，存款利率 10%，问 5 年存款的现值合计是多少?

解析：

$P = 1\times(P/F,10\%,1)+3\times(P/F,10\%,2)+4\times[(P/A,10\%,5)-(P/A,10\%,2)]$

$= 1\times 0.909+3\times 0.826+4\times(3.791-1.736)$

$= 11.607$（万元）

八、计息期短于1年时间价值的计算（年内计息的问题）

计息期就是每次计算利息的期限。在复利计算中，如按年复利计息，1 年就是一个计息期；如按季复利计息，1 季是 1 个计息期，1 年就有 4 个计息期。计息期越短，1 年中按复利计息的次数就越多，利息额就会越大。

1. 计息期短于1年时复利终值和现值的计算

当计息期短于1年，而使用的利率又是年利率时，计息期数和期利率的换算公式为

期利率：

$$r = i/m$$

计息期数：

$$t = m \times n$$

式中，r为期利率；i为年利率，m为每年的计息期数；n为年数；t为换算后的计息期数。

计息期换算后，复利终值和现值的计算可按下列公式进行：

$$F = P \times (1 + r)^t = P \times (1 + i/m)^{m \times n} = P \times (F/P,i/m,m \times n)$$

$$P = F \times 1/(1 + r)^t = F \times 1/[(1 + i/m)^{m \times n}] = F \times (P/F,i/m,m \times n)$$

【业务实例 1-14】 北方公司向银行借款1 000元，年利率为16%。按季复利计算，两年后应向银行偿付本利多少？

解析：对此首先应换算r和t，然后计算终值。

期利率　$r = 16\%/4 = 4\%$

计息期数　$t = 2 \times 4 = 8$

终值　$F = 1\,000 \times (1 + 4\%)^t = 1\,000 \times (F/P,4\%,8) = 1\,000 \times 1.369 = 1\,369$（元）

【业务实例 1-15】 某基金会准备在第5年年底获得2 000元，年利率为12%，每季计息一次。现在应存入多少款项？

解析：期利率　$r = 12\%/4 = 3\%$

计息期数　$t = 5 \times 4 = 20$

现值　$P = 2\,000 \times 1/(1 + 3\%)^{20} = 2\,000 \times (P/F,3\%,20) = 2\,000 \times 0.554 = 1\,108$（元）

2. 实际利率与名义利率的换算公式

如果规定的是1年计算一次的年利率，而计息期短于1年，则规定的年利率将小于分期计算的年利率。分期计算的年利率计算公式为

$$K = (1 + r)^m - 1$$

式中，k为分期计算的年利率；r为计息期规定的年利率；m为1年内的计息期数。

公式推导：上式是对1年期间利息的计算过程进行推导求得的。如果1年后的终值是v_m，则1年期间的利息是$v_m - v_0$，分期计算的年利率可计算为

$$K = (v_m - v_0)/v_0 = [v_0(1 + r)^m - v_0]/v_0 = (1 + r)^m - 1$$

【业务实例 1-16】 北方公司向银行借款1 000元，年利率为16%，按季复利计算，试计算其实际年利率？

解析：期利率　$r = 16\%/4 = 4\%$

1年内的计息期数　$m = 4$

则 $k = (1 + 4\%)^4 - 1 = 1.170 - 1 = 17\%$

检验：可用分期计算的年利率k按年复利计算，求本利和。这时$k = 17\%$，$n = 2$。计算出来的2年后终值与用季利率按季复利计息的结果完全一样。

$F = 1\,000 \times (1 + 17\%)^2 = 1\,000 \times 1.369 = 1\,369$（元）

在【业务实例 1-14】中，按 $r = 4\%$，$n = 8$ 计算，计算的结果为

$F = 1\,000 \times (1 + 8\%)^8 = 1\,000 \times (F/P,4\%,8) = 1\,000 \times 1.369 = 1\,369$（元）

九、贴现率的推算

1. 复利终值（或现值）贴现率的推算

根据复利终值的计算公式，可得贴现率的计算公式为

$$F = P \times (1 + i)^n = P \times (F/P,i,n)$$

$$i = (F/P)^{-n} - 1$$

若已知 F，P，n 不用查表便可直接计算出复利终值（或现值）的贴现率。

2. 永续年金贴现率的推算

永续年金贴现率的计算也很方便。若 P, A 已知，则根据 $P = A/i$ 可求得贴现率的计算公式为

$$i = A/P$$

3. 普通年金贴现率的推算

普通年金贴现率的推算比较复杂，无法直接套用公式，必须利用有关的系数表，有时还要牵涉内插法的运用，下面介绍一下计算的原理。

实际上，我们可以利用两点式直线方程来解决这一问题。

两点(x_1, y_1)，(x_2, y_2)构成一条直线，则其方程为

$$(x - x_1)/(x_2 - x_1) = (y - y_1)/(y_2 - y_1)$$

这种方法称为内插法，即在两点之间插入第三个点，于是当知道 $n,i,F/P$ 这 3 者中的任何两个就可以利用以上公式求出普通年金贴现率。因此，普通年金贴现率的推算要分两种情况分别计算，下面着重对此加以介绍。

（1）利用系数表计算。根据年金终值与现值的计算公式为

$$F = A \times (F/A, i, n)；\ P = A \times (P/A, i, n)$$

将上面两个公式变形可以得到下面普通年金终值系数和普通年金现值系数公式为

$$(F/A, i, n) = F/A；\ (P/A, I, n) = P/A$$

当已知 F, A, n 或 P, A, n，则可以通过查普通年金终值系数表（或普通年金现值系数表），找出系数值为 F/A 的对应的 i 值（或找出系数值为 P/A 的对应的 i 值）。

（2）利用内插法计算。查表法可以计算出一部分情况下的普通年金的折算率，当系数表中不能找到完全对应的 i 值时，利用年金系数公式求 i 值的基本原理和步骤是一致的。若已知 P,A,n 可按以下步骤推算 i 值。

① 计算出 P/A 的值，假设 $P/A = \alpha$。

② 查普通年金现值系数表。沿着已知 n 所在的行横向查找，若恰好能找到某一系数值等于 α，则该系数值所在的行相对应的利率就是所求的 i 值；若无法找到恰好等于 α 的系数值，就应在表中 n 行上找到与 α 最接近的左右临界系数值，设为 β_1, β_2（$\beta_1 > \alpha > \beta_2$ 或 $\beta_1 < \alpha < \beta_2$），读出 β_1，

β_2所对应的临界利率，然后进一步运用内插法。

③ 在内插法下，假定利率 i 同相关的系数在较小范围内线性相关，然后可根据临界系数 β_1，β_2所对应的临界利率 i_1,i_2 计算出 i，其公式为

$$i = i_1 + (\beta_1 - \alpha)/(\beta_2 - \beta_1) \times (i_2 - i_1)$$

【业务实例 1-17】 某公司于第一年年初借款 20 000 元，每年年末还本付息额为 4 000 元，连续 9 年还清，请问借款利率为多少？

解析：根据题意，已知 $P = 20\ 000$，$A = 4\ 000$，$n = 9$，$(P/i,9) = 20\ 000/4\ 000 = 5$

查普通年金现值系数表，当 $n = 9$ 时，

$i_1 = 12\%$　　$(P/12\%,9) = 5.328\ 2$

$i = ?$　　$(P/i,9) = 5$

$i_2 = 14\%$　　$(P/14\%,9) = 4.916\ 4$

根据插值法原理可得：

$i = 12\% + (5.328\ 2 - 5) \div (5.328\ 2 - 4.916\ 4) \times (14\% - 12\%) \approx 13.5\%$

任务实施

某人欲在第 8 年的年末取出 300 000 元购置房屋，银行利率为 10%。要求计算下列各题。

（1）现在一次存入一笔款项，须存入多少钱？

（2）从现在开始，每年年末存入相等金额，则每年需存入多少钱？

（3）从现在开始，每年年初存入相等金额，则每年需存入多少钱？

（4）从第 4 年开始，每年年末存入相等金额，则每年需存入多少钱？

任务五　投资风险价值计算

任务引入

某公司 2015 年陷入经营困境，原有的柠檬饮料因市场竞争激烈、消费者喜好产生变化等而开始滞销。为改变产品结构，开拓新的市场领域，该公司拟开发了两种新产品。

1. 开发洁清纯净水

面对全国范围内的节水运动及限制供应，尤其是北方十年九旱的特殊环境，开发部认为洁清纯净水将进入百姓的日常生活，市场前景看好，有关预测资料如表 1-2 所示。

表 1-2　　有关预测资料表

市场销路	概率（%）	预计年利润（万元）
好	60	150
一般	20	60
差	20	-10

经过专家测定该项目的风险系数为 0.5。

2. 开发消渴啤酒

北方人有豪爽、好客和畅饮的性格，亲朋好友聚会的机会日益增多；北方气温大幅度升高，并且气候干燥；北方人的收入明显增多，生活水平日益提高。开发部据此提出开发消渴啤酒方案，有关市场预测资料如表 1-3 所示。

表 1-3　　有关市场预测资料表

市场销路	概率（%）	预计年利润（万元）
好	50	180
一般	20	85
差	30	−25

据专家测算该项目的风险系数为 0.6。任务要求如下。

1. 对两个产品开发方案的收益与风险予以计量。
2. 进行方案分析与评价。

相关知识

一、风险含义及分类

风险一般是指某一行动的结果具有变动性。从财务管理的角度讲，风险是指企业在各项财务活动过程中，由于各种难以预料或难以控制的因素的作用，使企业的实际收益与预计收益发生背离，从而蒙受经济损失的可能性。风险管理的目的是正确地估计和计量风险，在对各种可能结果进行分析的基础上，趋利防弊，以求以最小的风险谋求最大的收益。

企业的经济活动大都是在风险和不确定的情况下进行的，离开了风险因素就无法正确评价企业收益的高低。投资风险价值原理揭示了风险同收益之间的关系，它同资金时间价值原理一样，是财务决策的基本依据。

根据对未来情况的掌握程度，财务决策可分为以下 3 种类型。

1. 确定性决策

确定性决策是指未来情况能够确定或已知的决策。例如，购买政府发行的国库券，由于国家实力雄厚，事先规定的债券利息率到期肯定可以实现，这就属于确定性投资，即没有风险和不确定的问题。

2. 风险性决策

风险性决策是指未来情况不能完全确定，但各种情况发生的可能性即概率为已知的决策。例如，购买某家用电器公司的股票，已知该公司股票在经济繁荣、一般和萧条时的收益分别为 15%，10%和 5%；另根据有关资料分析，认为近期该行业繁荣、一般和萧条的概率分别为 30%，50%和 20%，这种投资就属于风险性投资。

3. 不确定性决策

不确定性决策是指未来情况不仅不能完全确定，而且各种情况发生的可能性也不清楚的决策。例如，投资煤炭开发工程，若煤矿开发顺利可获得100%的收益，但若找不到理想的煤层则将发生亏损；至于能否找到理想的煤层，获利与亏损的可能性各有多少事先很难预料，这种投资的决策就属于不确定性决策。

在财务管理中对风险和不确定性并不作严格区分，往往把两者统称为风险。风险价值有两种表示方法：风险收益额和风险收益率。投资者由于冒着风险进行投资而获得的超过资金时间价值的额外收益，称为风险收益额；风险收益额与投资额的比率则称为风险收益率。

二、投资风险价值

1. 确定概率分布

在现实生活中，某一事件在完全相同的条件下可能发生也可能不发生，既可能出现这种结果又可能出现那种结果，我们称这类事件为随机事件。概率就是用百分数或小数来表示随机事件发生可能性及出现某种结果可能性大小的数值，用 X 表示随机事件，X_i 表示随机事件的第 i 种结果，P_i 为出现该种结果的相应概率。若 X_i 出现，则 $P_i=1$。若不出现，则 $P_i=0$，同时，所有可能结果出现的概率之和必定为1。因此，概率必须符合下列两个要求：

（1）$0\leqslant P_i\leqslant 1$

（2）$\sum_{i=1}^{n} P_i=1$

【业务实例1-18】 南方某公司投资项目有甲、乙两个方案，投资额均为10 000元，其收益的概率分布如表1-4所示。

表1-4　　某投资项目甲、乙两个方案收益的概率分布表

经济情况	概率（P_i）	收益（随机变量 X_i）	
		甲方案	乙方案
繁荣	$P_1=0.20$	$X_1=600$	$X_1=700$
一般	$P_2=0.60$	$X_2=500$	$X_2=500$
较差	$P_3=0.20$	$X_3=400$	$X_2=300$

2. 计算期望值

期望值是一个概率分布中的所有可能结果，以各自相应的概率为权数计算的加权平均值，是加权平均的中心值。其计算公式如下：

$$\bar{E}=\sum_{i=1}^{n} X_i P_i$$

式中，X_i——概率分布中第 i 种可能结果；

P_i——分布中第 i 种可能结果的相应概率。

根据以上公式，将【业务实例1-18】的数据代入求得：

$\bar{E}$甲 $=600\times0.2+500\times0.6+400\times0.2=500$（万元）

$\bar{E}$乙 $=700\times0.2+500\times0.6+300\times0.2=500$（万元）

应强调的是，上述期望收益值是各种未来收益的加权平均数，它并不反映风险程度的大小。

3. 计算标准离差

标准离差是反映各随机变量偏离期望收益值程度的指标之一，以绝对额反映风险程度的大小。其计算公式为

$$\delta=\sqrt{\sum_{i=1}^{n}(X_i-\overline{E})^2\cdot P}$$

根据以上公式，将【业务实例 1-18】的数据代入求得：

$$\delta_{甲}=\sqrt{(600-500)^2\times0.2+(500-500)^2\times0.6+(400-500)^2\times0.2}=63.25$$

$$\delta_{乙}=\sqrt{(700-500)^2\times0.2+(500-500)^2\times0.6+(300-500)^2\times0.2}=126.49$$

从标准离差来看，乙方案风险比甲方案大。

4. 计算标准离差率

标准离差率也是反映各随机变量偏离期望收益值程度的指标之一，以相对数反映风险程度的大小。其计算公式为

$$V=\frac{\delta}{E}\times100\%$$

根据以上公式，将【业务实例 1-18】的数据代入求得：

$V_{甲}-63.25/500\times100\%=12.65\%$

$V_{乙}=126.49/500\times100\%=25.30\%$

从标准离差率来看，乙方案风险比甲方案大。

标准离差属于绝对额指标，适用于单一方案的选择，不适用于多方案的选择；而标准离差率属于相对数指标，常用于多方案的选择。

5. 计算风险收益率

标准离差率可以反映投资者所冒风险的程度，但无法反映风险与收益间的关系。由于风险程度越大，得到的收益也应越高，而风险收益率与反映风险程度的标准离差率成正比例关系。于是风险收益率可按下述公式计算：

$$R_R=b\cdot V$$

式中，R_R——风险收益率，也称风险报酬率；

b——风险价值系数，也称风险报酬系数；

V——标准离差率。

【业务实例 1-18】中，假设风险价值系数为 8%，则风险收益率为

$R_{甲}=8\%\times12.65\%=1.012\%$

$R_{乙}=8\%\times25.30\%=2.024\%$

为了进行风险条件下的正确决策，针对单个方案，往往是将该方案的标准离差（或标准离差率）与企业设定的标准离差（或标准离差率）的最高限值比较，当前者小于或等于后者时，该方案可以被接受，否则予以拒绝；针对多个方案，则是将该方案的标准离差率与企业设定的标准离差率的最高限值比较，当前者小于或等于后者时，该方案可以被接受，否则予以拒绝。只有这样，才能选择标准离差最低、期望收益最高的最优方案。

三、投资风险价值衡量

投资者在进行投资时，一般并不把其所有资金都投资于一种证券，而是同时持有多种证券。这种同时投资多种证券的做法叫证券的投资组合，简称为证券组合或投资组合。银行、共同基金、保险公司和其他金融机构一般都持有多种有价证券。即使是个人投资者，一般也持有证券组合，而不是投资于一家公司的股票或债券。所以，必须了解证券组合的风险报酬。

1. 投资组合的风险种类及其特性

投资组合的风险可分为两种性质完全不同的风险，即可分散风险和不可分散风险。

（1）可分散风险。可分散风险又叫非系统性风险或公司特有风险，是指某些因素对单个投资造成经济损失的可能性，如个别公司工人的罢工，公司在市场竞争中的失败等。这种风险，可通过证券持有的多样化来抵消，即多买几家公司的股票，若其中某些公司的股票报酬上升，而另一些股票的报酬下降，则风险抵消。因而，这种风险称为可分散风险。但应强调的是，当两种股票完全负相关（$r=-1.0$）时，组合的风险被全部抵消；当两种股票完全正相关（$r=1.0$）时，组合的风险不减少也不扩大。实际上，各种股票之间不可能完全正相关，也不可能完全负相关，所以不同股票的投资组合可以降低风险，但又不能完全消除风险。一般而言，股票的种类越多，风险越小。当股票种类足够多时，几乎能把所有的非系统风险分散掉。

（2）不可分散风险。不可分散风险又称系统性风险或市场风险，指的是由于某些因素而给市场上所有的投资都带来经济损失的可能性，如宏观经济状况的变化，国家税法的变化，国家财政政策和货币政策变化，世界能源状况的改变都会使股票报酬发生变动。这些风险影响到所有的证券，因此，不能通过证券组合分散掉。换句话说，即使投资者持有的是经过适当分散的证券组合，他也将遭受这种风险。因此，对投资者来说，这种风险是无法消除的，故称为不可分散风险。但这种风险对不同的企业也有不同影响。不可分散风险的程度，通常用β系数表示，用来说明某种证券（或某一组合投资）的系统性风险相当于整个证券市场系统性风险的倍数。作为整体的证券市场的β系数为1，如果某种股票的风险情况与整个证券市场的风险情况一致，则这种股票的β系数等于1；如果某种股票的β系数大于1，说明其风险大于整个市场的风险；如果某种股票的β系数小于1，说明其风险小于整个市场的风险。

2. 投资组合风险与收益的关系

风险与收益总是相呼应的，风险低则收益低，风险高也意味着收益高。

（1）投资组合的风险主要是系统风险。由于多样化投资可以把所有的非系统风险分散掉，因而组合投资的风险主要是系统风险。从这一点上讲，投资组合的收益只反映系统风险（暂不考虑时间价值和通货膨胀因素）的影响程度，投资组合的风险收益是投资者因冒不可分散风险而要求的、超过时间价值的那部分额外收益。用公式表示为

$$R_R=\beta_p\times(K_m-R_F)$$

式中，R_R为投资组合的风险报酬率；β_p为投资组合的β系数；K_m为所有投资的平均收益率，又称市场收益率；R_R为无风险报酬率，一般用国家公债利率表示。

（2）投资组合风险和收益的决定因素。决定组合投资风险和收益高低的关键因素是不同组合投资中各证券的比重，因为个别证券的 β 系数是客观存在的，所以是无法改变的。但是，人们通过改变组合投资中的证券种类或比重即可改变组合投资的风险和收益。

由于 $\beta_p = \sum_{i=1}^{n} X_i \beta_i$ ，因此人们可以通过调整某一组合投资内各证券的比重来控制该组合投资的风险和收益。

（3）投资组合风险和收益的关系。投资组合风险和收益的关系可以用资本资产定价模型来表示

$$K_i = R_F + R_R = R_F + \beta_i \times (K_m - R_F)$$

此时，K_i 的实质是在不考虑通货膨胀情况下无风险收益率与风险收益率之和。

【业务实例 1-19】　某企业持有甲、乙、丙 3 种股票构成的证券组合，其 β 系数分别是 1.2、1.6 和 0.8，它们在证券组合中所占的比重分别是 40%、35%和 25%，此时证券市场的平均收益率为 10%，无风险收益率为 6%。

问：(1) 上述组合投资的风险收益率和收益率是多少？

(2) 如果该企业要求组合投资的收益率为 13%，你将采取何种措施来满足投资的要求？

解析：

(1) $\beta_p = 1.2 \times 40\% + 1.6 \times 35\% + 0.8 \times 25\% = 1.24$

$R_F = 1.24 \times (10\% - 6\%) = 4.96\%$

$K_i = 6\% + 4.96\% = 10.96\%$

(2) 由于该组合的收益率 10.96%低于企业要求的收益率 13%，因此可以通过提高 β 系数高的甲种或乙种股票的比重并降低丙种股票的比重实现这一目的。

任务实施

某一行动（事件）的结果，具有多种可能而不肯定，就叫风险；反之，若某一行动（事件）的结果很肯定，就叫无风险。从财务管理的角度而言，风险也就是企业在各项财务活动过程中，由于各种难以预料或无法控制的因素作用，使企业的实际收益与预计收益发生背离，从而有蒙受经济损失的可能性。财务管理中的风险按形成的原因一般分为经营风险和财务风险两大类。经营风险是指因生产经营方面的原因给企业盈利带来的不确定性；财务风险是指由于举债而给企业财务成果带来的不确定性。

风险和收益可通过计算期望值、标准离差和标准离差率进行衡量（见表 1-5）。

表 1-5　　期望值、标准离差、标准离差率计算表

	开发洁清纯净水	开发消渴啤酒
期望值	100 万元	99.50 万元
标准离差	65.12	89.06
标准离差率	65.12%	89.51%
风险报酬率	32.56%	53.71%

综合风险和收益的计量，可以看出开发纯净水方案的风险小，风险报酬率也低；开发消渴啤酒方案的风险大，风险报酬率也高。方案的选择最终取决于投资者敢于冒风险的程度。

项目小结

1. 企业财务是企业再生产过程中的资金运动及其体现的财务关系。

2. 企业财务活动是指企业资金收支活动的总称，包括资金的筹集（筹资活动）、运用（投资活动）、收回及其分配（分配活动）等一系列行为，它是财务管理的对象和基本内容。

3. 企业财务关系是指企业作为财务活动的主体在组织财务活动过程中与有关各方所发生的经济利益关系。其内容包括：① 企业与投资者之间的财务关系；② 企业与受资者之间的财务关系；③ 企业与债权人之间的财务关系；④ 企业与债务人之间的财务关系；⑤ 企业与国家行政管理机关之间的财务关系；⑥ 企业内部各部门之间的财务关系；⑦ 企业与职工之间的财务关系。

4. 企业财务管理目标是指企业财务管理活动所要达到的根本目的。目前，财务管理目标主要有 4 种观点，即利润最大化、每股收益（资本利润率）最大化、股东财富最大化和企业价值最大化等，企业价值最大化是财务管理的最优目标。

5. 资金时间价值是在没有风险和没有通货膨胀条件下的社会平均投资报酬率，是资金参与再生产，在使用过程中的增值，资金时间价值的大小与时间成正比。资金时间价值有单利和复利两种计算方法。单利计算就是利息的计算以本金为基础，复利利息计算时是以上期期末的本利和为基础。

6. 单利计算的终值 $F = P(1 + I \times n)$，复利计算的终值 $F = P(1 + i)n$。

7. 年金是指一定时期内每隔相同时间发生相同数额的系列收付款项。年金的种类可分为普通年金、预付年金、递延年金、永续年金 4 种。

普通年金终值计算公式为

$$F = A \times \left[\frac{(1+i)^n - 1}{i} \right] = A \times (F / A, i, n)$$

普通年金现值计算公式为

$$P = A \times \left[\frac{1 - (1+i)^{-n}}{i} \right] = A \times (P / A, i, n)$$

8. 名义利率与实际利率的换算公式为

$$i = (1 + r/m)^m - 1$$

9. 风险是指某一行动的结果具有多样性。风险报酬是指投资者因冒风险进行投资而要求的超过资金时间价值的那部分额外报酬。风险按投资主体的不同，分为市场风险和公司特有风险两类；按形成原因的不同，可将公司特有风险分为经营风险和财务风险两类。

10. 风险的衡量。离散程度越大，风险越大；离散程度越小，风险越小。

当两种方案收益期望值相同时，计算标准离差（σ）衡量风险的大小。

当两种方案收益期望值不相同时，计算标准离差率（V）衡量风险的大小。

能力拓展训练

一、单选题

1. 企业的财务活动是指企业的（　　）。

A. 货币资金收支活动　　B. 资金分配活动

C. 资金的投入和收回　　D. 资金的筹集、运用、收回及分配

2. 企业与债权人的财务关系在性质上是一种（　　）。

A. 经营权与所有权关系　　B. 投资与被投资关系

C. 委托代理关系　　D. 债权债务关系

3. 在下列财务管理目标中，通常被认为比较合理的是（　　）。

A. 利润最大化　　B. 企业价值最大化　　C. 每股收益最大化　　D. 股东财富最大化

4. 财务管理的目标可用股东财富最大化来表示，能表明股东财富的指标是（　　）。

A. 利润总额　　B. 每股收益　　C. 资本利润率　　D. 每股股价

5. 以企业价值最大化作为财务管理目标存在的问题是（　　）。

A. 没有考虑资金的时间价值　　B. 没有考虑资金的风险价值

C. 企业的价值难以评定　　D. 容易引起企业的短期行为

6. 没有风险和通货膨胀情况下的利率是指（　　）。

A. 浮动利率　　B. 市场利率　　C. 纯利率　　D. 法定利率

7. 某项永久性奖学金，每年计划颁发 50 000 元，若年利率为 10%，采用复利方式计息，该奖学金的本金应为（　　）元。

A. 625 000　　B. 500 000　　C. 700 000　　D. 725 000

8. 某项存款年利率为 6%，每半年复利一次，其实际利率为（　　）%。

A. 12.36　　B. 6.09　　C. 6　　D. 6.6

9. 甲、乙两投资方案的期望值不同，甲投资方案的标准离差率为 10%，乙投资方案的标准离差率为 8%，则下列判断正确的是（　　）。

A. 甲方案比乙方案风险大　　B. 甲方案比乙方案风险小

C. 甲、乙两方案风险相同　　D. 无法判断

10. 分期付款购物，每年年初付款 500 元，一共支付 5 年，如果年利率为 10%，相当于现在一次性付款（　　）元。

A. 1 895.5　　B. 2 085　　C. 1 677.5　　D. 1 585

11. 某公司从本年度起每年年末存入银行一笔固定金额的款项，若按复利制用最简便算法计算第 n 年年末可以从银行取出的本利和，则应选用的时间价值系数是（　　）。

A. 复利终值系数　　B. 复利现值系数

C. 普通年金终值系数　　D. 普通年金现值系数

12. 某企业于年初存入银行10 000元，假定年利息率为12%，每年复利两次。已知（F/A，6%，5）=1.338 2，（F/P，6%，10）=1.790 8，（F/A，12%，5）=1.762 3，（F/A，12%，10）=3.105 8，则第5年年末的本利和为（　　）元。

A. 13 382　　B. 17 623　　C. 17 908　　D. 31 058

二、多选题

1. 债权人为了防止自身利益被损害，通常采取（　　）等措施。

A. 参与董事会监督所有者　　B. 限制性借款

C. 收回借款、不再借款　　D. 优先于股东分配剩余财产

2. 以每股收益最大化作为企业财务管理的目标，它所存在的问题有（　　）。

A. 没有把企业的利润与投资者投入的资本联系起来

B. 没有把企业获取的利润与所承担的风险联系起来

C. 没有考虑资金时间价值因素

D. 不利于企业之间收益水平的比较

E. 容易诱发企业经营中的短期行为

3. 金融市场利率由（　　）构成。

A. 基础利率　　B. 风险补偿率　　C. 通货膨胀补贴率　　D. 资本利润率

4. 利润最大化目标的主要缺点是（　　）。

A. 没有考虑资金的时间价值

B. 没有考虑资金的风险价值

C. 是一个绝对值指标，未能考虑投入和产出之间的关系

D. 容易引起企业的短期行为

5. 企业因借款而增加的风险称为（　　）。

A. 经营风险　　B. 财务风险　　C. 市场风险　　D. 筹资风险

6. 可以用来衡量风险大小的指标有（　　）。

A. 无风险报酬率　　B. 期望值　　C. 标准离差　　D. 标准离差率

7. 下列项目中，属于年金的是（　　）。

A. 定期发放的固定养老金　　B. 每年的固定工资

C. 按直线法计算的折旧额　　D. 每年的固定租金

8. 年金具有下列哪些特点？（　　）

A. 等额性　　B. 时间间隔相等　　C. 连续发生　　D. ABC必须同时具备

9. 风险报酬包括（　　）。

A. 纯利率　　B. 通货膨胀补偿

C. 违约风险报酬　　D. 流动性风险报酬

E. 期限风险报酬

10. 关于风险报酬，下列表述中正确的有（　　）。

A. 风险报酬有风险报酬额和风险报酬率两种表示方法

B. 风险越大，获得的风险报酬应该越高

C. 风险报酬额是指投资者因冒风险进行投资所获得的超过时间价值的那部分额外报酬

D. 风险报酬率是风险报酬额与原投资额的比率

E. 在财务管理中，风险报酬通常用相对数即风险报酬率来加以计量

三、判断题

1. 金融市场的基础利率没有考虑风险和通货膨胀因素。 （ ）

2. 股东财富最大化目标考虑了众多相关利益主体的不同利益。 （ ）

3. 在利率和计息期数相同的条件下，复利现值系数与复利终值系数互为倒数。 （ ）

4. 在本金和利率相同的情况下，若只有一个计息期，单利终值与复利终值是相同的。（ ）

5. 递延年金现值的大小与递延期无关，故计算方法和普通年金现值是一样的。 （ ）

6. 在对两个方案进行对比时，标准离差越小，风险越大。 （ ）

7. 在通常情况下，资金时间价值是在既没有风险也没有通货膨胀条件下的社会平均投资报酬率。 （ ）

8. 若 A 投资方案的标准离差率为 5.67%，B 投资方案的标准离差率为 3.46%，则可以判断 B 投资方案的风险一定比 A 投资方案的风险小。 （ ）

9. 当通货膨胀率大于名义利率时，实际利率为负值。 （ ）

10. 当收益率相关系数为 0 时，不能分散任何风险。 （ ）

四、计算分析题

1. 某人在 5 年后需用现金 50 000 元，如果每年年末存款一次，在利率为 8%的情况下，此人每年年末应存现金多少元？若在每年年初存入的话应存入多少？

2. 某公司拟购置一台设备，目前有 A、B 两种设备可供选择，A 设备的价格比 B 设备高 50 000 元，但每年可节约维修保养费用 10 000 元。假定 A 设备的经济寿命为 6 年，利率为 10%，该公司在 A、B 两种设备必须择一的情况下，应选择哪一种设备？

3. A、B 两种股票各种可能的投资收益率以及相应的概率如表 1-6 所示，已知二者之间的相关系数为 0.6，由两种股票组成的投资组合中 A、B 两种股票的投资比例分别为 40%和 60%。

表 1-6

发生概率	A 的投资收益率（%）	B 的投资收益率（%）
0.2	40	30
0.5	10	10
0.3	−8	5

要求（计算结果保留两位小数）：

（1）计算两种股票的期望收益率；

（2）计算两种股票收益率的标准差；

（3）计算投资组合的期望收益率。

4. 某公司拟购置一处房产，房主提出两种方案。

（1）从现在起，每年年初支付20万元，连续支付10次，共200万元。

（2）从第5年开始，每年年初支付25万元，连续支付10次，共250万元。

要求：假设该公司的资金成本率（即最低报酬率）为10%，你认为该公司应选择哪个方案？

5. 金立公司目前正进行一项包括四个待选方案的投资分析工作。各方案的投资期都一样，对应于不同经济状态所估计的收益如表1-7所示。

表1-7　　不同经济状态所估计的收益

经济状况	概率	方案A	方案B	方案C	方案D
衰退	20%	10%	6%	22%	5%
一般	60%	10%	11%	14%	15%
繁荣	20%	10%	31%	–4%	25%

要求：

（1）计算各方案的期望收益率、标准离差和标准离差率。

（2）试根据4个待选方案的各自的标准离差、标准离差率和期望收益率来确定淘汰其中哪一个方案。

6. 3家公司证券、市场组合和无风险资产的数据，如表1-8所示。

表1-8　　3家公司相关数据

证券	预期收益率	标准差	与市场组合的相关系数	贝塔系数
公司甲	13%	0.38	A	0.9
公司乙	18%	B	0.4	1.1
公司丙	25%	0.65	0.35	C
市场组合	15%	0.20	D	E
无风险资产	5%	F	G	H

要求：

（1）计算表中字母所代表的数字；

（2）对甲乙丙3家公司的股票提出投资建议。

（3）如果公司甲的股票预计明年的每股股利为2元，未来股利增长率为4%，计算公司甲的股票价值。

项目二

筹资管理

【知识目标】

- 了解吸收直接投资、普通股筹资、优先股筹资、留存收益筹资
- 了解银行借款筹资、发行债券筹资、商业信用筹资
- 了解融资租赁筹资
- 理解筹资方式的含义、种类、筹资程序及其优缺点
- 了解股票筹资的条件和程序
- 了解债券筹资方式的程序和有关法律规定及债券发行的定价
- 掌握商业信用放弃现金折扣资金成本计算
- 理解资金成本性质和构成要素
- 掌握个别资金成本和综合资金成本的计算方法
- 掌握经营杠杆、财务杠杆以及复合杠杆系数的计算方法
- 掌握每股利润分析法和资本成本比较法

【能力目标】

- 会运用销售百分率法预测筹资需要量
- 会有效利用个别资金成本和综合资金成本
- 会运用经营杠杆系数、财务杠杆系数以及复合杠杆系数并进行财务风险分析
- 能根据资金成本和资本结构指导筹资决策

任务一 资金筹集需要量的预测

企业在筹建、生产、运营等过程中，往往需要提前对企业需要的资金量进行预测。资金需要量的预测不是财务部门单个部门预测就能进行的，需要企业财务部门、生产部门、销售部门、后勤等有关职能部门根据企业领导分工通力合作，根据企业实际制定有理有据、切实可行的资金需求预测方案或计划。资金筹集工作过程和岗位对照，如表 2-1 所示。

表 2-1 工作过程与岗位对照表

岗位部门	生产部门 销售部门 后勤部门	财务部门 筹资管理岗位	董事会 权力决策机构
主要任务	提出投资方案、生产计划、销售计划	计算筹资需要量，编制、分析筹资报告	筹资需要量决策

任务引入

ABC 公司 2015 年的财务数据如表 2-2 所示。

表 2-2 ABC 公司 2015 年的财务数据

项目	金额（万元）	占销售收入（4 000 万元）百分比（%）
流动资产	4 000	100
长期资产	（略）	无稳定的百分比关系
应付账款	400	10
其他负债	（略）	无稳定的百分比关系
当年的销售收入	4 000	
净利润	200	5
分配股利	60	
留存收益	140	

假设该公司的实收资本始终保持不变，2016 年预计销售收入将达到 5 000 万元。任务要求如下。

1. 需要补充多少外部融资？
2. 如果利润留存率是 100%，销售净利率提高到 6%，目标销售收入是 4 500 万元，要求计算是否需要从外部融资，如果需要，需要补充多少外部资金？

相关知识

企业筹集资金是指企业向外部有关单位或个人以及从企业内部筹措集中生产经营所需资金的财务活动。筹集资金是企业资金运动的起点，是决定资金运动规模和生产经营发展程度的重要环节。通过一定的资金渠道，采取一定的筹资方式，组织资金的供应，保证企业生产经营活动的需要，是企业财务管理的一项重要内容。

一、企业筹资的分类

企业筹集的资金可按不同方式进行不同的分类，这里只介绍两种最主要的方式。

1. 按资金使用期限的长短，分为短期资金和长期资金

短期资金是指供一年以内使用的资金。短期资金主要用于现金、应收账款、存货等，一般在短期内可收回。短期资金常采用商业信用、银行流动资金借款等方式来筹集。

长期资金是指供一年以上使用的资金。长期资金主要用于新产品的开发和推广、生产规模的扩大、厂房和设备的更新，一般需几年或几十年才能收回。长期资金通常采用吸收投资、发行股票、发行债券、长期借款、融资租赁、留存收益等方式来筹集。

2. 按资金的来源渠道，分为所有者权益资金和负债资金

所有者权益资金是指企业通过发行股票、吸收投资、内部积累等方式筹集的资金，它们都属于企业的所有者权益。所有者权益不用还本，因而称为企业的自有资金、主权资金或权益资金。自有资金不用还本，因此筹集自有资金没有财务风险，但自有资金要求的回报率高，资本成本高。负债资金是指企业通过发行债券、银行借款、融资租赁等方式筹集的资金，属于企业的负债，到期要归还本金和利息，因而又称之为企业的借入资金或负债资金。企业采用借入的方式筹集资金，一般要承担较大的财务风险，但相对而言付出的资本成本也小。

二、企业筹资渠道与方式

1. 筹资渠道

筹资渠道是指筹集资金来源的方向与通道，体现资金来源与供应量。我国企业目前主要有以下筹资渠道。

（1）国家财政资金。国家对企业的直接投资是国有企业最主要的资金来源渠道，特别是国有独资企业，其资本全部由国家投资形成。从产权关系上看，产权归国家所有。

（2）银行信贷资金。银行对企业的各种贷款是我国各类企业最为主要的资金来源。我国提供贷款的银行主要有两个——商业银行和政策性银行。商业银行以营利为目的，为企业提供各种商业贷款；政策性银行为特定企业提供政策性贷款。

（3）非银行金融机构资金。非银行金融机构主要指信托投资公司、保险公司、租赁公司、证券公司以及企业集团所属的财务公司。他们所提供的金融服务，既包括信贷资金的投放，也包括物资的融通，还包括为企业承销证券的金融服务。

（4）其他企业资金。其他企业资金是指企业生产经营过程中产生的部分闲置的资金，可以互相投资，也可以通过购销业务形成信用关系形成其他企业资金，这也是企业资金的重要来源。

（5）居民个人资金。 居民个人资金是指“游离”于银行及非银行金融机构之外的个人资金，可用于对企业进行投资，形成民间资金来源。

（6）企业自留资金。企业自留资金指企业通过计提折旧、提取公积金和未分配利润等形式形成的资金，这些资金的重要特征是企业无须通过一定的方式去筹集，它们是企业内部自动生成或转移的资金。

2. 筹资方式

筹资方式是指企业筹集资金所采用的具体方式。目前我国企业的筹资方式主要有以下几种：① 吸收直接投资；② 发行股票；③ 利用留存收益；④ 商业信用；⑤ 发行债券；⑥ 融资租赁；⑦ 银行借款。

企业筹资管理的重要内容是针对客观存在的筹资渠道，选择合理的筹资方式进行筹资。有效的筹资组合可以降低筹资成本，提高筹资效率。

筹资渠道与筹资方式存在一定的对应关系，一定的筹资方式只适用于某一特定的筹资渠道。具体的对应关系如表 2-3 所示。

表 2-3 筹资渠道与筹资方式的对应关系

	吸收直接投资	发行股票	利用留存收益	银行借款	发行债券	商业信用	融资租赁
国家财政资金	√	√					
银行信贷资金				√			
非银行金融机构资金	√	√		√	√		√
其他企业资金	√	√			√	√	√
居民个人资金	√	√			√		
企业自留资金	√		√				

三、企业筹资的原则

企业筹集资金的基本要求是讲求资金筹集的综合经济效益，必须遵循以下几项原则。

1. 合理确定资金需要量，努力提高筹资效果

不论通过什么渠道、采取什么方式筹集资金，都应该预先确定资金的需要量，既要确定流动资金的需要量，又要确定固定资金的需要量。筹集资金固然要广开财路，但必须要有一个合理的界限。要使资金的筹集量与需要量相适应，防止筹资不足而影响生产经营或筹资过剩而降低筹资效益。

2. 周密研究投资方向，大力提高投资效果

投资是决定应否筹资和筹资多少的重要因素之一。投资收益与筹资成本相权衡，决定着要不要筹资，而投资规模则决定着筹资的数量。因此，必须确定有利的资金投向，才能作出筹资决策，避免不顾投资效果的盲目筹资。

3. 适时取得所筹资金，保证资金投放需要

筹集资金要按照资金投放使用的时间来合理安排，使筹资与用资在时间上相衔接，避免因取得资金滞后而贻误投资有利时机的情况，同时也要防止取得资金过早而造成投放前的闲置。

4. 认真选择筹资来源，力求降低筹资成本

企业筹集资金可以采用的渠道和方式是多种多样的，不同筹资渠道和方式的筹资难易程度、资本成本和财务风险各不相同。因此，要综合考察各种筹资渠道和筹资方式，研究各种资金来源

的构成，求得最优的筹资组合，以降低组合的筹资成本。

5. 合理安排资本结构，保持适当偿债能力

企业的资本一般由权益资金和债务资金构成。企业负债所占的比率要与权益资金多少和偿债能力高低相适应。要合理安排资本结构，既要防止负债过多而导致的财务风险过大，偿债能力不足，又要有效地利用负债经营，借以提高权益资金的收益水平。

6. 遵守国家有关法规，维护各方合法权益

企业的筹资活动影响着社会资金的流向和流量，涉及相关方面的经济权益。企业筹集资金必须接受国家的宏观调控与指导，遵守国家有关法律、法规，按照公开、公平、公正的原则，履行约定的责任，维护相关各方的合法权益。

四、资金需要量的预测方法

企业在筹资之前，应当采用一定的方法预测资金需要量，只有这样，才能使筹集来的资金既能保证满足生产经营的需要，又不会有太多的闲置。现介绍预测资金需要量的几种常用的方法。

1. 定性预测法

定性预测法是指利用直观的资料，依靠个人的经验和主观分析、判断能力，预测未来资金需求量的方法。这种方法通常在企业缺乏完备、准确的历史资料情况时采用。其预测过程是：首先，由熟悉财务情况和生产经营情况的专家，根据过去所积累的经验，进行分析判断，提出预测的初步意见；然后，通过召开座谈会或发出各种表格等形式，对上述预测的初步意见进行修正补充。这样的程序经过一次或几次以后，得出最终的预测结果。

定性预测法是十分有用的，但它不能揭示资金需要量与相关因素之间的数量关系。例如，预测资金需要量应和企业生产经营规模相联系，生产规模扩大，销售数量增加，并引起资金需求增加；反之，则会使资金需求量减少。

2. 定量预测法

定量预测法是根据变量之间存在的数量关系（如时间关系、因果关系等）建立数学模型来进行预测的方法。对资金需要量进行定量预测通常采用比率预测法。比率预测法是指以一定财务比率为基础，预测未来资金需要量的方法。能用于预测的比率可能会很多，如存货周转率、应收账款周转率等，但最常用的是资金与销售额之间的比率。以资金与销售额的比率为基础，预测未来资金需要量的方法，就是销售百分率法。计算外界资金需要量的基本步骤如下。

（1）区分变动性项目（随销售收入变动而呈同比率变动的项目）和非变动性项目。通常变动性项目有货币资金、应收账款、存货等流动性资产；非变动性项目有固定资产、对外投资等固定性资产。

（2）计算变动性项目的销售百分率。计算公式为

变动性项目的销售百分比＝基期变动性资产（或负债）/基期销售收入

（3）计算需追加的外部筹资额。计算公式为

外界资金需要量＝增加的资产－增加的负债－增加的留存收益

其中：增加的资产＝增量收入×基期变动资产占基期销售额的百分比

增加的负债＝增量收入×基期变动负债占基期销售额的百分比

增加的留存收益=预计销售收入×销售净利率×收益留存率

对于增加的留存收益，应该采用预计销售收入计算，并且《公司法》规定企业应当按照当期实现的税后利润的10%计提法定公积金，5%计提法定公益金，所以销售留存率不会小于15%。

任务实施

1. 根据敏感性资产和敏感性负债项目以及所有者权益的跟随销售收入的增加，计算需要补充多少外部融资。

2. 根据资料变化计算分析：

① 根据敏感性资产和敏感性负债项目以及所有者权益的变化，计算各个项目的变动情况；

② 根据各项目变动金额大小计算实际需要的外部融资额。

任务二 权益筹资

企业在资金筹集预测之前，需要理清资金来源渠道。权益资金（企业自有资金）及其资金量是企业筹集资金首先需要考虑的。权益资金需要量的预测也不是财务部门单个部门预测就能进行的，需要企业财务部门、生产部门、销售部门、后勤等有关职能部门根据企业领导分工通力合作，根据企业实际制定有理有据、切实可行的权益资金需求预测计划。资金筹集中的权益资金工作过程和岗位对照，如表2-4所示。

表2-4　工作过程与岗位对照表

岗位部门	生产部门 销售部门 后勤部门	财务部门 筹资管理岗位	董事会 权力决策机构
主要任务	提出新建项目方案、分析生产情况及市场需求	研究分析权益筹资方式的可行性与风险，编制权益筹资方式可行性报告	筹资方式决策

任务引入

宏图股份有限公司是一个小型的产品生产企业。公司发展很快，市场前景也很好，资本利润率处于同行业的前列。公司愿意为实现经营目标承担风险，当时的问题是如何筹集资金购买机器设备以便扩大生产满足市场需求。公司大体状况如下。

股票全部为公司内部几个高级管理人员所持有，还没有公开上市。到2015年6月月底公司已经从银行借贷大笔资金，平均债务利率为8%，2015年1～6月的销售收入为1 440万元，息税前利润172.1万元。

蓝利工程股份有限公司是一家中型公司，与宏图公司同属一个行业。该公司供应各种生产资料，生产发展稳定，公司的扩张与发展主要靠留存收益，股票通过证券交易所买卖，但大多数股票由其家族控制，借款只用于专项，平均债务利率为 6%。该企业的资本利润率只是同行业的平均水平，与宏图公司相比，在资产上有自己的优势——拥有属于自己的房地产，生产规模大。2015 年 1～6 月的销售收入为 4 320 万元，息税前利润 465.85 万元。

宏图公司与蓝利公司 2015 年 6 月月底的资产负债情况如表 2-5 所示。

表 2-5　　　　资产负债表

2012 年 6 月 30 日　　　　单位：万元

项目	宏图公司	蓝利公司
流动资产：		
货币资金	60	100
应收账款	360	1 080
存货	240	1 800
流动资产合计	660	2 980
固定资产：		
房屋	—	741
机器设备	400	1 560.6
减：累计折旧	40	381.6
固定资产净值	360	1 920
资产总值	1 020	4 900
流动负债：		
短期借款	360	720
应付账款	120	480
流动负债合计	480	1 200
长期借款	240	—
负债合计	720	1 200
所有者权益：		
股本	240	3 600
留存收益	60	100
所有者权益合计	300	3 700
负债及所有者权益总计	1 020	4 900

任务要求如下。

1. 两个公司的筹资渠道是否相同，为什么？
2. 哪个公司更在乎成本问题？原因是什么？

相关知识

自有资金是指投资者投入企业的资本金及经营中所形成的积累，它反映所有者的权益，又称权益资金。出资人是企业的所有者，拥有对企业的所有权。企业可以独立支配其所占有的财产，拥有出资者投资形成的全部法人财产权。企业自有资金的筹集方式又称股权性筹资，主要有吸收直接投资、发行股票和企业内部积累等方式。

一、吸收直接投资筹集资金

吸收直接投资（以下简称吸收投资）指企业按照“共同投资、共同经营、共担风险、共享利润”的原则直接吸收国家、法人、个人投入资金的一种筹资方式。吸收直接投资无需公开发行证券。吸收投资中的出资者都是企业的所有者，他们对企业具有经营管理权。企业经营状况好、盈利多，各方可按出资额的比例分享利润，但如果企业经营状况差，连年亏损，甚至被迫破产清算，则各方要在其出资的限额内按出资比例承担损失。

1. 吸收直接投资的种类

吸收直接投资的种类主要有以下3类。

（1）吸收国家投资。吸收国家投资指有权代表国家投资的部门或机构以国有资产投入企业，形成国有资本。吸收国家投资一般具有以下特点：① 产权归属国家；② 资金的运用和处置受国家约束较大；③ 在国有企业中采用比较广泛。

（2）吸收法人投资。吸收法人投资指法人单位以其依法可以支配的资产投入企业形成法人资本。吸收法人投资一般具有以下特点：① 发生在法人单位之间；② 以参与企业利润分配为目的；③ 出资方式灵活多样。

（3）吸收个人投资。吸收个人投资指社会个人或企业内部职工以个人合法财产投入企业形成个人资本。吸收个人投资一般具有以下特点：① 参加投资的人员较多；② 每人投资的数额较少；③ 以参与企业利润分配为目的。

2. 吸收直接投资中的出资方式

吸收直接投资中的投资者主要采用以下形式向企业投资。

（1）现金投资。以现金出资是吸收投资中一种最重要的出资方式。有了现金，便可获取其他物质资源。因此，企业应尽量动员投资者采用现金方式出资。

（2）实物投资。以实物出资就是投资者以厂房、建筑物、设备等固定资产和原材料、商品等流动资产所进行的投资。一般来说，企业吸收的实物应符合以下条件：① 确为企业科研、生产和经营所需；② 技术性能比较好；③ 作价公平合理。

（3）工业产权投资。以工业产权出资是指投资者以专有技术、商标权和专利权等无形资产所进行的投资。一般来说，企业吸收的工业产权应符合以下条件：① 能帮助研究和开发出新的高科技产品；② 能帮助生产出适销对路的高科技产品；③ 能帮助改进产品质量，提高生产效率；④ 能帮助大幅度降低各种消耗；⑤ 作价比较合理。

（4）土地使用权投资。土地使用权是按有关法规和合同的规定使用土地的权利。企业吸收土地使用权投资应符合以下条件：① 是企业科研、生产和销售活动所需要的；② 交通、地理条件比较适宜；③ 作价公平合理。

除现金出资之外，以其他方式出资的要对资产进行作价。双方可以按公平合理原则协商作价，也可以请资产评估机构进行资产评估，以评估后的价格确认出资。

3. 吸收直接投资的程序

（1）确定筹资数量。吸收投资一般是在企业开办时所使用的一种筹资方式。企业在经营过程中，如果发现自有资金不足，也可采用吸收投资的方式筹集资金，但在吸收投资之前，必须确定所需资金的数量，以利于正确筹集所需资金。

（2）寻找投资单位。企业在吸收投资之前，需要做一些必要的宣传工作，以便使出资单位了解企业的经营状况和财务情况，有目的地进行投资。这将有利于企业在比较多的投资者中寻找最合适的合作伙伴。

（3）协商投资事项。寻找到投资单位后，双方便可进行具体的协商，以便合理确定投资的数量和出资方式。在协商过程中，企业应尽量说服投资者以现金方式出资。如果投资者的确拥有较先进的适用于企业的固定资产和无形资产等，也可用实物、工业产权和土地使用权进行投资。

（4）签署投资协议。双方经初步协商后，如没有太大异议，便可进一步协商。这里的关键问题是以实物投资、工业产权投资和土地使用权投资的作价问题。一般而言，双方应按公平合理的原则协商定价。如果争议比较大，可聘请有关资产评估的机构来评定。当出资数额、资产作价确定后，便可签署投资的协议或合同，以明确双方的权利和责任。

（5）共享投资利润。企业在吸收投资之后，应按合同中的有关条款，从实现利润中对吸收的投资支付报酬。投资报酬是企业利润的一个分配去向，也是投资者利益的体现。企业要妥善处理这个问题，以便与投资者保持良好的关系。

4. 吸收直接投资的优缺点

（1）吸收直接投资的优点。

① 有利于增强企业信誉。吸收直接投资所筹集的资金属于自有资金，能增强企业的信誉和借款能力，对扩大企业经营规模、壮大企业实力具有重要作用；

② 有利于尽快形成生产能力。吸收直接投资可以直接获取投资者的先进设备和技术，有利于尽快形成生产能力，尽快开拓市场；

③ 有利于降低财务风险。吸收直接投资可以根据企业的经营情况向投资者支付报酬，比较灵活，所以财务风险较小。

（2）吸收直接投资的缺点。

① 资本成本较高。因为向投资者支付的报酬是根据其出资的数额和企业实现利润的多寡来计算的，所以其资本成本较高；

② 企业控制权容易分散。投资者在投资的同时，一般都要求获得与投资数量相适应的经营管理的权利，这是外来投资的代价。

二、发行股票筹集资金

股票是股份公司为筹集自有资金而发行的有价证券，是投资人投资入股以及取得股利的凭证，它代表了股东对股份公司的所有权。

1. 股票的种类

（1）按股东权利和义务的不同，股票分为普通股和优先股。

普通股是公司发行的具有管理权而股利不固定的股票，是公司资本结构中基本的部分。普通股在权利、义务方面的特点如下。

① 普通股股东对公司有经营管理权，在股东大会上有表决权，可以选举成立董事会，从而实现对公司的经营管理。

② 普通股股利分配在优先股分红之后进行，股利多少取决于公司的经营情况。

③ 公司解散、破产时，普通股股东的剩余财产求偿权位于公司各种债权人和优先股股东之后。

④ 在公司增发新股时有认股优先权，普通股股东可以优先购买新发行的股票。

优先股是较普通股有某些优先权利同时也有一定限制的股票。其优先权利表现在以下方面。

① 优先获得股利。优先股股利的分发通常在普通股之前，其股利率是固定的。

② 优先分配剩余财产。当公司解散、破产时，优先股股东的剩余财产求偿权虽位于债权人之后，但位于普通股股东之前。优先股股东在股东大会上无表决权，在参与公司经营管理上受到一定限制，仅对涉及优先股权利的问题有表决权。

（2）按票面有无记名，分为记名股票和无记名股票。

记名股票在票面上载有股东姓名并将股东姓名记入公司股东名册。对记名股票要附发股权手册，股东只有同时具备股票和股权手册时才能领取股利。记名股票的转让、继承要办理过户手续。

无记名股票在票面上不记载股东姓名，公司也要设置股东名册，记载股票的数量、编号和发行日期，持有无记名股票的人就成为公司的股东。无记名股票的转让、继承无需办理过户手续，只要买卖双方办理交割手续，就可完成股权的转移。

我国《公司法》规定，公司向发起人、国家授权投资的机构、法人发行的股票应当为记名股票。对社会公众发行的股票可以为记名股票，也可以为无记名股票。

（3）按票面是否标明金额，分为面值股票和无面值股票。

面值股票是指在股票的票面上记载每股金额的股票。股票面值的主要功能是确定每股股票在公司所占有的份额，另外，它还表明在有限公司中股东对每股股票所负有限责任的最高限额。

无面值股票是指股票票面不记载每股金额的股票。无面值股票仅表示每一股在公司全部股票中所占有的比例。也就是说，这种股票只在票面上注明每股占公司全部净资产的比例，其价值随公司财产价值的增减而增减。

（4）按投资主体的不同，股票分为国家股、法人股、个人股和外资股。

国家股为有权代表国家投资的部门或机构以国有资产向公司投资形成的股份。国家股由国务院授权的部门或机构以及根据国务院的决定由地方人民政府授权的部门或机构持有，并委派股权代表。

法人股是企业法人以其依法可支配的资产向公司投资形成的股份，或是具有法人资格的事业单位和社会团体以国家允许用于经营的资产向公司投资形成的股份。

个人股为社会个人或本公司职工以个人合法财产投入公司形成的股份。

外资股为外国投资者或我国香港、澳门、台湾地区投资者以购买人民币特种股票形式向公司投资形成的股份。

（5）股票按发行对象和上市地点，分为A股、B股、H股和N股。

在我国内地，有A股和B股。A股是以人民币标明票面金额并以人民币认购和交易的股票。B股是以人民币标明票面金额，以外币认购和交易的股票。另外，还有H股和N股，H股为在香港上市的股票，N股是在纽约上市的股票。

2. 股票的发行

（1）股票发行的目的。

① 设立发行。设立发行即在股份公司设立或公司经改组、变更而成立股份公司时，为募集资本而进行的股票发行。

② 增资发行新股。增资发行新股是股份公司成立以后，在其存续期间为增加资本而发行股票。

③ 发放股票股利。

（2）股票发行的条件。新设立的股份有限公司申请公开发行股票，应当符合下列条件。

① 生产经营符合国家产业政策。

② 发行普通股限于一种，同股同权。

③ 发起人认购的股本数额不少于公司拟发行股本总额的35%。

④ 在公司拟发行的股本总额中，发起人认购的部分不少于人民币3 000万元，但国家另有规定的除外。

⑤ 向公众发行的部分不少于公司拟发行股本总额的25%，其中公司职工认购的股本数额不得超过拟向社会公众发行股本总额的10%。公司拟发行股本总额超过人民币4亿元的，证监会按照规定可以酌情降低向社会公众发行部分的比例，但是最低不少于公司拟发行股本总额的10%。

⑥ 发起人在近3年内没有重大违法行为。

⑦ 国务院证券监督管理机构规定的其他条件。

（3）股票发行的程序。

① 公司作出新股发行决议对发行新股的种类、发行数量、发行目的、价格等作出决定。一般情况下，对设立发行股票的公司，发起人应认购足其应认购的股份。如果是募集设立，发起人至少需认购公司应发行股份的法定比例35%。

② 公司做好发行新股的准备工作，如向证监会提交募股申请、公司章程、招股说明书等，并委托会计师事务所审计近3年的财务报表，进行资产评估。

③ 有关机构审核。

④ 与投资银行签署承销协议。股票销售方式有自销和承销两种方式，其中承销有包销和代销两种方式。

⑤ 公告招股说明书。

⑥ 招认股份，缴纳股款。

⑦ 召开创立大会，选举董事会、监事会。

⑧ 办理公司设立登记，交割股票。

（4）股票发行方式。股票发行方式是指公司通过何种途径发行股票。股票的发行方式可分为以下两类。

① 公开间接发行。公开间接发行指通过中介机构，公开向社会公众发行股票。我国股份有限公司采用募集设立方式向社会公开发行新股时，须由证券经营机构承销的做法，就属于股票的公开间接发行。这种发行方式范围广、发行对象多，易于足额募集资本；股票的变现性强，流通性好；股票的公开间接发行还有助于提高发行公司的知名度和扩大其影响力。但这种发行方式也有不足，主要是手续繁杂，发行成本高。

② 不公开直接发行。不公开直接发行指不公开对外发行股票，只向少数特定的对象直接发行，因而不需经中介机构承销。我国股份有限公司采用发起设立方式和以不向社会公开募集的方式发行新股的做法，即属于股票的不公开直接发行。这种发行方式弹性较大，发行成本低，但发行范围小，股票变现性差。

（5）股票的销售方式。股票的销售方式，指的是股份有限公司向社会公开发行股票时所采取的股票销售方法。股票销售方式有两类，即自销和委托承销。

① 自销方式。股票发行的自销方式，指发行公司自己直接将股票销售给认购者。这种销售方式可由发行公司直接控制发行过程，实现发行意图，并可以节省发行费用，但往往筹资时间长，发行公司要承担全部发行风险，并需要发行公司有较高的知名度、信誉和实力。

② 承销方式。股票发行的承销方式，指发行公司将股票销售业务委托给证券经营机构代理。这种销售方式是发行股票所普遍采用的。我国《公司法》规定股份有限公司向社会公开发行股票，必须与依法设立的证券经营机构签订承销协议，由证券经营机构承销。股票承销又分为包销和代销两种具体办法。所谓包销，是根据承销协议商定的价格，证券经营机构一次性全部购进发行公司公开募集的全部股份，然后以较高的价格出售给社会上的认购者。对发行公司来说，包销的办法可及时筹足资本，免于承担发行风险（股款未募足的风险由承销商承担），但股票以较低的价格出售给承销商发行公司会损失部分溢价。所谓代销，是证券经营机构代替发行公司代售股票，并由此获取一定的佣金，但不承担股款未募足的风险。

（6）股票发行价格。股票的发行价格是股票发行时所使用的价格，也就是投资者认购股票时所支付的价格。股票发行价格通常由发行公司根据股票面额、股市行情和其他有关因素决定。以募集设立方式设立公司首次发行的股票价格，由发起人所决定；公司增资发行新股的股票价格，由股东大会作出决议。

股票的发行价格可以和股票的面额一致，但多数情况下不一致。股票的发行价格一般有以下3种。

① 等价。等价是以股票的票面额为发行价格，也称为平价发行。这种发行价格，一般在股票的初次发行或在股东内部分摊增资的情况下采用。等价发行股票容易推销，但无从取得股票溢价收入。

② 时价。时价是以本公司股票在流通市场上买卖的实际价格为基准确定的股票发行价格。其原因是股票在第二次发行时已经增值，收益率已经变化。选用时价发行股票，考虑了股票的现行市场价值，对投资者也有较大的吸引力。

③ 中间价。中间价是以时价和等价的中间值确定的股票发行价格。

按时价或中间价发行股票，股票发行价格会高于或低于其面额。前者称为溢价发行，后者称为折价发行。如属溢价发行，发行公司所获的溢价款列入资本公积。

我国《公司法》规定，股票发行价格可以等于票面金额（等价），也可以超过票面金额（溢价），但不得低于票面金额（折价）。

3. 股票上市

股票上市是指股份有限公司公开发行的股票经批准在证券交易所进行挂牌交易。经批准在证券交易所上市交易的股票称为上市股票。股票获准上市交易的股份有限公司简称为上市公司。我国《公司法》规定，股东转让其股份，即股票流通必须在依法设立的证券交易场所进行。

（1）股票上市的目的。

股份公司申请股票上市，一般出于以下几个目的。

① 资本大众化，分散风险。股票上市后，会有更多的投资者认购公司股份，公司则可将部分股份转售给这些投资者，再将得到的资金用于其他方面，这就分散了公司的风险。

② 提高股票的变现力。股票上市后便于投资者购买，自然提高了股票的流动性和变现力。

③ 便于筹措新资金。股票上市必须经过有关机构的审查批准并接受相应的管理，执行各种信息披露和股票上市的规定，这就大大增强了社会公众对公司的信赖，使之乐于购买公司的股票。同时，由于一般人认为上市公司实力雄厚，也便于公司采用其他方式（如负债）筹措资金。

④ 提高公司知名度，吸引更多顾客。股票上市公司为社会所知，并被认为经营优良，这会带来良好声誉，吸引更多的顾客，从而扩大销售量。

⑤ 便于确定公司的价值。股票上市后，公司股价有市价可循，便于确定公司价值，有利于促进公司财富最大化。

然而，股票上市也有对公司不利的一面。这主要指公司将负担较高的信息披露成本；各种信息公开的要求可能会暴露公司的商业秘密；股价有时会歪曲公司的实际状况，丑化公司声誉；可能会分散公司的控制权，造成管理上的困难。

（2）股票上市的条件。

公司公开发行的股票进入证券交易所交易必须受严格的条件限制。我国的《公司法》规定，股份有限公司申请股票上市必须符合以下条件。

① 股票经国务院证券管理部门批准已向社会公开发行，不允许公司设立时直接申请上市。

② 公司股本总额不少于人民币 5 000 万元。

③ 公司开业时间在 3 年以上，最近 3 年连续盈利；属于国有企业依法改建而设立的股份有限公司，或者在《公司法》实施后新组建成立、其主要发起人为国有大中型企业的股份有限公司，可连续计算。

④ 持有股票面值 1 000 元以上的股东不少于 1 000 人，向社会公开发行的股份达股份总额的

25%以上；公司股本总额超过人民币4亿元的，其向社会公开发行股份的比例为15%以上。

⑤ 公司在最近3年内无重大违法事件，财务会计报告无虚假记载。

⑥ 国务院规定的其他条件。

（3）股票上市的暂停与终止。

股票上市公司有下列情形之一的，由国务院证券管理部门决定暂停其股票上市。

① 公司股本总额、股权分布等发生变化，不再具备上市条件（限期内未能消除的，终止其股票上市）。

② 公司不按规定公开其财务状况，或者对财务报告作虚假记载（后果严重的，终止其股票上市）。

③ 公司有重大违法行为（后果严重的，终止其股票上市）。

④ 公司最近3年连续亏损（限期内未能消除的，终止其股票上市）。

另外，公司决定解散、被行政主管部门依法责令关闭或者宣告破产的，由国务院证券管理部门决定终止其股票上市。

4. 股票筹资的优、缺点

（1）发行股票筹资的优点如下。

① 能提高公司的信誉。发行股票筹集的是主权资金，普通股本和留存收益构成公司借入一切债务的基础。有了较多的主权资金，就可为债权人提供较大的损失保障。因而，发行股票筹资既可以提高公司的信用程度，又可为使用更多的债务资金提供有力的支持。

② 没有固定的到期日，不用偿还。发行股票筹集的资金是永久性资金，在公司持续经营期间可长期使用，能充分保证公司生产经营的资金需求。

③ 没有固定的利息负担。公司有盈余并且认为适合分配股利，就可以分给股东；公司盈余少，或虽有盈余但资金短缺，或者有有利的投资机会，就可以少支付或不支付股利。

④ 筹资风险小。由于普通股票没有固定的到期日，不用支付固定的利息，不存在不能还本付息的风险。

（2）发行股票筹资的缺点如下。

① 资本成本较高。一般来说，股票筹资的成本要大于债务资金，股票投资者要求有较高的报酬。而且股利要从税后利润中支付，而债务资金的利息可在税前扣除。另外，普通股的发行费用也较高。

② 容易分散控制权。企业发行新股时，出售新股票、引进新股东会导致公司控制权的分散。

另外，新股东分享公司未发行新股前积累的盈余会降低普通股的净收益，从而可能引起股价的下跌。

三、利用企业内部积累筹集资金

企业内部积累主要是指企业税后利润进行分配所形成的公积金。企业的税后利润并不全部分配给投资者，而应按规定的比例提取法定盈余公积金，有条件的还可提取任意盈余公积金。此项公积金可用以购建固定资产、进行固定资产更新改造、增加流动资产储备、采取新的生产技术措施和试制新产品、进行科学研究和产品开发等。因此，税后利润的合理分配也关系到企业筹资问题。

企业利润的分配一般是在年终或会计期末进行结算的，因此，在利润未被分配以前，可作为公司资金的一项补充来源。企业年末未分配的利润也具有此种功能。企业平时和年末未分配的利润使用期最长不超过半年，使用时应加以注意。此外，企业因计提折旧从销售收入中转化来的新增货币资金并不增加企业的资金总量，但却能增加企业可以周转使用的营运资金，因而也可视为一种资金来源和筹资方式。应当指出，企业内部积累是补充企业生产经营资金的一项重要来源，利用这种筹资方式不必向外部单位办理各种手续，简便易行，而且不必支付筹资、用资的费用，经济合理。

任务实施

1. 分析两个公司的筹资渠道的不同及其差异的具体表现。

① 分析两公司的公司类型（上市与非上市），比较两者的差异。

② 分析两公司的负债率，比较两者的差异。

③ 分析两公司在筹资渠道的选择上有何不同。

2. 通过两公司的资产负债表的比较分析谁更关心成本。

① 比较两公司在负债和所有者权益上的差异。

② 比较两公司的利润率水平。

③ 分析两公司谁更关心成本。

任务三　负债筹资

企业在资金筹集预测之前，需要理清资金来源渠道。负债资金及其资金量是企业筹集资金需要重点考虑的，它能发挥“借鸡生蛋”的杠杆作用。负债资金需要量的预测也不是财务部门单个部门预测就能进行的，需要企业财务部门、生产部门、销售部门、后勤等有关职能部门根据企业领导分工通力合作，根据企业实际制定有理有据、切实可行的负债资金需求预测计划。资金筹集中的负债资金工作过程和岗位对照，如表 2-6 所示。

表 2-6　　工作过程与岗位对照表

岗位部门	生产部门 销售部门 后勤部门	财务部门 融资管理岗位	董事会 权力决策机构
主要任务	提出项目方案、分析生产情况及市场需求	研究分析负债筹资方式的可行性与风险，编制负债筹资方式可行性报告	筹资方式决策

任务引入

深圳金蝶软件科技有限公司是我国财务软件产业的卓越代表，是中国最大的财务软件及企业管理软件的开发者和供应商之一，是中国 Windows 版财务软件和决策支持型财务软件的开创者，是最早成功地研制出制造业管理系统（VMRP-II）的财务软件公司。金蝶公司所处的软件产业作为一种高效益、高投入、高风险的行业，其商品化需要大量的资金不断地投入。企业在开发软件过程中，需要召集大量的人才。在软件向市场的推介中，需要大量的市场宣传和售后服务。而这一切，都需要一定资金的先期投入。随着改革的深入，国内的财务制度与国际标准逐步接轨，国内在几年内先后成立了200余家大大小小的财务软件公司。如何在众多的财务软件公司中脱颖而出，使用户了解并使用自己的产品是金蝶公司发展的当务之急。金蝶公司为了抓紧战略时机，扩大自身规模，实现规模化、产业化，1997年前后在国内先后设立了20家分支机构。自1993年金蝶公司成立以来，其营业收入和利润等主要经济指标以每年300%的速度增长。随着规模的扩大，仅仅靠金蝶公司自身的积累已不能实现金蝶的战略需要和可持续增长。5年来，金蝶公司数次主动向银行申请，也有几次银行上门来洽谈，最终却只获得80万元贷款，原因就在于没有足够的资产作抵押，还缺乏担保，因为此时的金蝶公司只有500万元的固定资产。1998年5月18日，享誉世界的国际数据集团（IDG）在中国的风险投资公司——广东太平洋技术创业有限公司向金蝶公司投资2 000万元人民币，以支持该公司的科研开发和国际性市场开拓工作，这是IDG对华软件产业风险投资中最大的一笔投资。作为国内最大的财务软件开发商和供应商之一，其在1998年1年之中，软件销售总额就超过了1亿元，同时又在企业综合管理软件开发方面取得了可喜进展。具有这样卓越成就的企业，对风险投资者的吸引力是巨大的，IDG广州太平洋技术创业投资基金的主动出击是情理之中的事。任务要求如下。

1. 分析深圳金蝶软件科技有限公司利用银行借款难的原因和利用银行借款方式筹集资金的优缺点。

2. 分析银行借贷，但风险投资却主动投资对我们的启示是什么？

相关知识

一、利用银行借款筹集资金

银行借款是指企业根据借款合同向银行（以及其他金融机构，下同）借入的需要还本付息的款项。利用银行的长期和短期借款是企业筹集资金的一种重要方式。

1. 银行借款的种类

银行借款的种类很多，按不同的标准可进行不同的分类。

（1）按借款的期限分类，分为短期借款、中期借款和长期借款。短期借款期限在1年内，中期借款期限在1～5年，长期借款期限在5年以上。

（2）按借款的条件分类，分为信用借款、担保借款和票据贴现。信用借款是以借款人的信用为依据而获得的借款，企业取得这种借款不用以财产抵押。担保借款指以一定的财产做抵押或以一定的保证人做担保为条件而取得的借款，它分为保证借款、抵押借款和质押借款3类。票据贴现是指企业以持有的未到期的商业票据向银行贴付一定的利息而取得的借款。

（3）按借款的用途不同分类，分为基本建设借款、专项借款和流动资金借款。

（4）按提供贷款的机构分类，分为政策性银行贷款和商业银行贷款。政策性银行贷款是指执行国家政策性贷款业务的银行向企业发放的贷款，如国家开发银行为满足企业承建国家重点建设项目的资金需要而提供的贷款，主要为执行国家重点扶持行业等经济政策服务；进出口信贷银行为大型设备的进出口提供买方或卖方信贷。商业银行贷款是各商业银行向工商企业提供的贷款，这类贷款主要满足企业生产经营的资金需要。此外，企业还可从信托投资公司取得实物或货币形式的信托投资贷款，从财务公司获得各种贷款等。

2. 银行借款的程序

（1）企业提出贷款申请。

（2）银行审查借款申请。

（3）签订借款合同。

（4）企业取得借款。

（5）偿还借款。

3. 银行借款的信用条件

按照国际惯例，银行发放贷款时往往要附加一些信用条件，主要有以下几个方面。

（1）信贷额度（贷款限额）。信贷额度指借款人与银行签订协议，协议中规定借入款项的最高限额。例如，借款人超过限额继续借款，银行将停止办理。此外，如果企业信誉恶化，银行也有权停止借款。对信贷额度，银行不承担法律责任，没有强制义务。

（2）周转信贷协定。周转信贷协定指银行因具有法律义务而承诺提供不超过某一最高限额的贷款协定。在协定的有效期内，银行必须满足企业在任何时候提出的借款要求。企业享用周转信贷协定必须对贷款限额的未使用部分向银行付一笔承诺费。银行对周转信贷协议负有法律义务。

【业务实例 2-1】 某企业取得银行为期一年的周转信贷 100 万元，借款企业年度内使用了 60 万元，平均使用期只有 6 个月，借款利率为 12%，年承诺费率为 0.5%，要求计算年终借款企业需要支付的利息和承诺费总计是多少。

解析：需支付的利息 60×12%×6/12 = 3.6（万元）

需支付的承诺费(100 − 60×6/12)×0.5% = 0.35（万元）

总计支付额 3.6+0.35=3.95（万元）

（3）补偿性余额。补偿性余额指银行要求借款人在银行中保留借款限额或实际借用额的一定百分比计算的最低存款余额。企业在使用资金的过程中，通过资金在存款账户的进出，始终保持一定的补偿性余额在银行存款的账户上。这实际上增加了借款企业的利息，提高了借款的实际利率，加重了企业的财务负担。

【业务实例 2-2】 某企业按利率 8%向银行借款 100 万元，银行要求保留 20%的补偿性余额，那么企业可以动用的借款只有 80 万元，问该项借款的实际利率为多少？

解析：补偿性余额实际贷款利率 = 利息/实际可使用借款额 = (100×8%)/80 = 10%

或补偿性余额实际贷款利率 = 名义利率/(1−补偿性余额比率) =8%/(1−20%) = 10%

（4）借款抵押。除信用借款以外，银行向财务风险大、信誉不好的企业发放贷款时，往往采用抵押贷款的方式，即企业以抵押品作为贷款的担保，以减少自己蒙受损失的风险。借款的抵押品通常是借款企业的应收账款、存货、股票、债券、房屋等。银行接受抵押品后，将根据抵押品的账面价值决定贷款金额，一般为抵押品的账面价值的30%~50%。企业接受抵押贷款后，其抵押财产的使用及将来的借款能力会受到限制。抵押贷款的利率要高于非抵押贷款的利率，原因在于银行将抵押贷款视为风险贷款，借款企业的信誉不是很好，所以需要收取较高的利息；而银行一般愿意为信誉较好的企业提供贷款，且利率相对会较低。

4. 借款利息的支付方式

（1）利随本清法。利随本清法又称收款法，即在短期借款到期时向银行一次性支付利息和本金。采用这种方法，借款的名义利率等于实际利率。

（2）贴现法。贴现法是银行向企业发放贷款时，先从本金中扣除利息部分，而借款到期时企业再偿还全部本金的方法。这种方法，贷款的实际利率高于名义利率。

实际利率=（本金×名义利率）/实际借款额 =（本金×名义利率）/（本金-利息）

=名义利率）/（1-名义利率）

【业务实例 2-3】 某企业从银行取得借款200万元，期限1年，名义利率10%，利息20万元。按照贴现法支付利息，企业实际可动用的贷款为 180(200 − 20 = 180)万元，该项贷款的实际利率为多少?

解析：实际利率=利息/（贷款金额-利息）= 20÷(200 − 20) = 11.11%

或：10%÷(1-10%) = 11.11%

5. 银行借款筹资的优、缺点

（1）银行借款筹资的优点。

① 筹资速度快。银行借款与发行证券相比，一般所需时间较短，可以迅速获得资金。

② 筹资成本低。就我国目前的情况看，利用银行借款所支付的利息比发行债券所支付的利息低，也无须支付大量的发行费用。

③ 借款弹性好。企业与银行可以直接接触，商谈确定借款的时间、数量和利息。借款期间如企业经营情况发生了变化，也可与银行协商，修改借款的数量和条件。借款到期后如有正当理由，还可延期归还。

（2）银行借款筹资的缺点。

① 财务风险大。企业举借长期借款，必须定期付息，在经营不利的情况下，企业有不能偿付的风险，甚至会导致破产。

② 限制条款多。企业与银行签订的借款合同中一般都有一些限制条款，如定期报送有关部门报表、不能改变借款用途等。

③ 筹资数量有限。银行一般不愿借出巨额的长期借款，因此，利用银行借款筹资有一定的上限。

二、发行债券筹集资金

公司债券是指公司按照法定程序发行的，约定在一定期限还本付息的有价证券。发行公司债券是公司筹集负债资金的重要方式之一。

1. 债券的种类

（1）按主体分类，分为政府债券、金融债券和公司债券。政府债券由各国中央政府或地方政府发行。政府债券风险小，流动性强，是最受投资者欢迎的债券之一。金融债券是银行或其他金融机构发行的。金融债券风险不大，流动性较好，报酬也比较高。公司债券又称企业债券，由股份公司等各类企业发行，与政府债券相比，公司债券的风险较大，因而利率也比较高。

（2）按有无抵押担保分类，分为信用债券、抵押债券和担保债券。信用债券是无抵押担保的债券，是仅凭发行者的信誉发行的。政府债券属于信用债券，一个信用良好的企业也可以发行信用债券，但有一定的条件限制。抵押债券是以一定抵押品作抵押才能发行的债券，这种债券在西方比较常见。抵押债券按抵押品的不同又可分为不动产抵押债券、设备抵押债券和证券抵押债券。担保债券是由一定的保证人作担保而发行的债券。当企业没有足够的资金偿还债券时，债权人有权要求担保人偿还。我国 1998 年 4 月 8 日颁布的《企业债券发行与转让管理办法》规定，保证人应是符合《担保法》的企业法人，同时还要具备以下条件：① 净资产不能低于被保证人发行债券的本金和利息；② 近 3 年连续盈利；③ 不涉及改组、解散等事宜或重大诉讼案件；④ 中国人民银行规定的其他条件。

（3）按是否记名分类，分为记名债券和无记名债券。记名债券指在券面上注明债权人姓名或名称，同时在发行公司的债权人名册上进行登记的债券。这种债券的优点是比较安全，缺点是转让时手续比较复杂。无记名债券指在券面上不注明债权人姓名或名称，同时也不在发行公司的债权人名册上进行登记的债券。无记名债券转让时即生效，无须背书，因而比较方便。

2. 债券的基本要素

（1）债券的面值。债券的面值包括两个基本内容：一是币种，二是票面金额。面值的币种可用本国货币，也可用外币，这取决于发行者的需要和债券的种类。债券的票面金额是债券到期时偿还债务的金额，面值印在债券上，固定不变，到期必须足额偿还。

（2）债券的期限。债券有明确的到期日。债券从发行日起，至到期日之间的时间称为债券的期限。债券的期限有日益缩短的趋势，在债券的期限内，公司必须定期支付利息，债券到期时，必须偿还本金。

（3）利率和利息。债券上通常载明利率，一般为固定利率，也有少数是浮动利率。债券的利率为年利率，面值与利率相乘可得出年利息。

（4）债券价格。理论上债券的面值就是它的价格。但在实际操作中，由于发行者的考虑或资金市场上供求关系、利息率的变化，债券的市场价格常常脱离它的面值，但差额并不大。发行者计算利息，偿付本金都以债券的面值为根据，而不以价格为根据。

3. 债券的发行

（1）发行债券的资格和条件。我国《公司法》规定，股份有限公司、国有独资公司和两个以上的国有企业或者其他两个以上的国有投资主体投资设立的有限责任公司，有资格发行公司债券。发行公司债券必须具备以下条件。

① 股份有限公司的净资产额不低于3 000万元，有限责任公司的净资产额不低于6 000万元。

② 累积债券总额不超过公司净资产的40%。

③ 最近3年平均可分配利润足以支付公司债券一年的利息。

④ 所筹集资金的投向符合国家产业政策。

⑤ 债券的利率不得超过国务院限定的利率水平。

⑥ 国务院规定的其他条件。

（2）发行债券的程序。公司发行债券要经过一定的程序，办理规定的手续。其程序如下。

① 发行债券的决议或决定。股份有限公司和国有有限责任公司发行公司债券，由董事会制订方案，股东大会作出决议；国有独资公司发行公司债券，由国家授权投资的机构或者国家授权的机构作出决定。可见，发行公司债券的决议和决定，是由公司最高机构作出的。

② 发行债券的申请与批准。凡欲发行债券的公司，先要向国务院证券管理部门提出申请并提交公司登记证明、公司章程、公司债券募集办法、资产评估报告和验资报告等文件。国务院证券管理部门根据有关规定，对公司的申请予以核准。

③ 募集借款。公司发出公司债券募集公告后，开始在公告所限定的期限内募集借款。一般来讲，公司债券的发行方式有公司直接向社会发行（私募发行）和由证券经营机构承销发行（公募发行）2种。在我国，根据有关法规，公司发行债券须与证券经营机构签订承销合同，由其承销。在承销机构发售债券时，投资人直接向其付款购买，承销机构代理收取债券款并交付债券。然后，承销机构向发行公司办理债券款的结算。

（3）债券的发行价格。债券的发行价格有3种，即等价发行、折价发行和溢价发行。等价发行又叫面值发行，是指按债券的面值出售；折价发行是指以低于债券面值的价格出售；溢价发行是指按高于债券面值的价格出售。

债券之所以会存在溢价发行和折价发行，这是因为资金市场上的利息率是经常变化的，而企业债券一经发行，就不能调整其票面利息率。债券从开印到正式发行，往往需要经过一段时间，在这段时间内如果资金市场上的利率发生变化，就要靠调整发行价格的方法来使债券顺利发行。即当票面利率高于市场利率时，以溢价发行债券；当票面利率低于市场利率时，以折价发行债券；当票面利率等于市场利率时，以等价发行债券。

债券发行价格的确定其实就是一个求现值的过程，等于各期利息的现值和到期本金的现值之和，折现率以市场利率为标准。

分期付息债券价格的计算公式：

$$
\begin{aligned}
\text{债券发行价格} &= \text{未来各期利息的现值} + \text{到期本金的现值} \\
&= \text{票面金额} \times \text{票面利率} \times (P/A,\ i,n) + \text{票面金额} \times (P/F,\ i,n)
\end{aligned}
$$

【业务实例2-4】 华北电脑公司发行面值为1 000元，利息率为10%，期限为10年，每年年末付息的债券。公司决定发行债券时，认为10%的利率是合理的。如果到债券发行时，市场上的利率发生变化，就要调整债券的发行价格。试分析市场利率分别为10%、15%、5%时债券发行价格变化情况。

解析：

(1) 资金市场上利率保持不变，即票面利率与市场利率相等，可用等价发行，发行价格计算如下。

债券发行价格 $=1\ 000\times10\%\times(P/A, 10\%,10)+1\ 000\times(P/F, 10\%, 10)$

$=100\times6.144\ 6+1\ 000\times0.385\ 5$

$=1\ 000$（元）

(2) 资金市场利率上升，达到15%，高于票面利率，则采用折价发行。发行价格计算如下。

债券发行价格 $=1\ 000\times10\%\times(P/A, 15\%,10)+1\ 000\times(P/F, 15\%, 10)$

$=100\times5.018\ 8+1\ 000\times0.247\ 2$

≈749.06（元）

只有按低于或等于749.06元的价格出售，投资者才会购买并获得15%的报酬。

(3) 资本市场上利率下降为5%，低于债券的票面利率，则可采用溢价发行。发行价格计算如下。

债券发行价格 $=1\ 000\times10\%\times(P/A, 5\%,10)+1\ 000\times(P/F, 5\%,10)$

$=100\times7.721\ 7+1\ 000\times0.613\ 9$

$\approx1\ 386.08$（元）

也就是说，投资者把1 386.08元的资金投资于华北电脑公司面值为1 000元的债券，可以获得5%的报酬。

4. 债券筹资的优、缺点

（1）债券筹资的优点。

① 资本成本低。债券的发行费用低，并且利息在税前支付，比股票筹资成本低。

② 能够保证控制权。债券持有人无权干涉企业的经营管理事务。

③ 可以发挥财务杠杆作用。债券只支付固定的利息，当企业盈利多时，可以留更多的收益给股东或用于企业扩大经营。

（2）债券筹资的缺点。

① 筹资风险高。债券有固定的到期日，并定期支付利息，无论企业经营如何都要偿还。

② 限制条件多。债券发行契约书上的限制条款比优先股和短期债务严格得多，可能会影响企业以后的发展或筹资能力。

③ 筹资额有限。利用债券筹资在数额上有一定限度，当公司的负债超过一定程度后，债券筹资的成本会上升，有时甚至难以发行出去。

三、融资租赁

1. 租赁的种类

租赁指出租人在承租人给予一定报酬的条件下，授予承租人在约定的时间内占有和使用财产权利的一种契约性行为。租赁的种类很多，目前我国主要有经营租赁和融资租赁两类。

（1）经营租赁。经营租赁是由租赁公司在短期内向承租的单位提供设备并提供维修、保养、人员培训等服务的一种服务性业务，又称服务性租赁。承租单位支付的租赁费除租金外还包括维修、保养等费用，经营租赁所付的租赁费可在成本中列支。经营租赁的主要目的是解决企业短期、临时的资产需求问题，但从企业不必先付款购买设备即可享有设备使用权来看，也有短期筹资的作用。经营租赁的主要特点如下。

① 租赁期较短，一般短于资产有效使用期的一半。

② 设备的维修，保养由租赁公司负责。

③ 租赁期满或合同终止后，出租资产由租赁公司收回。经营租赁比较适用于租用技术过时较快的生产设备。

（2）融资租赁。融资租赁是由租赁公司按承租单位要求出资购买设备，在较长的契约或合同期内提供给承租单位使用的信用业务。一般借贷的对象是资金，而融资租赁的对象是实物，融资租赁是融资与融物相结合、带有商品销售性质的借贷活动，是企业筹集资金的一种方式。融资租赁的主要特点如下。

① 租赁期较长，一般长于资产有效使用期的一半，在租赁期间双方无权撤销合同。

② 由承租企业负责设备的维修、保养和保险，承租企业无权拆卸改装。

③ 租赁期满，按事先约定的方法处理设备，包括退还租赁公司、继续租赁、企业留购。

2. 融资租赁的程序

（1）选择租赁公司。

（2）办理租赁委托。

（3）签订购货协议。

（4）签订租赁合同。

（5）办理验货与投保。

（6）支付租金。

（7）租赁期满的设备处理。

3. 融资租赁租金的计算

（1）融资租赁租金的构成。营业租赁的租金包括租赁资产购买成本、租赁期间的利息、租赁物件维护费、业务及管理费、税金、保险费及租赁物的陈旧风险补偿金等。

融资租赁租金包括设备价款和租息两部分，其中租息又可分为租赁公司的融资租赁成本、租赁手续费等。具体来讲，融资租赁的租金计算内容如下。

① 设备价款是租金的主要内容，包括设备的买价、运杂费和途中保险费。

② 融资成本指设备租赁期间为购买设备所筹集资金的利息。

③ 租赁手续费指租赁公司承办租赁设备的营业费用和一定的盈利。

（2）租金的支付方式。租金的支付方式按期限的长短分为年付、半年付、季付和月付等；按支付期先后，分为先付和后付两种；按每期支付金额，分为等额付和不等额付。

（3）租金的计算方法。租金的计算方法很多，我国融资租赁实务中大多采用平均分摊法和等额年金法。

① 平均分摊法。平均分摊法是先以商定的利息率和手续费率计算出租赁期间的利息和手续费，然后连同设备成本按支付次数平均计算。这种方法没有充分考虑资金时间价值因素。每次应付租金的计算公式如下：

$$R=[(C-S)+I+F]/N$$

式中：R 为每次支付的租金；C 为租赁设备购置成本；S 为租赁设备预计残值；I 为租赁期间利息；F 为租赁期间手续费；N 为租期。

【业务实例 2-5】 某企业于 2015 年 1 月 1 日从租赁公司租入一套设备，价值 100 000 元，租期为 5 年，预计租赁期满时的残值为 6 000 元，归租赁公司，年利率按 9%计算，租赁手续费率为设备价值的 2%。租金每年年末支付一次。要求：计算租赁该套设备每次支付的租金。

解析：租赁该套设备每次支付的租金为

$R=\{(100\,000-6\,000)+[100\,000\times(1+9\%)^5-100\,000]+100\,000\times2\%\}/5=29\,972$（元）

② 等额年金法。等额年金法是运用年金现值的计算原理计算每期应付租金的方法。在这种方法下，通常要根据利率和手续费率确定一个租费率作为贴现率。

后付租金的计算。后付等额租金即普通年金，根据普通年金现值的计算公式，可推导出后付租金方式下每年年末支付租金数额的计算公式如下：

$$A=P/(P,A,i,n)$$

【业务实例 2-6】 某企业采用融资租赁方式于 2012 年 1 月 1 日租入一设备，价款为 40 000 元，租期为 8 年，到期后归企业所有。为了保证租赁公司完全弥补融资成本和相关的手续费，并有一定的盈利，双方协定采用 18%的折现利率，试计算企业每年年末应付的等额租金。

解析：设备现在的购买款作为现值为 40 000 元。租赁公司购买该设备用于出租，收取租金，租金相当于年金。年金是未来 8 年每年年末等额支付，这些年金的现值之和应等于购买设备款。采用较高的贴现率（18%）是为了保证出租方的利益。

$$A=40\,000/(P,A,18\%,8)=40\,000/4.077\,6\approx9\,808.69\text{（元）}$$

先付租金的计算。根据先付年金的现值公式，可得到先付租金的计算公式为

$$A=P/[(P,A,i,n-1)+1]$$

【业务实例 2-7】 假如上例采用先付等额租金的方式，则每年年初支付租金额如何计算？

解析：利用先付租金的公式计算得

$$A=40\,000/[(P,A,18\%,8-1)+1]=40\,000/(3.811\,5+1)\approx8\,313.42\text{（元）}$$

4．融资租赁融资的特点

（1）融资租赁筹资的优点。

① 筹资速度快。租赁往往比借款购置设备更迅速、更灵活，因为租赁是筹资与设备购置同时进行，可以缩短设备的购进、安装时间，使企业尽快形成生产能力，有利于企业尽快占领市场，打开销路。

② 限制条款少。如前所述，债券和长期借款都规定有相当多的限制条款，虽然类似的限制在租赁公司中也有，但一般比较少。

③ 设备淘汰风险小。当今，科学技术在迅速发展，固定资产更新周期日趋缩短。企业设备陈旧过时的风险很大，利用租赁集资可减少这一风险。这是因为融资租赁的期限一般为资产使用年限的75%，不会像自己购买设备那样整个期间都承担风险，且多数租赁协议都规定由出租人承担设备陈旧过时的风险。

④ 财务风险小。租金在整个租期内分摊，不用到期归还大量本金。许多借款都在到期日一次偿还本金，这会给财务基础较弱的公司造成相当大的困难，有时还会造成不能偿付的风险。而租赁则把这种风险在整个租期内分摊，可适当减少不能偿付的风险。

⑤ 税收负担轻。租金可在税前扣除，具有抵免所得税的效用。

（2）融资租赁筹资的缺点。融资租赁筹资的最主要缺点就是资本成本较高。一般来说，其租金要比举借银行借款或发行债券所负担的利息高得多。在企业财务困难时，固定的租金也会构成一项较沉重的负担。

四、商业信用

商业信用是企业在进行商品交易时由于延期付款或延期交货所形成的借贷关系。企业乐意使用商业信用，是因为提供商业信用的企业实际上提供了两项服务，即销售商品、提供短期借款。

1. 商业信用的形式

商业信用有以下几种形式。

（1）赊购商品，是由于延期付款形成的。

（2）预收货款，是由于延期交货形成的。购买单位对紧俏商品乐意采用这种式，飞机、轮船等生产周期长、售价高的商品也采用这种形式先订货，以缓解资金占用过多的问题。

（3）商业汇票。商业汇票是一种期票，是反映应付账款和应收账款的书面证明。它分为商业承兑汇票和银行承兑汇票两种。对于商品买卖关系中的买方（延迟付款方）来说，它是一种短期融资方式。

2. 商业信用条件

所谓信用条件是指销货人对付款时间、现金折扣和折扣期限作出的具体规定，其主要形式如下。

（1）预收货款。

（2）延期付款但不提供现金折扣。如“net30”表示商品的买方应在30天之内按发票金额付清货款，没有现金折扣。

（3）延期付款，但早付款有现金折扣。如“3/10，2/30，*n*/60”。

3. 现金折扣成本的计算

在销售方提供现金折扣的情况下，如果购买单位在规定折扣期内付款，便可享受免费信用，这种情况下购买单位没有因为享受信用而付出代价。如果购买单位放弃现金折扣，该企业便要承受因放弃而造成的隐含利息成本。一般而言，放弃现金折扣的成本计算公式为

$$放弃现金折扣成本=折扣百分比/(1-折扣百分比)\times360/(信用期-折扣期)$$

【业务实例2-8】 某企业拟以2/10，*n*/30信用条件购买一批原料。这一信用条件意味着企业

如在 10 天内付款，可享受 2%的现金折扣。若不享受现金折扣，货款应在 30 天内付清。试分析其具体情况，计算企业应否享受现金折扣。

解析：如果销货单位提供现金折扣，购买单位应尽量获得此折扣，如果企业不享受现金折扣，则换得 98%应付款使用 20 天，付出的代价是应付款的 2%（现金折扣），因此，丧失现金折扣的机会成本很高。

放弃现金折扣成本=2%/(1−2%)×360/(30−10)×100% = 36.73%

这表明，只要企业筹资成本不超过 36.73%，就应当在第 10 天付款。

4. 商业信用融资的特点

（1）商业信用融资的优点。

① 筹资便利。利用商业信用筹措资金非常方便，因为商业信用与商品买卖同时进行，属于一种自然性融资，不用做非常正规的安排。

② 筹资成本低。如果没有现金折扣，或企业不放弃现金折扣，则利用商业信用集资没有实际成本。

③ 限制条件少。如果企业利用银行借款筹资，银行往往对贷款的使用规定一些限制条件，而商业信用则限制较少。

（2）商业信用融资的缺点。商业信用的期限一般较短，如果企业取得现金折扣，则时间会更短；如果放弃现金折扣，则要付出较高的资本成本。

任务实施

1. 分析利用银行借款方式筹集资金的优缺点。
2. 通过分析银行借款的信用条件去解释金蝶软件科技有限公司借款难的原因。
3. 分析银行借贷，但风险投资却主动投资说明了什么？

任务四　资本成本计算及应用

企业在资金筹集预测之前，需要理清资金来源渠道及其对应资金额、个别资金成本，其不同来源渠道和资金额、个别资金成本的不同组合会直接影响企业的 筹资成本。资金成本计算及实施也不是财务部门单个部门预测就能进行的，需要企业财务部门、生产部门、销售部门、技术等有关职能部门根据企业领导分工通力合作，准确计算企业筹资的综合资金成本，并制订详细的实施方案。资金成本计算及实施工作过程和岗位对照，如表 2-7 所示。

表 2-7　　工作过程与岗位对照表

岗位部门	生产部门 销售部门 技术部门	财务部门 筹资管理岗位	董事会 权力决策机构
主要任务	提出新建项目方案、分析生产情况、市场需求	计算资本成本，拟订备选方案，编制筹资方案可行性分析报告	作出筹资决策

任务引入

某股份有限公司年初资金结构如表 2-8 所示。

表 2-8　　某股份有限公司资金结构表

资金来源	金额（万元）
长期债券（年利率 10%）	800
优先股（年股息率 12%）	200
普通股（1 000 000 股）	1 000
合计	2 000

上述证券均按面值发行，筹资费率 1%，普通股每股面值 10 元，上年每股股利 1.5 元，预计股利率按每年 3%增长，公司所得税税率 33%。公司今年拟增资 500 万元，有两个方案可供选择：方案一，按面值发行长期债券 500 万元，年利率 12%；方案二，按面值发行长期债券 300 万元，年利率 12%；按每股面值增发普通股 20 万股，共计 200 万元，此时普通股市价为 12 元（两方案中发行费率均为 1.5%）。任务要求如下。

1. 计算该公司年初综合资金成本。
2. 分析该公司应采用哪种方案增资？

相关知识

一、资本成本的含义和作用

1. 资本成本的含义

资本成本是指企业筹集和使用资金必须支付的各种费用。在市场经济条件下，企业不能无偿使用资金，必须向资金提供者支付一定数量的费用作为补偿。企业使用资金就要付出代价，所以企业必须节约使用资金。资金成本包括用资费用和筹资费用两部分内容。

（1）用资费用。用资费用是指企业在使用资金中所支付的费用，如股利、利息等，其金额与使用资金的数额多少及时间长短成正比，它是资本成本的主要内容。

（2）筹资费用。筹资费用是指企业在筹集资金中所支付的费用，如借款手续费、证券发行费等，其金额与资金筹措有关而与使用资金的数额多少及时间长短无关。

由于存在筹资费用，企业计划筹资额与实际筹资额是不相等的，实际筹资额等于计划筹资额减筹资费用，因此企业使用资金的实际代价高于名义代价。如果不考虑所得税因素，资本成本应按下列公式计算：

资金成本＝每年的用资费用/（筹资数额－筹资费用）

2. 资本成本的作用

（1）资本成本在企业筹资决策中的作用。资本成本是企业选择资金来源、拟订筹资方案的依据。这种影响主要表现在资本成本是影响企业筹资总额的重要因素，是企业选择资金来源的基本依据，是企业选用筹资方式的参考标准，是确定最优资本结构的主要参数4个方面。

（2）资本成本在企业投资决策中的作用。当采用净现值指标决策时，常以资本成本作为折现率，此时净现值为正则投资项目可行，否则不可行；当以内部收益率指标决策时，资本成本是决定项目取舍的一个重要标准：只有当项目的内部收益率高于资本成本时，项目才可能被接受，否则就必须放弃。

二、个别资本成本计算

个别资本成本是指各种筹资方式的资本成本，包括：债券成本、银行借款成本、优先股成本、普通股成本和留存收益成本。其中前两者可统称为负债资金成本，后3者统称为权益资金成本。

1. 债券成本

债券成本中的利息在税前支付，具有抵税效应。债券的筹资费用一般较高，主要包括申请发行债券的手续费、债券注册费、印刷费、上市费以及推销费等。债券成本的计算公式为

$$K_b=[I\times(1-T)]/[B_0\times(1-f)]=[B\times i\times(1-T)]/[B_0\times(1-f)]$$

式中，K_b为债券成本；I为债券每年支付的利息；T为所得税税率；B为债券面值；i为债券票面利息率；B_0为债券筹资额，按发行价格确定；f为债券筹资费率。

【业务实例2-9】某企业发行一笔期限为10年的债券，债券面值为1 000万元，票面利率12%，每年付一次利息，发行费率3%，所得税税率40%，则该笔债券的成本是多少？如果债券溢价50%发行，则发行债券筹资的资本成本是多少？

解析：

（1）债券按面值等价发行。则该笔债券的成本为

$K_b=[I\times(1-T)]/[B_0\times(1-f)]=1\ 000\times12\%\times(1-40\%)/$

$[1\ 000\times(1-3\%)]\approx7.42\%$

（2）如果债券溢价50%发行，发行债券筹资的资本成本为

$K_b=[I\times(1-T)]/[B_0\times(1-f)]=1\ 000\times12\%\times(1-40\%)/$

$[1\ 000\times1.5\times(1-3\%)]=4.95\%$

2. 银行借款成本

银行借款成本的计算与债券基本一致，其计算公式为

$$K_l=[I\times(1-T)]/[L\times(1-f)]=[L\times i\times(1-T)]/[L\times(1-f)]$$

式中，K_l为银行借款成本；I为银行借款年利息；T为所得税税率；L为银行借款筹资总额；i为银行借款利息率；f为银行借款筹资费率。

3. 优先股成本

优先股的成本由筹资费用和股利构成，其股利在税后支付。优先股成本的计算公式为

$$K_p=D/[P_0\times(1-f)]$$

式中，K_p为优先股成本；D为优先股每年的股利；P_0为发行优先股总额；f为优先股筹资费率。

由于优先股成本通常要高于债券成本，其原因为：① 优先股筹集的是自有资金，股东所承受的风险较大，要求较高的回报率；② 优先股的股利在税后支付，而利息在税前支付。

4. 普通股成本

普通股成本的计算存在多种不同方法，其主要方法为估价法。这种方法是利用普通股现值的估价公式来计算普通股成本的一种方法。普通股现值的计算公式为

$$V_0 = \sum_{i=1}^{n}\left[D_i /(1+K_s)^t + V_n /(1+Ky)^n \right]$$

由于股票没有到期值，则当 $n \to \infty$时，股票现值的公式为

$$V_0 = \sum_{i=1}^{n}\left[D_i /(1+K_s)^t \right]$$

以上两式中，V_0为普通股现值；D_i为第 i 期支付的股利；V_n为普通股终值；K_s为普通股成本。

如果公司每年股利固定不变，则可视为永续年金，则普通股成本的计算公式可简化为

$$K_s = D/[v_0 \times (1-f)]$$

如果公司股利不断增加，假设年增长率为 g，则普通股成本的计算公式可简化为

$$K_s = D_1/[v_0 \times (1-f)] + g$$

式中，D_1为第 1 年的股利；f为普通股筹资费率。

【业务实例 2-10】 东方公司普通股每股发行价格为 100 元，筹资费率 5%，第一年股利 12 元，以后每年增长 4%，则普通股成本是多少？

解析：根据以上公式可得：

$$\begin{aligned} K_s &= D_1/[v_0 \times (1-f)] + g \\ &= 12/[100 \times (1-5\%)] + 4\% \approx 16.63\% \end{aligned}$$

由题中可以看出，普通股的资本成本在各种筹资方式资本成本的比较中最高。原因是普通股的投资风险最大，股东要求的回报率也最高。考虑到筹资费用大、股利税后支付等因素，可以认为普通股的资本成本最高。

5. 留存收益成本

留存收益是企业资金的一项重要来源，对于企业股东来说这也是对企业追加投资，要求有一定的报酬，要计算成本。留存收益成本计算与普通股基本相同，但不考虑筹资费用，其计算公式为

$$K_e = D_1/v_0$$

对于股利不断增加的企业，其公式为

$$K_e = D_1/v_0 + g$$

式中，K_e为留存收益成本。

普通股与留存收益都属于他所有者权益，股利的支付不固定。企业破产后，股东的求偿权位于最后，与其他投资者相比，普通股股东所承担的风险最大，因此，普通股的报酬也最高。在各种资金来源中，普通股的成本最高。

三、加权平均资本成本的计算

企业的筹资方式往往不是单一的，因此企业总的资本成本应是各类资金资本的加权平均，即

综合资本成本。加权平均资本成本是指分别以各种资金成本为基础，以各种资金占全部资金的比重为权数，对各种资金成本进行加权平均计算出来的综合资金成本。其计算公式为

$$K_w = \sum_{j=1}^{n} K_j \times W_j$$

式中，K_w为加权平均资本成本；K_j为第 j 类个别资本成本；W_j为第 j 类个别资金占全部资金的比重。

【业务实例 2-11】 某公司资金总量为 1 000 万元，其中长期借款 200 万元，年息 20 万元，手续费忽略不计；企业发行总面额为 100 万元的 3 年期债券，票面利率为 12%，由于票面利率高于市场利率，故该批债券溢价 10%出售，发行费率为 5%；此外公司发行普通股 500 万元，预计第 1 年的股利率为 15%，以后每年增长 1%，筹资费率为 2%；发行优先股 150 万元，股利率固定为 20%，筹资费率 2%；公司未分配利润总额为 58.5 万元，该公司所得税率为 40%。求该公司加权平均资本成本。

解析：

长期借款成本为

$K_1 = [I \times (1-T)]/[L \times (1-f)] = [20 \times (1-40\%)]/200 = 6\%$

长期债券成本为

$K_b = [I \times (1-T)]/[B_0 \times (1-f)] = [100 \times 12\% \times (1-40\%)]/[100 \times (1+10\%)(1-5\%)] = 6.89\%$

普通股成本为

$K_s = D_1/[v_0 \times (1-f)] + g = (500 \times 15\%)/[500 \times (1-2\%)] + 1\% = 16.31\%$

优先股成本为

$K_p = D/[P_0 \times (1-f)] = (150 \times 20\%)/[150 \times (1-2\%)] = 20.41\%$

留存收益成本为

$K_e = D_1/v_0 + g = (58.5 \times 15\%)/58.5 + 1\% = 16\%$

加权平均资本成本为

$$K_w = \sum_{j=1}^{n} K_j \times W_j$$

$= 6\% \times 200/1\,000 + 6.89\% \times 104.5/1\,000 + 16.31\% \times 490/1\,000 + 20.41\% \times 147/1\,000 + 16\% \times 58.5/1\,000$

$= 1.2\% + 0.72\% + 7.99\% + 3\% + 0.936\%$

$= 13.846\%$

任务实施

1. 计算各项资金来源的单项资金成本。

① 长期债券资金成本

② 优先股资金成本

③ 普通股资金成本

2. 计算综合资金成本。

采用加权平均法计算方案一和方案二的综合资金成本。

3. 判断最优增资方案。

通过比较方案一和方案二综合资金成本的大小，判断最优增资方案（综合资金成本小者为优）。

任务五　杠杆系数计算和风险衡量

企业在资金筹集预测之前，需要理清资金来源渠道及其对应资金额、个别资金成本，其不同来源渠道和资金额、个别资金成本的不同组合会直接影响企业的筹资成本。另外，企业还需要综合考量杠杆系数，进行风险衡量。考量杠杆系数，进行风险衡量往往需要企业财务部门、生产部门、销售部门、技术等有关职能部门根据企业领导分工通力合作，准确计算企业杠杆系数，衡量风险。考量杠杆系数，进行风险衡量工作过程和岗位对照，如表2-9所示。

表2-9　工作过程与岗位对照表

岗位部门	生产部门 销售部门 技术部门	财务部门 筹资管理岗位	董事会 权力决策机构
主要任务	提出新建项目方案、分析生产情况、分析市场需求	计算杠杠系数，分析财务风险，拟订备选方案，编制筹资方案可行性分析报告	作出筹资决策

任务引入

已知某公司2015年产销A产品10万件，单价100元，单位变动成本80元，固定成本总额100万元，公司负债总额1 000万元，年利率5%，所得税率为40%。任务要求如下。

列表计算该公司2015年度的边际贡献、息税前利润、经营杠杆系数、财务杠杆系数和复合杠杆系数，并据此对生产经营和筹资活动进行决策指导。

相关知识

自然界中的杠杆效应，是指人们通过利用杠杆，可以用较小的力量移动较重物体的现象。财务管理中也存在着类似的杠杆效应，表现为：由于特定费用（如固定生产经营成本或固定的财务费用）的存在而导致的，当某一财务变量以较小幅度变动时，另一相关变量会以较大幅度变动。了解这些杠杆的原理，有助于企业合理地规避风险，提高财务管理水平。财务管理中的杠杆效应有3种形式，即经营杠杆、财务杠杆和复合杠杆。要说明这些杠杆的原理，需要首先了解成本习性、边际贡献和息税前利润等概念的含义。

一、成本习性、边际贡献与息税前利润

1. 成本习性

成本习性是指成本总额与业务量在数量上的依存关系。根据成本习性的不同，可以把企业的

整个成本分成以下 3 类。

（1）固定成本。固定成本是指总额在一定时期和一定业务量范围内不随业务量发生任何变动的那部分成本。属于固定成本的主要有按直线法计提的折旧费、保险费、管理人员工资和办公费等，这些费用每年支出水平基本相同，即使产销量在一定范围内变动，它们仍保持固定不变。对于固定成本来说，成本总额是不变的，但单位固定成本随业务量的增加而逐渐下降。例如，折旧费固定为一年 10 万元，如果企业一年只生产一件产品，单件所承担的折旧是 10 万元；如果生产 10 万件产品，单件产品所承担的折旧就是 1 元。

（2）变动成本。变动成本是指在一定时期和一定业务量范围内随着业务量变动而成正比例变动的那部分成本，直接材料和直接人工都属于变动成本。

无论是固定成本还是变动成本都强调一个相关业务量范围，一旦超过这个范围，单位的变动成本可能改变，固定成本总额也可能改变。

（3）混合成本。混合成本虽然随着业务量变动而变动，但不成同比例变动。按其与业务量的关系分为半变动成本和半固定成本。

半变动成本，通常有一个初始量，类似于固定成本，在这个初始量的基础上随产量的增长而增长，又类似于变动成本。如电话费，某月假定一次电话都没打，这个月也要交基本电话费（20 元），这 20 元钱就是基本部分，然后每打一分钟电话就交一分钟的钱。

半固定成本，这类成本随产量的变动而呈阶梯型增长。产量在一定限度内，这种成本不变，但增长到一定限度后，就变了。如化验员、质检员的工资一般都属于这种成本。在一定业务量范围之内，如果检查产品数量在 1 000 件以内工资是 1 000 元，一旦突破这个范围，在第二个范围之内，工资就上涨 100 元。

混合成本是一种过渡性的分类，混合成本最终分解成固定成本和变动成本两块，所以企业所有的成本都可以分成两部分，即固定成本和变动成本。

2. 边际贡献

边际贡献是指销售收入减去变动成本后的差额。边际贡献也是一种利润。

$$M = px - bx = (p - b)x = mx$$

式中，M 为边际贡献；p 为单位产品售价；b 为单位变动成本；x 为产销量；m 为单位边际贡献。

3. 息税前利润

息税前利润是指企业支付利息和缴纳所得税之前的利润。

$$EBIT = px - bx - a$$

式中，$EBIT$ 为息税前利润；a 为固定成本。

二、经营杠杆与经营风险

1. 经营杠杆的含义

经营杠杆是指由于固定成本的存在而导致息税前利润的变动率大于产销量的变动率的杠杆效应。在其他条件不变的情况下，产销业务量的增加虽然不会改变固定成本总额，但会降低单位固定成本，从而提高单位利润，使息税前利润的增长率大于产销业务量的增长率；反之，产销业务量的减少会提高单位固定成本，降低单位利润，使息税前利润下降率也大于产销业务量下降率。如果不存在固定成本，所有成本都是变动的，那么边际贡献就是息税前利润，这时息税前利润变动率就同产销业务量变动率完全一致。这种由于固定成本的存在而导致息税前利润变动大于产销业务量变动的杠杆效应，称为经营杠杆。

2. 经营杠杆的计量

只要企业存在固定成本，就存在经营杠杆效应的作用，但不同企业或同一企业不同产销业务量基础上的经营杠杆效应的大小是不完全一致的，为此，需要对经营杠杆进行计量。对经营杠杆进行计量最常用的指标是经营杠杆系数或经营杠杆度。所谓经营杠杆系数，是指息税前利润变动率相当于产销业务量变动率的倍数。其计算公式为

$$DOL = \text{息税前利润变动率}/\text{销售量变动率} = (\Delta EBIT/EBIT_0)/(\Delta X/X_0) = Tcm_0/EBIT_0$$

或：

$$\begin{aligned} DOL &= \frac{EBIT_1 - EBIT_0}{EBIT_0} \times \frac{x_0}{x_1 - x_0} = \frac{px_1 - bx_1 - a - (px_0 - bx_0 - a)}{EBIT_0} \times \frac{x_0}{x_1 - x_0} \\ &= \frac{(p-b)(x_1 - x_0)x_0}{EBIT_0(x_1 - x_0)} = \frac{(p-b)x_0}{EBIT_0} \end{aligned}$$

式中，DOL 为经营杠杆系数；$EBIT_0$ 为变动前的息税前利润；$\Delta EBIT$ 为息税前利润的变动额；x_0 为变动前的产量或销量；ΔX 为产量或销量的变动数。

3. 经营杠杆与经营风险的关系

（1）经营杠杆利益分析。经营杠杆利益是指在企业扩大营业总额的条件下，单位营业额的固定成本下降而给企业增加的息税前利润（注意：本节的营业利润是指支付利息和所得税之前的利润，即息税前利润）。在企业一定的营业规模内，变动成本随着营业总额的增加而增加，固定成本则不因营业总额的增加而增加，而是保持固定不变。随着营业额的增加，单位营业额所负担的固定成本会相对减少，从而给企业带来额外的利润。

（2）经营风险分析。经营风险是指因生产经营方面的原因给企业盈利带来的不确定性。引起企业经营风险的主要原因是市场需求和成本等因素的不确定性，经营杠杆本身并不是利润不稳定的根源。但是，当产销量增加或减少时，息税前利润将以倍数的幅度增加或减少。因此，经营杠杆系数越大，利润变动越激烈，企业的经营风险就越大，这种现象称为经营风险。

（3）降低经营风险的途径。企业一般可以通过增加销售额、降低产品单位变动成本和降低固定成本比重等措施使经营杠杆系数降低，降低经营风险，但这往往会受到条件的限制。

三、财务杠杆与财务风险

1. 财务杠杆的含义

财务杠杆是指由于债务的存在而导致普通股股东权益变动大于息税前利润变动的杠杆效应。不论企业营业利润有多少，债务的利息和优先股的股利通常都是固定不变的。当息税前利润增大时，每 1 元盈余所负担的固定财务费用就会相对减少，这能给普通股股东带来更多的盈余；反之，当息税前

利润减少时，每 1 元盈余所负担的固定财务费用就会相对增加，这就会大幅度减少普通股的盈余。

2. 财务杠杆的计量

只要在企业的筹资方式中有固定财务支出的债务和优先股，就会存在财务杠杆效应。但在不同企业财务杠杆的作用程度是不完全一致的，为此，需要对财务杠杆进行计量。对财务杠杆进行计量的最常用指标是财务杠杆系数。财务杠杆系数是普通股每股利润的变动率相当于息税前利润变动率的倍数，其计算公式为

$$DFL=\frac{\text{普通股每股利润变动率}}{\text{息税前利润变动率}}=\frac{\Delta EPS/EPS}{\Delta EBIT/EBIT_0}=\frac{EBIT_0}{EBIT_0-I-\frac{E}{1-t}}$$

$$=\frac{EPS_1-EPS_0}{EPS_0}\div\frac{EBIT_1-EBIT_0}{EBIT_0}$$

$$=\left[\frac{(EBIT_1-I)\times(1-t)-E}{n}-\frac{(EBIT_0-I)\times(1-t)-E}{n}\right]\div$$

$$\frac{(EBIT_0-I)\times(1-t)-E}{n}\div\frac{EBIT_1-EBIT_0}{EBIT_0}$$

$$=\frac{(EBIT_1-EBIT_0)(1-t)}{(EBIT_0-I)\times(1-t)-E}\times\frac{EBIT_0}{EBIT_1-EBIT_0}=\frac{EBIT_0(1-t)}{(EBIT_0-I)\times(1-t)-E}$$

$$=\frac{EBIT_0}{EBIT_0-I-\frac{E}{1-t}}$$

$E=0$ 时 $DFL=EBIT_0/(EBIT_0-I)$ = 基期息税前利润/基期税前利润

式中，DFL 为财务杠杆系数；EPS 为基期普通股每股利润；ΔEPS 为普通股每股利润的变动额；$EBIT$ 为基期息税前利润；$\Delta EBIT$ 为息税前利润变动额。

3. 财务杠杆与财务风险的关系

（1）财务杠杆利益分析。财务杠杆利益也称融资杠杆利益，是指企业利用债务筹资这个财务杠杆而给权益资本带来的额外收益。在企业资本规模和资本结构一定的条件下，企业从息税前利润中支付的债务利息是相对固定的，当息税前利润增多时，每 1 元息税前利润所负担的债务利息会相应降低，扣除企业所得税后可分配给企业权益资本所有者的利润就会增加，从而给企业所有者带来额外的收益。

（2）财务风险分析。财务风险是指企业为了取得财务杠杆的利益而利用负债资金时，增加了破产机会或普通股利润大幅度变化的机会所带来的风险。财务杠杆具有两个方面的作用，它既可以较大幅度地提高每股收益，也可以较大幅度地降低每股收益。企业为了取得财务杠杆利益，就要增加负债，一旦企业息税前利润下降，不足以补偿固定利息支出，企业的每股利润就会下降得更快。也就是说，企业利用财务杠杆，可能会产生好的效果，也可能会产生坏的效果。

四、联合杠杆与风险

1. 联合杠杆的含义

联合杠杆，也称总杠杆，是指营业杠杆和财务杠杆的综合。营业杠杆是利用企业经营成本中

固定成本的作用而影响息税前利润，财务杠杆是利用企业资本成本中债权资本固定利息的作用而影响税后利润或普通股每股税后利润。营业杠杆和财务杠杆两者最终都会影响到企业税后利润或普通股每股税后利润。因此，联合杠杆综合了营业杠杆和财务杠杆的共同影响作用，一个企业同时利用营业杠杆和财务杠杆，这种影响作用会更大。

2. 联合杠杆的计量

对于营业杠杆和财务杠杆的综合程度的大小，可以用联合杠杆系数来反映。联合杠杆系数，也称总杠杆系数，是指普通股每股税后利润变动率相当于营业总额（营业总量）变动率的倍数，它是营业杠杆系数与财务杠杆系数的乘积。用公式表示如下：

$$DTL=\frac{\Delta EPS/EPS_0}{\Delta x/x_0}=\frac{\Delta EBIT/EBIT_0}{\Delta x/x_0}\times\frac{\Delta EPS/EPS_0}{\Delta EBIT/EBIT_0}$$

$$=DOL\times DFL=\frac{Tcm_0}{EBIT_0-I-\dfrac{D}{1-t}}$$

【业务实例 2-12】 ABC 公司的营业杠杆系数为 2，同时财务杠杆系数为 1.5，该公司的联合杠杆系数为多少？

解析：联合杠杆系数为：$DTL=2\times1.5=3$

在此例中，联合杠杆系数为 3 倍表示为：当公司营业总额或营业总量增长 1 倍时，普通股每股税后利润将增长 3 倍，具体反映公司的联合杠杆利益；反之，当公司营业总额下降 1/2 时，普通股每股税后利润将下降 3/4，具体反映公司的联合杠杆风险。

3. 联合杠杆与企业风险的关系

就企业生产经营过程而言，通常固定成本与固定性财务费用同时存在，相应地，经营杠杆和财务杠杆也同时存在。因此，企业同时具有经营风险和财务风险。由这两种杠杆效应联合作用即综合杠杆作用所产生的风险构成企业的风险。从上面的分析可以看出，在综合杠杆的作用下，当企业的销售前景乐观时，每股收益额会大幅度上升；当企业的销售前景不好时，每股收益额又会大幅度下降。企业的综合杠杆程度越高，每股收益额波动的幅度就越大，企业的风险就越大；反之亦然。

实际上，企业经营杠杆程度的大小体现了企业资产结构；而财务杠杆程度的大小则体现了企业资本结构；企业综合杠杆程度体现了企业资产结构与资本结构的协调。前面说过，公司理财本质上就是企业现金流量的安排，它也是企业资产结构与资本结构内部各自协调以及资产结构与资本结构两大结构之间的协调。企业综合杠杆程度就是企业资产结构与资本结构协调的数量表现。

任务实施

1. 计算边际贡献、息税前利润。
2. 计算经营杠杆系数。
3. 计算财务杠杆系数。
4. 计算复合杠杆系数。

5. 判断风险，对经营和筹资活动进行决策

根据计算的边际贡献、息税前利润、经营杠杆系数、财务杠杆系数和复合杠杆系数的大小，判断该公司风险的大小，指导企业生产经营和筹资活动。

任务六 筹资结构选择与优化

企业在资金筹集预测之前，需要理清资金来源渠道及其对应资金额、个别资金成本，其不同来源渠道和资金额、个别资金成本的不同组合会直接影响企业的 筹资成本。合理的筹资选择，往往能优化资金结构，降低企业筹资成本。筹资结构选择与优化往往需要企业财务部门、生产部门、销售部门、技术等有关职能部门根据企业领导分工通力合作，得出最为合理的筹资结构和最低的资金成本。筹资结构选择与优化工作过程和岗位对照，如表 2-10 所示。

表 2-10　工作过程与岗位对照表

岗位部门	生产部门 销售部门 技术部门	财务部门 融资管理岗位	董事会 权力决策机构
主要任务	提出新建项目方案、分析生产情况、分析市场需求	进行筹资结构分析及选择，编制筹资方案可行性分析报告	作出筹资决策

任务引入

某公司目前发行在外普通股 100 万股（每股面值 1 元），并发行利率为 10%的债券 400 万元。该公司打算为一个新的投资项目融资 500 万元，新项目投产后每年的息税前利润将增加到 200 万元。现有两个方案可供选择：方案一，按 12%的利率发行债券 500 万；方案二，按每股 20 元的价格发行新股。公司适用所得税税率为 33%。任务要求如下。

1. 计算两个方案的每股利润。
2. 计算两个方案的每股利润无差异点的息税前利润。
3. 计算两个方案的财务杠杆系数。
4. 判断哪个方案最佳。

相关知识

一、资本结构的含义和作用

1. 资本结构的含义

资本结构是指在企业资本总额中各种资本来源的构成比例，最基本的资本结构是借入资本和自有资本的比例，以债务股权比率或资产负债率表示。在实务中，资本结构有广义和狭义之分，狭义的资本结构是指长期资本结构，广义的资本结构是指全部资金（包括长期资金和短期资金）的结构。资本结构问题总的来说是负债资金的比例问题，即负债在企业全部资金中所占的比重。

2. 资本结构中负债的意义

企业资本结构的优化主要是资本的属性结构问题，即债务资本的比例安排问题。在企业的资本结构决策中，合理安排债务资本比例对企业具有以下重要意义。

（1）可以降低企业的综合资本成本。由于债务利息率通常低于股票股利率，而且债务利息在所得税前利润中扣除，企业可减少所得税，从而债务资本成本率明显低于权益资本成本率。因此，在一定的限度内合理地提高债务资本的比例可以降低企业的综合资本成本率。

（2）可以获得财务杠杆利益。由于债务利息通常是固定不变的，当息税前利润增大时，每 1 元利润所负担的固定利息会相应降低，从而可分配给权益所有者的税后利润会相应增加。因此，在一定的限度内合理地利用债务资本，可以发挥财务杠杆的作用，给企业所有者带来财务杠杆利益。

（3）可以增加公司的价值。一般而言，一个公司的价值应该等于其债务资本的市场价值与权益资本的市场价值之和，用公式表示为

$$V = B + S$$

式中，V 为公司总价值，即公司总资本的市场价值；B 为公司债务资本的市场价值；S 为公司权益资本的市场价值。

上列公式清楚地表达了按资本的市场价值计量反映的资本属性结构与公司总价值的内在关系。公司的价值与公司的资本结构是紧密联系的，资本结构对公司的债务资本市场价值和权益资本市场价值影响深远，进而对公司总资本的市场价值即公司总价值具有重要的影响。因此，合理安排资本结构有利于增加公司的市场价值。

二、最佳资本结构

利用负债资金的双重作用，适当利用负债可以降低企业资金成本，但企业负债比率过高时，利用负债资金会带来很大的财务风险。为此，企业必须权衡财务风险和资本成本的关系，确定最佳资本结构。最佳资本结构是指在一定条件下使企业加权平均成本最低，企业价值最大的资金结构。从理论上讲，最佳资本结构是存在的，但由于企业内部和外部环境和条件的变化，寻找最佳资本结构是很困难的。

筹资决策的目标就是要确定最佳的资本结构以求得股权权益最大化（即普通股每股收益最多或自有资金利润率最高）或资本成本最小化。资本结构决策的方法有许多种，常见的有每股利润分析法和资本成本比较法。

三、每股利润分析法

企业的盈利能力是用息税前利润（*EBIT*）表示的，股东财富用每股利润（*EPS*）来表示。将以上两个方面联系起来，分析资本结构和每股利润之间的关系，进而确定合理的资本结构的方法，称为息税前利润——每股利润分析法，简写为 *EBIT－EPS* 分析法。这种方法要确定每股利润的无差异点，每股利润无差异点是指两种筹资方式下普通股每股利润相等时的息税前利润点，即息税前利润平衡点，国内有人称之为筹资无差别点。根据每股利润无差异点可以分析判断在什么情况下运用债务筹资来安排和调整资本结构。

【业务实例 2-13】 A 公司目前有资金 75 万元，现因生产发展需要准备再筹集 25 万元资金，这些资金可以利用发行股票来筹集。表 2-11 所示为原资金结构和筹资后资金结构情况。

表 2-11　　A 公司原资金结构和筹资后资金结构情况　　单位：元

筹资方式	原资金结构	增加筹资后资金结构	
		增发普通股 A	增发公司债 B
公司债（利率 8%）	100 000	100 000	350 000
普通股（面值 10 元）	200 000	300 000	200 000
资本公积	250 000	400 000	250 000
留存收益	200 000	200 000	200 000
资金总额合计	750 000	1 000 000	1 000 000
普通股股数（股）	20 000	30 000	20 000

注：发行新股票时，每股发行价格 25 元，筹资 250 000 元需发行 10 000 股，普通股股本增加 100 000 元，资本公积增加 150 000 元。

试分析资金结构对普通股每股利润的影响?

解析：根据资金结构的变化情况，我们可采用 *EBIT—EPS* 分析法分析资金结构对普通股每股利润的影响。具体分析如表 2-12 所示。

表 2-12　　A 公司不同资金结构下的每股利润　　单位：元

项目	增发股票	增发债券
预计息税前利润（*EBIT*）	200 000	200 000
减：利息	8 000	28 000
税前利润	192 000	172 000
减：所得税（50%）	96 000	86 000
净利润	96 000	86 000
普通股股数	30 000	20 000
每股利润	3.2	4.3

从每股利润的增加情况看，增发公司债更符合理财目标。根据息税前利润选择增资形式，还需要计算每股利润无差异点处的息税前利润。其计算公式为

$$[(EBIT-I_1)(1-T)-D_1]/N_1=[(EBIT-I_2)(1-T)-D_2]/N_2$$

式中，*EBIT* 为每股利润无差异点处的息税前利润；I_1、I_2 为两种筹资方式下的年利息；D_1、D_2 为两种筹资方式下的优先股股利；N_1、N_2 为两种筹资方式下流通在外的普通股股数。

把A公司的资料代入公式：

可求得：$EBIT=68\,000$（元），在此点：$EPS_1=EPS_2=1$（元）。

这就是说，当盈利能力 $EBIT>68\,000$ 元时，利用负债筹资有利；当盈利能力 $EBIT<68\,000$ 元时，利用发行普通股筹资有利。当盈利能力 $EBIT=68\,000$ 元时，采用两种方式无差别。A 公司预计 $EBIT=200\,000$ 元，则采用负债筹资方式比较有利。

这种方法只考虑了资金结构对每股利润的影响，并假定每股利润最大，股票价格也就最高，

但每股利润分析法把资金结构对风险的影响置之不理，是不全面的。因为随着负债的增加，投资者的风险加大，股票价格和企业价值也会有下降的趋势。所以，单纯地用 *EBIT—EPS* 分析法有时会作出错误的决策，但在市场不完善的时候，投资人主要根据每股利润的多少来作出决策，每股利润的增加也的确有利于股票价格的上升。

四、资本成本比较法

资本成本比较法是指在企业的若干个备选筹资方案中，分别计算各方案的加权平均资本成本，从中选出加权平均资本成本最低的方案，据此进行资本结构决策的方法。

企业的资本结构决策可分为初始资本结构决策和追加资本结构决策两种情况。

1. 初始资本结构决策

企业对拟定的筹资总额可以采用多种筹资方式来筹集，同时每种筹资方式的筹资数额也可有不同安排，由此形成的若干个资本结构（或筹资方案）可供选择。

【业务实例 2-14】 大有公司初创时有以下 3 个筹资方案可供选择，有关资料经测算如表 2-13 所示。

表 2-13　　3 个初始筹资方案的有关资料　　单位：万元

筹资方式	A 筹资方案		B 筹资方案		C 筹资方案	
	筹资额	资本成本(%)	筹资额	资本成本(%)	筹资额	资本成本(%)
长期借款	40	6	50	6.5	80	7
债券	100	7	150	8	120	7.5
优先股	60	12	100	12	50	12
普通股	300	15	200	15	250	15
合计	500		500		500	

要求：选择最佳筹资方案。

解析：下面分别测算 3 个筹资方案的加权平均资本成本并比较其高低，从而选择最佳筹资方案，即最佳资本结构。

(1) A 方案。

① 各种筹资占筹资总额的比重。

长期借款：$40 \div 500 = 8\%$

债券：$100 \div 500 = 20\%$

优先股：$60 \div 500 = 12\%$

普通股：$300 \div 500 = 60\%$

② 加权平均成本。

$$K_A = 6\% \times 8\% + 7\% \times 20\% + 12\% \times 12\% + 15\% \times 60\%$$
$$= 12.32\%$$

(2) B 方案。

① 各种筹资占筹资总额的比重。

长期借款：50÷500 = 10%

债券：150÷500 = 30%

优先股：100÷500 = 20%

普通股：200÷500 = 40%

② 加权平均成本。

$K_B = 6.5\% \times 10\% + 8\% \times 30\% + 12\% \times 20\% + 15\% \times 40\%$

$= 11.45\%$

(3) C 方案。

① 各种筹资占筹资总额的比重。

长期借款：80÷500 = 16%

债券：120÷500 = 24%

优先股：50÷500 = 10%

普通股：250÷500 = 50%

② 加权平均成本。

$K_C = 7\% \times 16\% + 7.5\% \times 24\% + 12\% \times 10\% + 15\% \times 50\%$

$= 11.62\%$

以上 3 个筹资方案相比较，B 方案的加权平均资本成本最低，在其他有关因素大体相同的条件下，B 方案是最好的筹资方案，由其形成的资本结构可确定为大有公司的最佳资本结构。大有公司可按此方案筹集资金，以实现其资本结构的最优化。

2. 追加资本结构决策

企业在持续的生产经营过程中，由于扩大业务或对外投资的需要，有时需要追加筹资。因追加筹资以及筹资环境的变化，企业原有的资本结构就会发生变化，从而原定的最佳资本结构就未必仍是最优的。因此，企业应在资本结构不断变化中寻求最佳结构，保持资本结构的最优化。

一般而言，按照最佳资本结构的要求选择追加筹资方案有两种方法：一种方法是直接测算比较各备选追加筹资方案的边际资本成本，从中选择最优筹资方案；另一种方法是将备选追加筹资方案与原有最优资本结构汇总，测算各追加筹资条件下汇总资本结构的综合资本成本，比较选择最优追加筹资方案。下面举例说明。

【业务实例 2-15】 红光公司原来的资金结构如表 2-14 所示。普通股每股面值 1 元，发行价格 10 元，目前价格也是 10 元，今年期望股利 1 元/股，预计以后每年增加股利 5%。企业所得税税率 30%，假设发行的各种证券都无筹资费用。

表 2-14 资金结构 单位：万元

筹资方式	金额
债券（年利率 10%）	800
普通股（每股面值 1 元，发行价格 10 元，共 80 万股）	800
合计	1 600

该企业拟增资400万元，以扩大生产经营规模，现有3种方案可选择。

甲方案：发行债券400万元，由于负债增加，投资人的风险加大，所以债务年利率达12%才能发行。预计普通股股利不会变，但由于风险加大，普通股市价降至8元/股。

乙方案：发行债券200万元，年利率10%，每股发行价10元，预计普通股股利不变。

丙方案：发行股票36.36万股，普通股市价增至11元/股。为了选择最优方案，计算各个方案的加权平均资金成本。

试分析应采纳哪种方式？

解析：

(1) 计算计划年初加权平均资金成本。各种资金的比重和资金成本（假定各筹资方式没有筹资费用）分别为

$W_b = 800/1\ 600 = 50\%$

$W_s = 800/1\ 600 = 50\%$

$K_b = 10\% \times (1 - 30\%) = 7\%$

$K_s = 1/10 + 5\% = 15\%$

计划年初加权平均资金成本为 $K_{w0} = 50\% \times 7\% + 50\% \times 15\% = 11\%$

(2) 计算甲方案的加权平均资金成本。增加筹资400万元后，企业资金总额为2 000万元。则各种资金所占的比重为

利息为10%的债券：$W_{b1} = 800/2\ 000 = 40\%$

利息为12%的债券：$W_{b2} = 400/2\ 000 = 20\%$

普通股：$W_s = 800/2\ 000 = 40\%$

增加筹资后各种资金的资本成本分别为

$K_{b1} = 10 \times (1 - 30\%) = 7\%$

$K_{b2} = 12 \times (1 - 30\%) = 8.4\%$

$K_s = 1/8 + 5\% = 17.5\%$

甲方案的加权平均资金成本为 $K_{w1} = 40\% \times 7\% + 20\% \times 8.4\% + 40\% \times 17.5\% = 11.48\%$

(3) 计算乙方案的加权平均资金成本。乙方案为发行债券和普通股各200万元，债券和普通股的资本成本与增加筹资前相同。

$W_b = (200 + 800)/2\ 000 = 50\%$

$W_s = (200 + 800)/2\ 000 = 50\%$

$K_b = 10\% \times (1 - 30\%) = 7\%$

$K_s = 1/10 + 5\% = 15\%$

乙方案的加权平均资金成本为 $K_{b2} = 5\% \times 7\% + 50\% \times 15\% = 11\%$

(4) 计算丙方案的加权平均资金成本。

$W_b = 800/2\ 000 = 40\%$

$W_s = (400 + 800)/2\ 000 = 60\%$

$K_b = 10\% \times (1 - 30\%) = 7\%$

$K_s = 1/11 + 5\% = 14.1\%$

丙方案的加权平均资金成本为 $K_{b3} = 40\% \times 7\% + 60\% \times 14.1\% = 11.26\%$

从上面的计算可以看出，乙方案的加权平均资金成本最低，所以应选择乙方案并保持原有的资本结构，50%债务资金，50%自有资金。

这种方法通俗易懂，但因拟订方案的数量有限，因此，存在把最优方案漏掉的可能。

任务实施

1. 计算两个方案的每股利润。

先列表分别列出两个方案的息税前利润、目前利息、新增利息、税前利润、税后利润和普通股数，计算两个方案的每股利润。

2. 求两个方案的每股利润无差异点的息税前利润。

设两个方案的息税前利润相等（均为 *EBIT*）时，两个方案的每股利润相等，建立等式，求出两个方案的每股利润无差异点的息税前利润 *EBIT*。

3. 计算两个方案的 *DFL*。

运用财务杠杆系数的计算公式，计算两个方案的 *DFL*。

4. 方案决策。

通过比较方案一、方案二的每股利润和其财务杠杆系数，选择收益高且风险小的方案为最佳方案。

项目小结

1. 企业筹集资金是资金运动的起点，筹资工作的好坏，直接影响企业效益的好坏，进而影响企业收益分配。

2. 筹资的数量应当合理，不管采取什么方式筹资，都必须预先合理确定资金的需要量，根据需要筹资。企业可用销售百分比法预测资金需要量。

3. 企业的资金由权益资金和负债资金两个部分组成。

4. 企业权益资金的筹集可通过吸收直接投资、发行股票、利用留存收益等方式筹集。

5. 股票按股东权利和义务的不同，可分为普通股和优先股。股票的发行价格有平价、溢价和折价发行 3 种类型。我国目前不允许折价发行。

6. 企业负债资金的筹集可通过向银行借款、发行债券、融资租赁和利用商业信用等方式筹集。

7. 债券的发行价格有平价、溢价、折价发行 3 种类型。我国目前不允许折价发行。

8. 融资租赁租金的计算有平均分摊法和等额年金法等。

9. 资金成本是企业为筹集和使用资金而付出的代价，是企业选择资金来源、拟订筹资方案、评价投资项目及衡量经营成果的重要标准。资金成本的计算包括个别资金成本、综合资金成本以及边际资金成本的计算。

10. 经营杠杆效应是指由于固定成本的存在而导致息税前利润变动率大于产销业务量变动率

的现象，固定成本的存在是产生经营杠杆效应的根本原因。衡量经营杠杆效应大小的指标是经营杠杆系数（*DOL*）。

11. 财务杠杆效应是指由于固定财务费用的存在而导致普通股每股税后利润变动率大于息税前利润变动率的现象，固定财务费用的存在是产生财务杠杆效应的根本原因。衡量财务杠杆效应大小的指标是财务杠杆系数（*DFL*）。

12. 复合杠杆效应是指由于固定成本和固定财务费用的共同存在而导致的普通股每股税后利润变动率大于产销业务量变动率的现象，固定成本和固定财务费用的共同存在是产生复合杠杆效应的根本原因。衡量复合杠杆效应大小的指标是复合杠杆系数（*DCL*）。

13. 资本结构是指企业各种长期资金的构成比例，确定企业最佳资本结构在实际工作中是一件较为困难的事情。我们可以通过定量分析法（如比较资金成本法、无差异点分析法）结合定性分析法来寻找企业合理的资本结构。

能力拓展训练

一、单选题

1. 大群公司为股份有限公司，该公司2015年净资产额为4 000万元，2014年该公司已发行400万元债券，则该公司2015年最多可再发行（　　）万元债券。

A. 1 600　　B. 120　　C. 200　　D. 400

2. 南沙公司需借入200 000元资金，银行要求将贷款数额的15%作为补偿性余额，则该公司应向银行申请（　　）元的贷款。

A. 230 000　　B. 170 000　　C. 235 294.12　　D. 250 000

3. 佳和公司拟发行3年期债券进行筹资，债券票面金额为1 000元，票面利率为10%，每年付息一次，当时的市场利率为8%，则该公司债券的发行价格为（　　）元。

A. 990　　B. 1 000　　C. 950　　D. 1 051.51

4. 大华公司与银行商定的周转信贷额为3 000万元，承诺费率为0.4%，借款企业年度使用2 000万元，则大华公司应向银行支付（　　）万元承诺费。

A. 4　　B. 8　　C. 12　　D. 6

5. 宏光公司按年利率10%向银行借入200万元的款项，银行要求保留15%的补偿性余额，则该项借款的实际利率为（　　）%。

A. 15　　B. 10　　C. 11.76　　D. 8.50

6. 相对于股票筹资而言，银行借款筹资的缺点是（　　）。

A. 筹资速度慢　　B. 筹资成本高　　C. 限制条款多　　D. 财务风险小

7. 长期借款筹资与长期债券筹资相比，其特点是（　　）。

A. 利息能节税　　B. 筹资弹性大　　C. 筹资费用大　　D. 债务利息高

8. 下列筹资方式按一般情况而言，企业所承担的财务风险由大到小排列为（　　）。

A. 融资租赁、发行股票、发行债券　　B. 融资租赁、发行债券、发行股票

C. 发行债券、融资租赁、发行股票　　D. 发行债券、发行股票、融资租赁

9. 出租人既出租某项资产，又以该项资产为担保借入资金的租赁方式是（　　）。

A. 经营租赁　B. 售后回租　C. 杠杆租赁　D. 直接租赁

10. 下列各项中，不属于融资租金构成项目的是（　　）。

A. 租赁设备的价款　　B. 租赁期间利息

C. 租赁手续费　　D. 租赁设备维护费

11. 下列各项目中，不属于“自然性筹资”的是（　　）。

A. 应付工资　B. 应付账款　C. 短期借款　D. 应交税金

12. 下列不属于商业信用筹资优点的是（　　）。

A. 需要担保　　B. 有一定的弹性

C. 筹资方便　　D. 不需要办理复杂的手续

13. 某公司财务杠杆系数等于 1，这表明该公司当期（　　）。

A. 利息与优先股股利为零　　B. 利息为零，无优先股股利

C. 利息与息税前利润为零　　D. 利息与固定成本为零

14. 只要企业存在固定成本，则经营杠杆系数一定（　　）。

A. 与销售量成正比　　B. 与固定成本成反比

C. 恒大于 1　　D. 与风险成反比

15. 某公司全部资本为 150 万元，负债比率为 40%，负债利率为 10%，当销售额为 130 万元时，息税前利润为 25 万元，则该公司的财务杠杆系数为（　　）。

A. 1.32　B. 1.26　C. 1.5　D. 1.56

16. 不存在财务杠杆作用的筹资方式是（　　）。

A. 发行普通股　B. 发行优先股　C. 发行债券　D. 举借银行借款

17. 每股利润变动率相对于息税前利润变动率的倍数，即为（　　）。

A. 经营杠杆系数　B. 财务杠杆系数　C. 综合杠杆系数　D. 边际资本成本

18. 某公司的经营杠杆系数为 2，预计息税前利润将增长 10%，在其他条件不变的情况下，销售量将增长（　　）%。

A. 20　B. 10　C. 15　D. 5

19. 在计算资本成本时，与所得税有关的资金来源是（　　）。

A. 普通股　B. 优先股　C. 银行借款　D. 留存收益

20. 经营杠杆效应产生的原因是（　　）。

A. 不变的债务利息　B. 不变的产销量　C. 不变的固定成本　D. 不变的销售单价

21. 债券的资本成本率一般低于股票的资本成本率，其主要原因是（　　）。

A. 债券的筹资费用较少　　B. 债券的发行量少

C. 债券的利息率固定　　D. 债券利息在税前支付

22. 每股利润变动率相对于销售额变动率的倍数，即为（　　）。

A. 经营杠杆系数　B. 财务杠杆系数　C. 综合杠杆系数　D. 边际资本成本

二、多选题

1. 属于普通股筹资特点的有（　　）。

A. 没有固定的利息负担　B. 筹资数量有限

C. 资金成本较高　D. 能增强公司信誉

2. 影响债券发行价格的因素包括（　　）。

A. 债券面额　B. 票面利率　C. 市场利率　D. 债券期限

3. 有下列情况之一者，将被暂停股票上市（　　）。

A. 财务报告虚假

B. 最近两年连续亏损

C. 公司股本总额为4 900万元

D. 股本总额为45 000万元，向社会公众发行的股份达股份总数的16.8%

4. 补偿性余额的约束使借款企业受到的影响是（　　）。

A. 减少了可用现金　B. 减少了应付利息

C. 提高了筹资成本　D. 增加了应付利息

5. 可以作为银行借款抵押品的有（　　）。

A. 存货　B. 应收账款　C. 应收票据　D. 应付账款

6. 资本市场包括（　　）。

A. 一级市场　B. 二级市场　C. 短期货币市场　D. 短期证券市场

7. 下列项目中，属于资本成本中筹资费用内容的是（　　）。

A. 借款手续费　B. 债券发行费　C. 债券利息　D. 股利

8. 财务杠杆效应产生的原因是（　　）。

A. 不变的债务利息　B. 不变的固定成本

C. 不变的优先股股利　D. 不变的销售单价

9. 计算综合资本成本时的权数，可选择（　　）。

A. 账面价值　B. 票面价值　C. 市场价值　D. 目标价值

10. 负债资金在资本结构中产生的影响是（　　）。

A. 降低企业资本成本　B. 加大企业财务风险

C. 具有财务杠杆作用　D. 分散股东控制权

11. 下列各项中影响综合杠杆系数变动的因素有（　　）。

A. 固定成本　B. 单位边际贡献　C. 产销量　D. 固定利息

12. 影响企业加权平均资本成本的因素有（　　）。

A. 资金结构　B. 个别资金成本高低

C. 筹集资金总额　D. 筹资期限长短

13. 在计算（　　）个别资本成本时，应考虑抵税作用。

A. 普通股成本　B. 留存收益成本　C. 长期借款成本　D. 债券成本

14. 影响财务杠杆系数的因素有（　　）。

A. 息税前利润　B. 固定成本　C. 优先股股利　D. 所得税税率

15. 与综合杠杆系数成正比例变化的是（　　）。

A. 销售额变动率　B. 每股利润变动率　C. 经营杠杆系数　D. 财务杠杆系数

16. 影响优先股成本的主要因素有（　　）。

A. 优先股股利　B. 优先股总额　C. 优先股筹资费率　D. 企业所得税税率

三、判断题

1. 由于银行借款的利息是固定的，所以相对而言，这一筹资方式的弹性较小。（　　）

2. 放弃现金折扣的机会成本与现金折扣率、折扣期成反方向变化，而与信用期成同方向变化。（　　）

3. 可转换债券是持有人可自由地选择转换为优先股的债券。（　　）

4. 在债券面值与票面利率一定的情况下，市场利率越高，则债券的发行价格越低。（　　）

5. 从承租人的角度来看，杠杆租赁与售后租回或直接租赁并无区别。（　　）

6. 如果没有现金折扣，或企业不放弃现金折扣，则利用商业信用筹资没有机会成本。（　　）

7. 资本成本与资金时间价值是既有联系，又有区别的。（　　）

8. 在其他因素不变的情况下，固定成本越大，经营杠杆系数也就越大，经营风险则越大。（　　）

9. 留存收益是企业经营中的内部积累，这种资金不是向外界筹措的，因而它不存在资本成本。（　　）

10. 当预计的息税前利润大于每股利润无差别的息税前利润时，负债筹资的普通股每股利润大。（　　）

11. 最佳资本结构是使企业筹资能力最强，财务风险最小的资本结构。（　　）

12. 如果企业的债务资金为零，则财务杠杆系数必等于1。（　　）

13. 在优化资本结构的过程中，综合资本成本最小的方案一定是普通股每股利润最大的方案。（　　）

14. 企业负债比例越高，财务风险越大，因此负债对企业总是不利的。（　　）

15. 在个别资本成本一定的情况下，企业综合资本成本的高低取决于资金总额。（　　）

16. 资本成本计算得正确与否，只影响筹资方案的选择。（　　）

四、计算分析题

1. 晨光公司2015年销售额为30 000万元，销售净利率为8%，股利发放率为净利润的40%，固定资产的利用程度已达到饱和状态。该公司2015年12月31日资产负债表（简）如表2-15所示。

表 2-15　　晨光公司资产负债表（简）

单位：万元

资产	金额	负债及股东权益	金额
货币资金	600	应付票据	1 500
应收账款（净额）	4 500	应付账款	3 000
存货	5 100	长期负债	2 500
固定资产（净额）	6 900	股本	15 000
长期投资	3 000	留存收益	600
无形资产	2 500		
资产合计	22 600	负债及权益合计	22 600

假定该公司预测 2016 年销售额为 35 000 万元，并仍按基期年股利发放率支付股利，留存收益可以抵充筹资额。

要求：预测该公司 2017 年对外筹资的资金需要量。

2. 通达公司按年利率 5.99%向银行借款 100 万元，银行要求维持贷款 15%的补偿余额。

要求：计算公司可用的借款额及实际利率。

3. 通达公司按“2/10，*n*/30”的信用条件赊购一批货物，赊购金额为 80 万元。

要求：

（1）指出信用额度、信用期、折扣期和折扣率。

（2）如果 10 天内付款，筹资额为多少？

4. 某企业发行面值为 500 元，票面利率 10%，偿还期 5 年的长期债券。该债券的筹资费率为 2%，所得税率为 30%。

要求：计算此债券的资本成本率。

5. 某企业发行面值为 50 元，年股利率为 15%的优先股股票，发行该优先股股票的筹资费率为 4%。

要求：计算优先股的资本成本率。

6. 某企业发行普通股股票，每股发行价格为 10 元，筹资费率为 5%，预计第一年年末股利为 1 元，年股利增长率为 2%。

要求：计算普通股的资本成本率。

7. 某企业留用利润 500 万元，预计普通股下一期股利率为 15%，以后每年股利增长率为 1%。该普通股每股面值 5 元，发行价 8 元。

要求：计算留存收益的资本成本率。

8. 某企业共有资金 2 000 万元，其中银行借款 100 万元，长期债券 500 万元，普通股 1 000 万元，留存收益 400 万元；以上 4 种资金的资本成本率依次为 5%、6%、12%、11%。

要求：计算该企业的综合资本成本率。

9. 某企业目前拥有长期资金 160 万元，其中长期借款 20 万元，长期债券 60 万元，普通股

80 万元。经分析，企业目前的资本结构是最佳的，并认为筹集新资金后仍应保持这一结构。企业拟考虑筹集新资金，扩大经营，各个别资本成本随筹资额增加而变动的情况如表 2-16 所示。

表 2-16　　个别资本成本随筹资额增加而变动情况表

资金来源	新筹资的数量范围	资本成本
长期借款	5 万元内	5%
	5 万元以上	6%
长期债券	7.5 万元内	7%
	7.5 万元以上	8%
普通股	15 万元内	10%
	15 万元以上	12%

要求：计算该企业新筹资总额的分界点，编制边际资本成本规划表。

10. 为民公司 2015 年年末资本结构如表 2-17 所示。因生产发展需要，公司 2016 年年初准备增加资金 2 500 万元。现有两个筹资方案可供选择，甲方案：增加发行 1 000 万股普通股，每股市价 2.5 元；乙方案：按面值发行每年年末付息、票面利率为 10%的公司债券 2 500 万元。假定股票与债券的发行费用均可忽略不计，企业适用的所得税税率为 33%。公司管理层要求财务部门计算如下数据，以供决策之用。

表 2-17　　为民公司 2015 年年末资本结构表

资金来源	金额（万元）
长期债券（年利率 8%）	1 000
普通股（4 500 万股）	4 500
留存收益	2 000
合计	750

（1）计算两种筹资方案下每股利润无差异点的息税前利润。

（2）计算处于每股利润无差异点时乙方案的财务杠杆系数。

（3）如果公司预计息税前利润为 1 200 万元，指出公司应采用的筹资方案。

（4）如果公司预计息税前利润为 1 600 万元，指出公司应采用的筹资方案。

（5）若公司预计息税前利润在每股利润无差异点上增长 10%，计算采用乙方案时公司每股利润的增长幅度。

11. 某企业年初的资本结构如表 2-18 所示。普通股每股面值 50 元，2016 年期望每股股利 5 元，预计以后每年股利率将增加 2%，发行各种证券的筹资费率均为 1%，该企业所得税率为 30%。该企业拟增资 500 万元，有两个备选方案可供选择，方案一：发行长期债券 500 万元，年利率为 8%，此时企业原普通股每股股利将增加到 6 元，以后每年的股利率仍可增加 2%；方案二：发行长期债券 200 万元，年利率为 7%，同时以每股 60 元发行普通股 300 万元，普通股每股股利将增加到 5.5 元，以后每年的股利率仍将增长 2%。

表2-18　　企业年初的资本结构表

资金来源	金额（万元）
长期债券年利率6%	500
优先股年股利率10%	100
普通股（8万股）	400
合计	1 000

要求：

（1）计算该企业年初综合资本成本率。

（2）分别计算方案一、方案二的综合资本成本率并作出决策。

12. 某企业计划年初的资本结构如表2-19所示。本年度该企业考虑增资200万元，有两种筹资方案，甲方案：发行普通股2万股，面值100元；乙方案：发行长期债券200万元，年利率13%。增资后预计年度息税前利润可达到120万元，所得税税率40%，问该企业应采用哪一方案筹资？

表2-19　　企业计划年初的资本结构表

资金来源	金额（万元）
长期债券（年利率10%）	200
长期债券（年利率12%）	300
普通股（5万股，面值100元）	500
合计	1 000

要求：分别采用比较每股利润及无差异点分析两种方法分析。

13. 某公司资本总额500万元，其中普通股本250万元，每股价格10元，长期借款150万元，年利率8%，优先股本100万元，年股利率15%，所得税税率33%。该公司准备追加筹资500万元，有以下两个方案，方案一：发行债券500万元，年利率10%，筹资费率2%；方案二：发行普通股500万元，每股发行价20元。

要求：

（1）计算两种筹资方案的每股盈余无差异点；

（2）如果该公司预计的息税前利润为160万元，确定最佳的筹资方式；

（3）计算发行债券筹资的资金成本率。（计算结果小数点后保留两位。）

项目三

投资管理

【知识目标】

- 掌握项目投资的有关含义、特点和决策程序
- 掌握项目投资现金流量的含义、分类和估算方法
- 掌握各种项目投资决策评价指标的计算及其评价标准
- 掌握各种项目投资决策方法
- 掌握各种股票估价模型
- 掌握各种债券估价模型
- 掌握债券投资收益率的计算方法
- 了解基金投资
- 掌握证券投资组合风险与报酬

【能力目标】

- 能够运用各种项目投资决策评价指标对投资项目进行评估决策
- 能够运用各种项目投资决策方法进行项目投资决策
- 能够对股票的估价、投资收益和风险进行分析评价
- 能够对债券的投资收益、风险进行分析评价
- 能够计算基金投资价值和收益率

- 能够进行债券、股票、基金投资管理，进行证券投资组合

任务一 项目投资的现金流量估算

任务引入

东方纸业股份有限公司（以下简称“东方公司”）拟新建一条生产线项目，生产线的买价为1 300 000元，在项目开始时一次性投入，项目建设期为2年，发生在建设期的资本化利息为200 000元。设备采用直线法计提折旧，净残值率为8%。生产线投产后，可经营8年，每年可增加产品产销4 200件，每件售价150元，每件单位变动成本为80元，但每年增加固定性经营成本81 500元。企业所得税税率为25%。任务要求如下。

1. 计算该项目生产线的原值及折旧额。
2. 计算该项目经营期的年息税前利润。
3. 计算该项目每年的现金净流量。

相关知识

一、项目投资的含义

项目投资是一种以特定项目为对象，直接与新建项目或更新改造项目有关的长期投资行为。项目投资的特点是投资金额大、影响时间长、变现能力差以及投资风险大。因此，项目投资决策必须严格遵守相应的投资程序。

项目计算期是指投资项目从投资建设开始到最终清理结束整个过程的全部时间，包括建设期和生产经营期。其中建设期的第一年年初称为建设起点，建设期的最后一年年末称为投产日，项目计算期的最后一年年末称为终结点，从投产日到终结点之间的时间间隔称为生产经营期。

二、现金流量的含义

现金流量，在投资决策中是指由一个项目引起的现金流入、现金流出及其总量情况的总称。其中这里的“现金”是指广义的现金，它不仅包括各种货币资金，而且还包括项目中需要投入的企业现有的非货币资源的变现价值。例如，一个项目需要使用原有的厂房、设备和材料等，那么整个项目的现金流量就包括它们的变现价值，而不是它们的账面成本。

财务管理中以现金流量作为项目投资的重要价值信息，主要出于以下考虑。

（1）现金流量信息所揭示的未来期间现实货币资金收支运动，可以序时动态地反映项目投资的流向与回收之间的投入产出关系，使决策者处于投资主体的立场上，便于其更完整、更准确、更全面地评价具体投资项目的经济效益。

（2）利用现金流量指标代替利润指标作为反映项目效益的信息可以摆脱在贯彻执行财务会计的权责发生制时必然面临的困境，即因为不同的投资项目可能采取不同的固定资产折旧方法、存

货估价方法或费用摊配方法，所以不同方案的利润信息相关性差、透明度不高和可比性差。

（3）利用现金流量信息排除了非现金收付内部周转的资本运动形式，从而简化了有关投资决策评价指标的计算过程。

（4）由于现金流量信息与项目计算期的各个时点密切结合，有助于在计算投资决策评价指标时，应用资金时间价值的形式进行动态投资效果的综合评价。

三、现金流量的分类

1. 按流向分类

现金流量按流向可以分为现金流出量、现金流入量和现金净流量 3 类。

（1）现金流出量。一个投资项目的现金流出量是指该投资项目引起的企业现金支出的增加额。例如，企业购置一条生产线，通常会引起以下的现金流出量。

① 购置生产线的价款，它可能一次性支出，也可能分几次支出。

② 生产线的维护、修理等费用，在该生产线的整个使用期限内，会发生保持其生产能力的各种费用。它们都是由购置该生产线引起的，应该作为购置生产线的现金流出量。

③ 垫支流动资金；由于该生产线扩大了企业的生产能力，引起对流动资产需求的增加。企业需要追加的流动资金，也是购置该生产线引起的，应该作为购置生产线的现金流出量。

只有在投资项目寿命期终了或出售或报废该生产线时才能收回这些资金，并用于别的目的。

（2）现金流入量。一个投资项目的现金流入量是指该投资项目引起的企业现金收入的增加额。例如，企业购置一条生产线，通常会引起下列现金流入量。

① 营业现金流入。购置生产线扩大了企业的生产能力，使企业销售收入增加，扣除有关的付现成本增量后的余额，就是该生产线引起的一项现金流入。

② 该生产线寿命期终了、出售或报废时的残值收入。资产出售或报废时的残值收入是由当初购置该生产线引起的，应当作为项目投资的一项现金流入量。

③ 收回的流动资金。该生产线寿命期终了、出售或报废时，企业可以相应减少流动资金垫支，收回的资金可以用于别处。因此，应将其作为该投资项目的一项现金流入量。

（3）净现金流量。净现金流量是指一定期间现金流入量与现金流出量的差额。这里的“一定期间”要根据投资项目的决策需要而定，有时是指一年间，有时是指投资项目持续的整个有效年限内。一定期间的现金流入量大于现金流出量时，净现金流量为正值；反之，净现金流量为负值。有时，为了简化起见，现金流量指的就是净现金流量。

2. 按期间分类

由于一个项目从准备投资到项目结束，经历了项目准备及建设期、生产经营期及项目终止期 3 个阶段，因此投资项目净现金流量包括投资现金流量、营业现金流量和项目终止现金流量。但是由于缴纳所得税也是企业的一项现金流出，因此在计算有关现金流量时还应该将缴纳所得税的影响考虑进去。

（1）投资现金流量（初始现金流量）。投资现金流量包括投资在固定资产上的资金和投资在流动资产上的资金两个部分。

投资在流动资产上的资金一般假设当项目结束时将全部收回，这部分现金流量由于在会计上一般不涉及企业的利润，因此不受所得税的影响。

投资在固定资产上的资金有时是以企业原有的旧设备进行投资的，在计算投资现金流量时，一般是以设备的变现价值作为其现金流出量（但是该设备的变现价值通常并不与其折余价值相等）。另外还必须注意将这个投资项目作为一个独立的方案进行考虑，即假设企业将该设备出售可能得到的收入（设备的变现价值）以及企业由此而可能支付或减免的所得税，计算公式为

投资现金流量＝投资在流动资产上的资金＋投资设备的变现价值－（投资设备的变现价值－投资设备的折余价值）×所得税率

（2）营业现金流量。购置生产线扩大了企业的生产能力，使企业销售收入增加，扣除有关的付现成本增量后的余额，是该生产线引起的一项现金流入。从净现金流量的角度考虑，缴纳所得税是企业的一项现金流出，因此这里的利润指的是税后净利润，即税前利润减所得税。折旧作为一项成本，在计算税后净利润时是包括在成本当中的，但是它不需要支付现金，因此需要将它当做一项现金流入看待。

综上所述，企业的营业现金流量可用公式表示如下：

营业现金流量＝税后利润＋折旧＝（收入－总成本）×（1－所得税率）＋折旧

＝（收入－付现成本－折旧）×（1－所得税率）＋折旧

＝收入×（1－所得税率）－付现成本×（1－所得税率）－折旧×（1－所得税率）＋折旧

＝收入×（1－所得税率）－付现成本×（1－所得税率）＋折旧×所得税率

（3）项目终止现金流量（终结现金流量）。项目终止现金流量包括固定资产的残值收入和收回原投入的流动资金。在投资决策中，一般假设当项目终止时，将项目初期投入在流动资产上的资金全部收回。这部分收回的资金由于不涉及利润的增减，因此也不受所得税的影响。固定资产的残值收入如果与预定的固定资产残值相同，那么在会计上也同样不涉及利润的增减，所以也不受所得税的影响。但是在实际工作中，最终的残值收入往往并不同于预定的固定资产残值，它们之间的差额会引起企业的利润增加或减少，因此在计算现金流量时，要注意不能忽视这部分的影响。

项目终止现金流量＝实际固定资产残值收入＋原投入流动资金的收回－（实际残值收入－预定残值）×所得税率

四、现金流量的计算

在确定投资方案的相关现金流量时，应遵循的最基本原则是：只有增量现金流量才是与项目相关的现金流量。所谓增量现金流量，是指接受或拒绝某个投资方案后，企业总现金流量因此发生的变动。只有那些由于采纳某个项目引起的现金流入增加额，才是该项目的现金流入；只有那些由于采纳某个项目引起的现金支出增加额，才是该项目的现金流出。

为了正确计算投资方案的增量现金流量，应注意以下问题。

1. 营业收入的估算

一般来说，营业收入是指收到现金的营业收入（即经营现金流入），因此必须注意以下两个问题。

一是在存在折扣和折让的情况下，会计上对营业收入是采用总价法还是采用净价法进行账务处理的问题。如采用总价法核算营业收入，由于营业收入包括折扣和折让，而折扣和折让不能形成现金流入，因此应按扣除折扣和折让后的营业收入净额计算经营现金流入量；如采用净价法核算营业收入，由于营业收入已将折扣和折让扣除，因此应按营业收入总额计算经营现金流入量。

二是不同期间的应收账款问题。一般情况下，假设正常经营年度内每期发生的应收账款与回收的应收账款大体相等，那么本期的营业收入均为收到现金的营业收入；如果明确指明前后期间营业收入不等，并且当期营业收入中有一部分在本期收到现金，另一部分将在以后某期间收到现金（即形成应收账款），则经营现金流入量应根据所给资料计算。例如，东方公司 2013 年年初有应收账款 50 000 元，2014 年实现收入 800 000 元，根据以往经验，当年收入中有 80% 在当年收到现金，而其余的 20%在下年收到现金。则该公司 2014 年的营业收入（即经营现金流入量）为 690 000 元（800 000 × 80% + 50 000）。

2. 固定资产投资与固定资产原值的估算

固定资产投资是指在固定资产上的原始投资额，表示由固定资产投资而产生的现金流出。固定资产原值则是固定资产投资及资本化利息之和，是计算固定资产折旧的重要影响因素。

3. 经营成本的估算

一般来说，经营成本是指经营期内所发生的，需要付出现金的成本和费用（即经营现金流出），其数额等于某一年度的总成本减去当年计提的固定资产折旧、无形资产摊销额、长期待摊费用后的余额。因此，形成经营现金流出的经营成本是付现的经营成本，而不包括沉没的经营成本，如过去支付过现金而在现在和未来摊入成本或费用的支出，固定资产折旧、无形资产摊销额、长期待摊费用等。

【业务实例 3-1】 光大集团拟投资 A 项目，经可行性分析，有关资料如下。

(1) A 项目共需固定资产投资 450 000 元，其中第一年年初和第二年年初分别投资 250 000 元和 200 000 元，第一年年末 A 项目部分竣工并投入试生产，第二年年末全部竣工交付使用。

(2) A 项目投产时需垫支相应流动资金 320 000 元，用于购买材料、支付工资等。其中第一年年末垫支 200 000 元，第二年年末垫支 120 000 元。

(3) A 项目经营期预计为 5 年，固定资产按直线法计提折旧。A 项目正常终结处理时预计清理费用 3 000 元，残余价值 123 000 元。

(4) 根据市场预测，A 项目投产后第一年营业收入为 320 000 元，以后 4 年每年营业收入均为 450 000 元。第一年的付现成本为 150 000 元，以后 4 年每年的付现成本均为 210 000 元。

(5) 该企业适用所得税税率为 25%。

试计算 A 项目预计 5 年的现金流量。

解析：

(1) 首先，计算 A 项目的每年折旧额。

每年折旧额=(450 000−123 000+3 000)÷5=66 000（元）

（2）其次，计算经营期净现金流量如表 3-1 所示。

表 3-1　　经营期净现金流量计算表　　单位：元

项目	第 1 年	第 2 年	第 3 年	第 4 年	第 5 年
营业收入	320 000	450 000	450 000	450 000	450 000
−付现成本	150 000	210 000	210 000	210 000	210 000
折旧	66 000	66 000	66 000	66 000	66 000
税前净利	104 000	174 000	174 000	174 000	174 000
−所得税	26 000	43 500	43 500	43 500	43 500
税后净利	78 000	130 500	130 500	130 500	130 500
+折旧	66 000	66 000	66 000	66 000	66 000
经营期净现金流量	144 000	196 500	196 500	196 500	196 500

（3）最后，在 A 项目经营期净现金流量计算出来后，便可通过加进项目建设期的投资现金流量和报废时的终结现金流量，一并计算该项目的全部现金流量。计算过程如表 3-2 所示。

表 3-2　　现金流量计算表　　单位：元

t	0	1	2	3	4	5	6
固定资产投资	−250 000	−200 000					
流动资金投资		−200 000	−120 000				
经营期净现金流量			144 000	196 500	196 500	196 500	196 500
固定资产净残值							120 000
流动资金回收							320 000
现金流量合计	−250 000	−400 000	24 000	196 500	196 500	196 500	636 500

注：在上表中，$t=0$ 代表第 1 年年初；$t=1$ 代表第 1 年年末；$t=2$ 代表第 2 年年末；……$t=6$ 代表第 6 年年末。

任务实施

1. 计算该项目生产线的原值及折旧额。

① 计算该项目生产线的原值。

② 用直线法计算该项目生产线每年的折旧额。

2. 根据该项目经营期的现金流量，计算该项目经营期的年息税前利润。

3. 在年息税前利润和年折旧额的基础上，计算该项目每年的现金净流量。

任务二　项目投资决策评价指标计算及应用

任务引入

东方纸业股份有限公司（以下简称“东方公司”）拟建一项固定资产，需投资 100 万元，按直线法计提折旧，使用寿命10年，期末无残值。该项工程于当年投产，预计投产后每年可获息税前利润10万元。企业所得税税率为25%，行业基准折现率为10%。任务要求如下。

计算下列投资决策评价指标。

1. 该投资方案的静态投资回收期。
2. 该投资方案的投资利润率。
3. 该投资方案的净现值。
4. 该投资方案的现值指数。
5. 该投资方案的内部收益率。

相关知识

一、项目投资决策评价指标的含义及其分类

项目投资决策评价指标是用来衡量投资方案优劣的标准，主要有静态投资回收期、投资利润率、净现值、现值指数和内含报酬率等指标。这些指标可以按不同的标准进行分类。

（1）按是否考虑资金时间价值因素，分为折现评价指标和非折现评价指标。非折现评价指标是指在指标计算过程中不考虑资金时间价值因素（主要有静态投资回收期和投资利润率），一般用于对众多投资方案进行初选。折现评价指标是指在指标计算过程中充分考虑和利用资金时间价值因素（主要有净现值、现值指数和内含报酬率），一般用于对投资方案进行最终选择。

（2）按指标性质不同，分为正指标和反指标。正指标是指在一定范围内数值越大越好的指标，如投资利润率、净现值、现值指数和内含报酬率等；反指标是指在一定范围内数值越小越好的指标，如静态投资回收期。

为了说明问题，现集中设例如下。

【业务实例3-2】 假设光大集团目前存在3个投资机会，公司要求的最低报酬率为10%。有关资料如表3-3所示。试评价3种投资方案。

表3-3 光大集团现金流量状况 单位：万元

期间	方案A		方案B		方案C	
	净收益	现金流量	净收益	现金流量	净收益	现金流量
0		（20 000）		（9 000）		（12 000）
1	1 800	11 800	（1 800）	1 200	600	4 600
2	3 240	13 240	3 000	6 000	600	4 600
3			3 000	6 000	600	4 600
合计	540	5 040	4 200	4 200	1 800	1 800

二、非折现评价指标

非折现评价指标不考虑时间价值因素，把不同时间的货币收支看成是等效的。这种指标在选择方案时起辅助作用，主要有投资回收期和投资利润率。

1. 投资回收期（*PP*）

投资回收期是指投资项目引起的现金流入量累计到与投资额相等时所需要的时间内。它代表收回投资项目的投资额所需要的年限。回收年限越短，方案越有利。

（1）计算原理。投资回收期的具体计算与投资项目现金流量特点有关。

如果投资项目的投资额是一次支出，且每期现金流入量相等，即属于年金型的情况，则：

投资回收期＝投资额/每期现金流入量

如果投资项目的现金流入量各期不相等或投资额不是一次投入，即属于混合型的情况，则：

投资回收期＝累计净现金流量开始出现正值的年份－1＋

上年累计净现金流量绝对值/当年净现金流量

对【业务实例 3-2】 采用投资回收期法评价。

方案C每期现金流量相等，则：*PP*=12 000/4 600=2.61（年）

方案A和方案B每期现金流量不相等，可列表计算（见表 3-4 和表 3-5）。

表 3-4　方案 A 现金流量　单位：万元

	时间（年）	净现金流量	回收额	未收回额	回收时间
方案 A	0	（20 000）		20 000	
	1	11 800	11 800	8 200	1
	2	13 240	82 00	0	0.62
方案 A 投资回收期 ＝ 1 +(8 200 ÷ 13 240) ＝ 1.62（年）					

表 3-5　方案 B 现金流量　单位：万元

	时间（年）	净现金流量	回收额	未收回额	回收时间
方案 B	0	（9 000）		9 000	
	1	1 200	1 200	7 800	1
	2	6 000	6 000	1 800	1
	3	6 000	1 800	0	0.30
方案 B 投资回收期 ＝ 2 ＋ (1 800 ÷ 6 000) ＝ 2.30（年）					

（2）投资回收期法的决策准则。投资回收期是一个无量纲的指标，单独的投资回收期指标无法对投资项目作出优劣的评价，它需要一个参照系，这个参照系就是基准投资回收期。

对于独立投资项目，只要投资项目的投资回收期小于基准投资回收期，投资项目就可以接受；反之，若投资项目的投资回收期大于基准投资回收期，则项目不可接受。假设上述【业务实例 3-2】中，基准投资回收期为 2 年，那么只有方案 A 可以被接受。对于互斥投资项目，需要从可行方案中选择投资回收期最短的方案。

（3）投资回收期法的评价。投资回收期法计算简单，并且容易使决策者正确地理解，操作也简单，但是回收期法没有考虑货币时间价值，而且只考虑了投资回收期，没有考虑投资回收期以后的现金流量和投资项目的整体效益。事实上，具有战略意义的投资项目通常早期收益较低，后期收益较高。回收期法优先考虑急功近利的项目，可能会导致企业放弃长期成功的项目。

2. 投资利润率

投资利润率是投资项目年平均利润额与原始或平均投资额的比值。

（1）计算原理。投资利润率的计算公式如下：

$$会计收益率 = 年平均利润/原始投资额 \times 100\%$$

当然，上述公式的分母也可以使用平均投资额，尽管其计算结果不同，但是它不改变方案的优先次序。

对【业务实例 3-2】采用投资利润率法评价。

方案 A：会计收益率=[(180+3 240)÷2]/20 000×100%=12.6%

方案 B：会计收益率=[(−180+3 000+3 000)÷3]/9 000×100%=15.6%

方案 C：会计收益率=600/1 2000×100%=5%

（2）投资利润率法的决策准则。投资利润率也是一个无量纲指标，本身无法判断投资项目的优劣，需要一个参照系进行判断。这个参照系就是企业对投资项目要求达到的最低期望报酬率。

对于独立投资项目，投资项目的投资利润率大于最低期望报酬率，投资项目可以接受；反之，投资项目的投资利润率小于最低期望报酬率，投资项目则不可接受。上述【业务实例 3-2】中，公司要求达到的最低报酬率为 10%，因此，方案 A 和方案 B 可以接受，方案 C 不可接受。对于互斥投资项目，从可行方案中选择投资利润率最高的方案。【业务实例 3-2】中，企业应选择方案 B。

（3）投资利润率法的评价。投资利润率法计算简便，易于理解和掌握，资料也易于收集，因为它应用的是财务会计报表上的数据，但是，它没有考虑货币的时间价值，而且以利润为基础，所以不能正确反映投资项目的真实收益。

三、折现评价指标

1. 净现值（NPV）

净现值是指特定投资项目未来现金流入量现值与未来现金流出量现值之间的差额。即所有未来现金流入量和现金流出量都要按预定的折现率折算为现值，然后再计算它们的差额。

（1）计算原理。净现值的计算公式如下：

$$NPV = \sum_{t=0}^{n} I_t / (1+i)^t - \sum_{t=0}^{n} O_t / (1+i)^t = \sum_{t=0}^{n} NCF_t / (1+i)^t$$

式中，n 为投资涉及的年限；I_t 为第 t 年的现金流入量；O_t 为第 t 年的现金流出量；i 为预定的折现率；NCF_t 为第 t 年的净现金流量。

对【业务实例 3-2】采用净现值法评价。

$$NPV_A = \sum_{t=0}^{n} NCF_t / (1+i)^t = 11\,800 / (1+10\%) + 13\,240 / (1+10\%)^2 - 20\,000$$

=11 800×0.9091+13 240×0.826 4−20 000

=21 669−20 000=1 669（元）

$$NPV_B = \sum_{t=0}^{n} NCF_t / (1+i)^t = 1\,200 / (1+10\%) + 6\,000 / (1+10\%)^2 + 6\,000 / (1+10\%)^3 - 9\,000$$

$$=1\,200×0.9091+6\,000×0.8264+6\,000×0.7513-9\,000$$

$$=10\,577-9\,000=1\,557\text{（元）}$$

$$NPV_C = \sum_{t=0}^{n} NCF_t / (1+i)^t$$

$$= 4\,600 \times (P,A,10\%,3) - 12\,000$$

$$= 4\,600×2.487-12\,000$$

$$= -560\text{（元）}$$

（2）净现值法的决策准则。对于独立投资项目，净现值大于零，说明投资项目的报酬率大于预定的报酬率，投资项目可以被接受；净现值小于零，说明投资项目的报酬率小于预定的报酬率，投资项目不可被接受。上述【业务实例3-2】中，方案A和方案B净现值大于零，可以被接受，方案C净现值小于零，则不可被接受。对于互斥投资项目，选择净现值大于零（所有可行方案）且净现值最大的方案。上述【业务实例3-2】中，应该选择方案A。

（3）净现值法的评价。净现值法考虑了货币的时间价值，因此，净现值法具有广泛的适用性，在理论上也比其他方法更加完善。它与企业价值最大化目标一致。但是，在净现值法下，折现率的确定是一个复杂的问题，折现率的高低影响投资项目的可行性。净现值法只能说明投资项目的报酬率高于或低于预定的报酬率，而不能确定投资项目本身的收益率，而且净现值本身是一个绝对数，不利于不同投资规模的方案的比较。

2. 现值指数（*PI*）

现值指数是未来现金流入量现值与现金流出量现值的比率，它说明单位投资未来可以获得的现金流入量现值。

（1）计算原理。现值指数的计算公式为：

$$PI = \sum_{t=0}^{n} I_t / (1+i)^t \div \sum_{t=0}^{n} O_t / (1+i)^t$$

对【业务实例3-2】采用现值指数法评价。

PI_A=21 669/20 000=1.08

PI_B=10 557/9 000=1.17

PI_C=11 440/12 000=0.95

（2）现值指数法的决策准则。对于独立投资项目，如果投资项目的现值指数大于1，说明项目的报酬率大于预定的报酬率，投资项目可以被接受；反之，投资项目不可被接受。上述【业务实例3-2】中，方案A和方案B的现值指数大于1，可以被接受，方案C的现值指数小于1，不可被接受。对于互斥投资项目，选择现值指数大于1且最大的方案。上述【业务实例3-2】中，应该选择方案B。

（3）现值指数法的评价。现值指数法在一定意义上弥补了净现值法的缺陷，可以进行独立方案的获利能力比较。现值指数是一个相对数指标，反映的是投资的效率；而净现值指标是绝对数指标，反映的是投资的效益。但是，现值指数依然不能显示投资项目本身的收益率。

3. 内含报酬率（IRR）

内含报酬率又叫内部收益率，是指能够使投资项目未来现金流入量的现值等于现金流出量的现值的折现率，或是使投资项目的净现值等于零的折现率。

（1）计算原理。内含报酬率的计算就是求解一元 n 次方程的过程，即当 IRR 为多少时，净现值为零。内含报酬率的计算公式为

$$NPV=\sum_{t=0}^{n} I_t/(1+IRR)^t-\sum_{t=0}^{n} O_t/(1+IRR)^t=\sum_{t=0}^{n} NCF_t/(1+IRR)^t=0$$

如果投资项目的现金流量模式是年金型现金流量模式，可以先计算年金现值系数(P, A, i, n)，然后，依据正负相邻的两个折现率 i 求内含报酬率。如果投资项目的现金流量模式是混合型现金流量模式，这时要通过“逐次测试法”计算内含报酬率（IRR）。首先估计使净现值由正值到负值相邻的两个折现率 i，如果 $NPV>0$，则 $i<IRR$；反之，如果 $NPV<0$，则 $i>IRR$。然后依据使净现值正负相邻的折现率 i，用内插法计算内含报酬率（IRR）。其计算公式为：

$$IRR=i_1+(i_2-i_1)\times[|NPV|_1\div(|NPV|_1+|NPV|_2)]$$

对【业务实例 3-2】采用内含报酬率法评价。

方案A：前面已经计算当 i=10%时，NPV=1 669 元，说明方案本身的报酬率高于 10%，因此应提高贴现率进一步测试，测试过程如表 3-6 所示。

表 3-6 方案 A 内含报酬率测试表 单位：元

年份	现金净流量	贴现率 i = 16%		贴现率 i = 18%	
		贴现系数	现值	贴现系数	现值
0	（20 000）	1	（20 000）	1	（20 000）
1	11 800	0.862	10 172	0.847	9 995
2	13 240	0.743	9 837	0.718	9 506
净现值			9		（499）

方案A内含报酬率：

IRR_A=16%+（18%−16%）×[9÷（9+499）]=16.04%

方案B：测试过程如表 3-7 所示。

表 3-7 B 方案内含报酬率测试表 单位：元

年份	现金净流量	贴现率 i = 16%		贴现率 i = 18%	
		贴现系数	现值	贴现系数	现值
0	（9 000）	1	（20 000）	1	（20 000）
1	1 200	0.862	1 034	0.847	1 016
2	6 000	0.743	4 458	0.718	4 308
3	6 000	0.641	3 846	0.609	3 654
净现值			338		（22）

方案B内含报酬率：

IRR_B=16%+(18%−16%)×[338÷(338+22)]=17.88%

方案 C：各期现金流入量相等，符合年金形式，可利用年金现值系数表来确定。

$$NPV_C = 4\,600 \times (P/A,i,3) - 12\,000 = 0$$

$$(P/A,i,3) = 12\,000 \div 4\,600 = 2.609（元）$$

查阅“1 元年金现值表”，在 $n = 3$ 这一栏下寻找到最接近 $(P/A,i,3) = 2.609$ 的 I 为

$$i = 7\%，(P/A,7\%,3) = 2.624$$

$$i = 8\%，(P/A,8\%,3) = 2.577$$

这说明内含报酬率处于 7%和 8%之间，具体为

$$IRR_C=7\%+(8\%-7\%)\times[(2.624-2.609)\div(2.624-2.577)]=7.32\%$$

（2）内含报酬率法的决策准则。对于独立投资项目，内含报酬率同样是一个无量纲指标，它本身不能判断投资项目的优劣。在应用内含报酬率法时，必须寻找一个参照指标，这个指标就是最低期望报酬率。如果投资项目的内含报酬率大于最低期望报酬率，投资项目可以被接受；反之，如果投资项目的内含报酬率小于最低期望报酬率，项目则不可被接受。上述【业务实例 3-2】中，方案 A 和方案 B 的内含报酬率都大于最低期望报酬率（10%），可以被接受，方案C的内含报酬率低于最低期望报酬率，则不可被接受。对于互斥投资项目，应该从可接受方案中，选择内含报酬率最高的方案。上述业务实例 3-2 中，应该选择方案 B。

（3）内含报酬率法的评价。内含报酬率是根据投资项目的现金流量计算出来的，它可以显示投资项目本身的收益率。内含报酬率法与现值指数法一样虽然都是用相对数作为投资项目的评价指标，但是，内含报酬率法不必事先选择折现率，它根据内含报酬率就能确定投资项目的优先次序，只是最后需要一个最低期望报酬率来判断投资项目是否可行。

内含报酬率法也存在以下几个缺陷。

① 对中间现金流量再投资报酬率的假设不现实。它假设按投资项目的内含报酬率（*IRR*）再投资，而不是按市场利率进行再投资。

② 如果采用手工计算内含报酬率（*IRR*），其计算过程较麻烦。

③ 内含报酬率（*IRR*）的计算过程，实际上是一个一元 n 次方程的求解过程。对于非常规投资项目，由于内含报酬率的数学特性，可能出现多个（n 个）内含报酬率（*IRR*），使人们无法判别投资项目真实的内含报酬率究竟如何。

任务实施

1. 投资方案的静态投资回收期。

① 确定固定资产原值及固定资产每年折旧。

② 计算确定经营期每年现金净流量。

③ 计算静态投资回收期。

2. 依据该公司年收益和投资总额，计算投资方案的投资利润率。

3. 将该公司计算期各时间点的现金流量进行折现，求出净现值。

4. 根据净现值率和现值指数的关系，计算投资方案的现值指数。

5. 当净现值为 0 时，求出对应的年金现值系数，运用内插法计算投资方案的内含报酬率。

任务三　项目投资决策方法及应用

任务引入

为提高生产效率，东方纸业股份有限公司（以下简称“东方公司”）拟对一套尚可使用 5 年的设备进行更新改造。新旧设备的替换将在当年内完成（更新设备的建设期为零），不涉及增加流动资金投资，采用直线法计提设备折旧。假定全部资金来源均为自有资金，适用的企业所得税税率为 25%。

相关资料如下。

资料一：已知旧设备的原始价值为 299 000 元，截止到当前的累计折旧为 190 000 元，对外转让可获变价收入 110 000 元，预计发生清理费用 1 000 元（用现金支付）。如果继续使用该设备，到第 5 年年末的预计净残值为 9 000 元（与税法规定相同）。

资料二：该更新改造项目有甲、乙两个方案可供选择。

甲方案的资料如下。

购置一套价值 550 000 元的 A 设备替换旧设备，该设备预计到第 5 年年末回收的净残值为 50 000 元（与税法规定相同）。使用 A 设备可使企业第 1 年增加经营收入 110 000 元，增加经营成本 20 000 元；在第 2～4 年内每年增加营业利润 100 000，第 5 年增加营业利润 114 000 元；使用 A 设备比使用旧设备每年增加折旧 80 000 元。

乙方案的资料如下。

购置一套 B 设备替换旧设备，各年相应的更新改造增量现金流量分别为：

ΔNCF_0=−758 160（元），$\Delta NCF_{1\sim5}$=200 000（元）

资料三：已知当前企业投资的风险报酬率为 4%，无风险报酬率为 8%。

任务要求如下。

1. 根据资料一计算与旧设备有关的下列指标。

（1）当前旧设备的折余价值。

（2）当前旧设备的变价净收入。

2. 根据资料二中甲方案的有关资料和其他数据计算与甲方案有关的指标。

（1）更新设备比继续使用旧设备增加的投资额。

（2）经营期第 1 年总成本的变动额。

（3）经营期第 1 年营业利润的变动额。

（4）经营期第 1 年因更新改造而增加的净利润。

（5）经营期第 2～4 年每年因更新改造而增加的净利润。

（6）第 5 年回收新固定资产净残值超过假定继续使用旧固定资产净残值之差额。

（7）按简化公式计算甲方案增量净现金流量。

（8）甲方案的差额投资内部收益率法。

3. 根据资料二中乙方案的有关资料计算乙方案的有关指标。

（1）更新设备比继续使用旧设备增加的投资额。

（2）B 设备的投资。

（3）乙方案的差额投资内部收益率法。

4. 根据资料三计算企业期望的投资报酬率。

5. 以企业期望的投资报酬率为决策标准，按差额投资内部收益率法对甲乙两方案作出评价，并为企业作出是否更新改造设备的最终决策，同时说明理由。

相关知识

一、生产设备最优更新期的决策

生产设备最优更新期的决策就是选择最佳的淘汰旧设备的时间，此时该设备的年平均成本最低。设备的年平均成本，是指该设备引起的现金流出的年平均值。如果不考虑时间价值，它是未来使用年限内的现金流出总额与使用年限的比值；如果考虑时间价值，它是未来使用年限内现金流出总现值与年金现值系数的比值，即平均每年的现金流出。

与生产设备相关的总成本在其被更新前共包括两大部分。一部分是运行费用。运行费用又包括设备的能源消耗及其维护修理费用等，不仅运行费用的总数会随着使用年限的增加而增加，其每年发生的费用也将随着设备的不断老化而逐年上升。另一部分是消耗在使用年限内的设备本身的价值，它是以设备在更新时能够按其折余价值变现为前提的，即从数量关系上看，它是设备的购入价与更新时的变现价值之差。因此生产设备在更新前的现值总成本为

$$\text{现值总成本} = C - S_n/(1+i)^n + \sum_{t=1}^{n} C_n/(1+i)^t$$

式中，C 为设备原值；S_n 为第 n 年（设备被更新年）时的设备余值；C_n 为第 n 年设备的运行成本；n 为设备被更新的年份；i 为设定的投资报酬率。

在考虑了货币的时间价值的基础上，生产设备的年平均成本就不再是总成本与年限的比值，而将其看作以现值总成本为现值、期数为 n 的年金，即考虑到货币时间价值时每年的现金流出：

$$UAC=\text{现值总成本}/\text{年金现值系数}=\left[C-S_n/(1+i)^n+\sum_{t=1}^{n} C_n/(1+i)^t\right]\div(P,A,I,n)$$

将若干个不同更新期的年平均成本进行比较，然后从中找出最小的年平均成本及其年限。

【业务实例 3-3】　假设 B 设备的购买价格是 70 000 元，预计使用寿命为 10 年，无残值，资金成本为 10%，其各年的折旧额、折余价值及运行费用如表 3-8 所示。

表 3-8　各年的折旧额、折余价值及运行费　单位：元

更新年限	1	2	3	4	5	6	7	8	9	10
折旧额	7 000	7 000	7 000	7 000	7 000	7 000	7 000	7 000	7 000	7 000
折余价值	63 000	56 000	49 000	42 000	35 000	28 000	21 000	14 000	7 000	0
运行费用	10 000	10 000	10 000	11 000	11 000	12 000	13 000	14 000	15 000	16 000

要求：确定最优使用年限。

解析：根据上述资料，可计算出不同年份的年平均成本，如表 3-9 所示。

表 3-9　　B 设备不同年份的年平均成本

更新年限	1	2	3	4	5	6	7	8	9	10
① 原值（元）	70 000	70 000	70 000	70 000	70 000	70 000	70 000	70 000	70 000	70 000
② 余值（元）	63 000	56 000	49 000	42 000	35 000	28 000	21 000	14 000	7 000	0
③ 贴现系数	0.909 1	0.826 4	0.751 3	0.683 0	0.620 9	0.564 5	0.513 2	0.466 5	0.424 1	0.385 5
④ 余值现值（元）	57 273	46 278	36 814	28 686	21 732	15 806	10 777	6 531	2 969	0
⑤ 运行成本（元）	10 000	10 000	10 000	11 000	11 000	12 000	13 000	14 000	15 000	16 000
⑥ 运行成本现值（元）	9 091	8 264	7 513	7 513	6 830	6 774	6 672	6 531	6 361	6 168
⑦ 更新时运行成本现值（元）	9 091	17 355	24 868	32 381	39 211	45 985	53 657	59 188	65 549	71 718
⑧ 现值总成本（元）	21 818	41 077	58 054	73 695	87 479	100 179	111 880	122 657	132 580	141 718
⑨ 年金现值系数（元）	0.909 1	1.735 5	2.486 9	3.169 9	3.790 8	4.355 3	4.868 4	5.334 9	5.759 0	6.144 6
⑩ 平均年成本（元）	24 000	23 669	23 344	23 248	23 077	23 002	22 981	22 991	23 021	23 064

表中：④ = ② × ③　　⑥ = ⑤ × ③

⑦ = ∑⑥　　⑧ = ① + ⑦ − ④

⑩ = ⑧ ÷ ⑨

比较上表的年平均成本可知，该设备运行到第 7 年时的年平均成本最低，因此应在设备使用 7 年后，立即将其更新。

二、固定资产修理或更新的决策

固定资产修理或更新的决策是在假设维持现有生产能力水平不变的情况下选择继续使用旧设备（包括对其进行大修理），或选择将其淘汰使用性能更优异、运行费用更低廉的新设备的决策。由于假设新旧设备的生产能力相同，对企业而言，销售收入没有增加，即现金流入量未发生变化，但是生产成本却发生了变化。另外新旧设备的使用寿命往往不同，因此固定资产修理或更新决策实际上就是比较两方案的年平均成本。

新旧设备的总成本都包括两个组成部分，即设备的资本成本和运行成本。在计算新旧设备的年平均成本时，要特别注意运行成本、设备大修理费和折旧对所得税的影响。

下面举例说明固定资产修理或更新的决策方法。

【业务实例 3-4】 假设 A 企业有一台旧设备，重置成本为 8 000 元，可大修两次（当前继续使用时大修和第二年年末大修），每次大修理费为 8 000 元，年运行成本为 3 000 元，4 年后报废无残值。如果用 40 000 元购买一台新设备，年运行成本为 6 000 元，使用寿命 8 年，不需大修，8 年后残值 2 000 元。新旧设备的产量及产品销售价格相同，另外企业计提折旧的方法为直线法，企业的资金成本率为 10%，企业所得税税率为 25%。

问：企业是继续使用旧设备还是将其更新为新设备？

解析：

（1）如果继续使用旧设备。

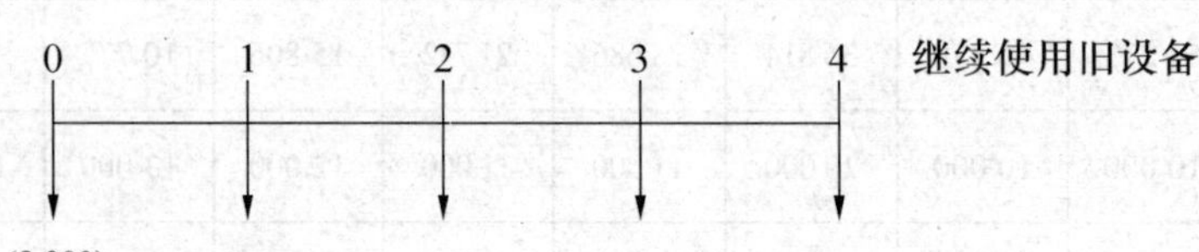

	0	1	2	3	4
重置成本：	(8 000)				
大修理：	(8 000)		(8 000)		
运行成本：		(3 000)	(3 000)	(3 000)	(3 000)
折旧：		2 000	2 000	2 000	2 000

大修理费用的现值 $= 8\,000\times(1-25\%)+8\,000\times(1-25\%)\times(P/F,\ 10\%,\ 2)$

$= 6\,000+6\,000\times0.826=10\,956$（元）

运行成本的现值 $=3\,000\times(1-25\%)\times(P/A,10\%,4)$

$=2\,250\times3.17=7\,132.5$（元）

折旧抵税的现值 $=8\,000/4\times25\%\times(P/A,10\%,4)$

$=500\times3.17=1\,585$（元）

现值总成本 $=8\,000+10\,956+7\,132.5-1\,585=24\,503.5$（元）

平均年成本 $=24\,503.5/(P/A,\ 10\%,\ 4)=24\,503.5/3.17=7\,729.8$（元）

（2）改用新设备。

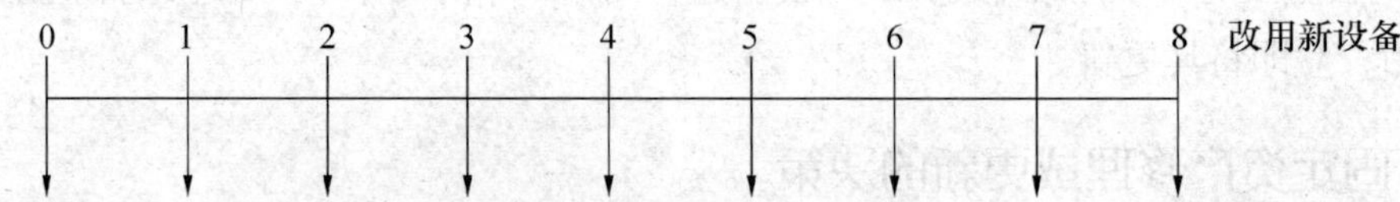

	0	1	2	3	4	5	6	7	8
购置成本：	(40 000)								
运行成本：		(6 000)	(6 000)	(6 000)	(6 000)	(6 000)	(6 000)	(6 000)	(6 000)
折旧：		4 750	4 750	4 750	4 750	4 750	4 750	4 750	4 750
残值：									2 000

运行成本的现值 $=6\,000\times(1-25\%)\times(P/A,10\%,4)$

$=4\,500\times5.335=24\,007.5$（元）

折旧抵税的现值 $=(40\,000-2\,000)/8\times25\%\times(P/,A,10\%,8)$

$=4\,750\times25\%\times5.335=1\,187.5\times5.335=6\,335.3$（元）

收回残值的现值 = 2 000 × (P/F, 10%, 8)

= 2 000 × 0.467 = 934（元）

现值总成本 = 40 000 + 24 007.5 − 6 335.3 − 934 = 56 738.2（元）

平均年成本 = 56 738.2/(P/A, 10%, 8) = 56 738.2/5.335 = 10 635.09（元）

由上述计算结果可知，更新设备的年平均成本高于继续使用旧设备，因此不应当更新。

三、固定资产租赁或购买的决策

在进行固定资产租赁或购买决策时，由于所用设备相同（即设备的生产能力与产品的销售价格相同），设备的运行费用也相同，因此只需比较两种方案的成本差异及成本对企业所得税所产生的影响差异即可。

固定资产租赁指的是固定资产的经营租赁，与购买设备相比，每年将多支付一定的租赁费用。另外由于租赁费用是在成本中列支的，因此企业还可以减少缴纳所得税，即得到纳税利益；购买固定资产是一种投资行为，企业将支出一笔可观的设备款，但同时每年可计提折旧费进行补偿，折旧费作为一项成本，也能使企业得到纳税利益，并且企业在项目结束或设备使用寿命到期时，还能够得到设备的残值变现收入。

【业务实例 3-5】 假设 A 企业在生产中需要一种设备，若企业自己购买，需支付设备买入价款 200 000 元，该设备使用寿命 10 年，预计残值率 5%；企业若采用租赁的方式进行生产，每年将支付 40 000 元的租赁费用，租赁期为 10 年。假设贴现率为 10%，所得税税率为 25%。

问：企业自己购买还是租赁设备更合适？

解析：

（1）购买设备

设备折余价值 = 200 000 × 5% = 10 000（元）

年折旧额 =（200 000 − 10 000）÷10 = 19 000（元）

购买设备支出 = 200 000（元）

折旧抵税的现值 = 19 000 × 25% × (P/A, 10%, 10)

= 4 750 × 6.145 = 29 188.75（元）

设备折余价值变现值 = 10 000 × (P/F,10%,10)

= 10 000 × 0.386=3 860（元）

购买设备的现值总支出 = 200 000 −29 188.75 − 3 860 = 166 951.25（元）

（2）租赁设备

租赁费支出现值=40 000 × (P/A, 10%, 10)

= 40 000 × 6.145 = 245 800（元）

因租赁减少纳税现值 = 40 000 × 25% × (P/A,10%,10)

= 10 000 × 6.145 =61 450（元）

租赁设备的现值总支出 = 245 800 − 61 450= 18 4350（元）

上述计算结果表明，购买设备的总支出小于租赁的总支出，因此企业应采取购买的方式。

四、有风险情况下的投资决策

在讨论投资决策时，我们假定现金流量是确定的，即可以确定现金收支的金额及其发生时间。实际上，投资活动充满了不确定性，如果决策面临的不确定性比较小，一般可忽略它们的影响，把决策视为确定情况下的决策；如果决策面临的不确定性和风险比较大，足以影响方案的选择，那么就应对它们进行计量并在决策时加以考虑。投资风险分析的常用方法是风险调整贴现率法和风险调整现金流量法。

1. 风险调整贴现率法

将与特定投资项目有关的风险报酬加入到资本成本或企业要求的最低投资报酬率中构成按风险调整的贴现率，据以计算投资决策指标并进行决策分析的方法叫风险调整贴现率法。采用该方法的基本原理是：如果现金流量包含风险报酬，则贴现率就必须考虑风险报酬率，通过加大贴现率把现金流量中包含的风险影响（即风险报酬）予以消除，从而使指标能正确地反映无风险条件下的决策。

可以考虑以下 3 种方法调整贴现率。

（1）用资本资产定价模型（CAPM）调整贴现率。由于企业投资往往面临两种风险，即可分散风险和不可分散风险，而不可分散风险又可以由 β 系数值表示。因此，特定投资项目按风险调整的贴现率可按下式计算：

$$K_i = R_F + R_R = R_F + \beta_i \times (K_m - R_F)$$

式中，K_i 为第 i 种股票或第 i 种证券组合的必要收益率；R_R 为无风险收益率；K_m 为所有股票或所有证券的平均收益率；β_I 为第 i 种股票或第 i 种证券组合的β系数。

（2）按风险等级调整贴现率。该方法的基本思路是对影响投资项目风险的各个因素进行评分，然后根据评分确定风险等级并据以调整贴现率。操作时，可以根据不同期间影响因素及其变动情况确定各因素得分，然后计算各期间的总得分；随着总得分的增加，风险等级也随之增加，然后由专业人员根据经验确定相应的贴现率。

该方法既可以用于多个方案贴现率的确定（此时每一方案的整个期间可以是一个贴现率不同小期间也可以对应不同的贴现率），也可以用于单个方案贴现率的确定。

（3）用风险报酬率模型调整贴现率

在项目二中讲解单项资产风险报酬率时曾经指出，任何一项投资的报酬率均由两部分组成，即无风险报酬率和风险报酬率，其计算公式如下：

$$K_i = R_R + b \times V$$

式中，K_i 为第 i 种股票或第 i 种证券组合的必要收益率；R_R 为无风险收益率；V 为标准离差率；b 为风险价值系数。

风险价值系数 b 的大小由投资者根据经验并结合其他因素加以确定，通常有以下几种方法：

① 根据以往同类项目的有关数据确定。根据以往同类投资项目的投资收益率、无风险收益率和收益标准离差率等历史资料可以求得风险价值系数。假设企业进行某项投资，其同类项目的投资收益率为 10%，无风险收益率为 6%，收益标准离差率为 50%。

根据公式：$K_i = R_R + b \times V$

可计算：$b = (K - R_R)/V = (10\% - 6\%)/50\% = 8\%$

② 由企业领导或有关专家确定。如果现在进行的投资项目缺乏同类项目的历史资料，不能采用上述方法计算，则可根据主观经验加以确定。风险价值系数可以由企业领导，如总经理、财务副总经理、财务主任等研究确定，也可由企业组织有关专家确定。这时，风险价值系数的确定在很大程度上取决于企业对风险的态度。比较敢于冒风险的企业，往往把风险价值系数定得低些；而比较稳健的企业，则往往定得高些。

③ 由国家有关部门组织专家确定。国家财政、银行、证券等管理部门可组织有关方面的专家，根据各行业的条件和有关因素确定各行业的风险价值系数。这种风险价值系数的国家参数由有关部门定期颁布，供投资者参考。

【业务实例 3-6】 假设 A 企业目前有两个投资项目，它们都需要投资 2 000 元，但是其现金流量却不同。表 3-10 所示为这两个投资项目的现金流量及其概率分布。

表 3-10　　投资机会现金流量及其概率分布

年份	A 项目		B 项目	
	现金流量	概率分布	现金流量	概率分布
基年	−2 000	1.00	−2 000	1.00
第三年	1 500	0.20	3 000	0.10
	4 000	0.60	4 000	0.80
	6 500	0.20	5 000	0.10

假设无风险折现率为 6%，中等风险程度的项目变化系数为 0.5，通常要求的含有风险报酬的最低报酬率为 11%。

要求：采用按风险调整折现率计算 A 项目和 B 项目的净现值，并对之进行评价。

解析：

(1) 确定风险程度（标准离差率 V）。

首先，计算各个项目的期望值：

$E_A = 1\,500 \times 0.2 + 4\,000 \times 0.6 + 6\,500 \times 0.2 = 4\,000$（元）

$E_B = 3\,000 \times 0.10 + 4\,000 \times 0.8 + 5\,000 \times 0.10 = 4\,000$（元）

其次，计算各个项目的标准差：

$$\delta_A = \sqrt{(1\,500-4\,000)^2 \times 0.2 + (4\,000-4\,000)^2 \times 0.6(6\,500-4\,000)^2 \times 0.2} = 1\,581\text{（元）}$$

$$\delta_B = \sqrt{(3\,000-4\,000)^2 \times 0.10 + (4\,000-4\,000)^2 \times 0.8 + (5\,000-4\,000)^2 \times 0.1} = 447\text{（元）}$$

再次，计算各个项目的变异系数（$V = d \div E$）：

$V_A = 1\,581/4\,000 = 0.4$

$V_B = 477/4\,000 = 0.11$

(2) 确定风险价值系数（b）。

因为：$K_i = R_R + b \times V$

故：$b = (K - R_R)/V = (11\% - 6\%)/0.5 = 0.1$

（3）确定风险调整贴现率。

$K_A = 6\% + 0.1 \times 0.4 = 10\%$

$K_B = 6\% + 0.1 \times 0.11 = 7.1\%$

（4）计算净现值。

$NPV_A = 4\,000/(1+10\%)^3 - 2\,000 = 3\,005 - 2\,000 = 1\,005$（元）

$NPV_B = 4\,000/(1+7.1\%)^3 - 2\,000 = 3\,256 - 2\,000 = 1\,256$（元）

（5）评价：根据净现值的决策准则，B项目优于A项目，应采用B项目。

如果不考虑风险，以最乐观的现金流量作为确定的现金流量，则各项目的净现值计算如下：

$NPV_A = 4\,000/(1+6\%)^3 - 2\,000 = 3\,358 - 2\,000 = 1\,358$（元）

$NPV_B = 4\,000/(1+6\%)^3 - 2\,000 = 3\,358 - 2\,000 = 1\,358$（元）

由此可见，不考虑风险，无法区别A、B两个项目的优劣；考虑风险之后，A项目的风险较大，便在决策中不占优。

从逻辑上说，风险调整贴现率法较好，但是它可能把时间价值和风险价值混为一谈，并据此对各期现金流量进行贴现。这意味着风险会随着时间的推移而增大，从而对远期的现金流量以较大的调整。有时这与事实不符，例如果园、饭店等行业的投资前几年的现金流量极不稳定，也难以确定，而越往后反而更有把握、更确定。

2．风险调整现金流量法

风险调整现金流量法又称肯定当量法，该方法的基本思路是先用一个系数将有风险的现金收支调整为无风险的现金收支，然后用无风险的贴现率去计算净现值，以便用净现值法的规则判断投资机会的可取程度。

$$NPV = \sum_{t=0}^{n} a_t \times \sum_{t=0}^{n} NCF_t \times (P, F, i_c, t)$$

式中，a_t为第t年现金流量的肯定当量系数，它在0～1之间；i_c为无风险的贴现率；NCF_t为第t年现金流量。

肯定当量系数是指不肯定的1元现金流量期望值相当于使投资者满意的、肯定的金额的系数，它可以把各年不肯定的现金流量换算成肯定的现金流量。

a_t = 肯定的现金流量/不肯定的现金流量期望值

【业务实例3-7】 华安公司计划投资A项目，该项目计算期为5年，各年现金流量及项目规划人员根据计算期内不确定因素测定的肯定当量系数如表3-11所示。另外，该公司无风险报酬率为8%，问该项目是否可行？

表3-11　华安公司5年内各年现金流量肯定当量系数

t	0	1	2	3	4	5
$NCFt$	−50 000	20 000	20 000	20 000	20 000	20 000
at	1.0	0.95	0.90	0.85	0.8	0.75
$(P/F,i_c,t)$	1.0	0.926	0.857	0.794	0.735	0.681

解析：

根据资料，采用肯定当量法利用净现值进行项目评价。

$$NPV=\sum_{t=0}^{n}a_t\times\sum_{t=0}^{n}NCF_t\times(P/F,i_c,t)$$
$$=0.95\times 20\,000\times 0.926+0.9\times 20\,000\times 0.875+0.9\times 20\,000\times 0.794$$
$$=68\,493-50\,000=18\,493\text{（元）}$$

从上面的计算结果可以看出，A 项目可以进行投资。

风险调整现金流量法是用调整净现值公式分子的办法来考虑风险，风险调整贴现率法是用调整净现值公式分母的办法来考虑风险，这是两者的重要区别。风险调整现金流量法克服了风险调整贴现率法夸大远期风险的缺点，可以根据各年不同的风险程度，分别采用不同的肯定当量系数，但如何确定当量系数是个困难的问题。

任务实施

1. 根据资料一计算与旧设备有关的指标。

① 当前旧设备折余价值。

② 当前旧设备变价净收入。

2. 根据资料二中甲方案的有关资料和其他数据计算与甲方案有关的指标。

① 更新设备比继续使用旧设备增加的投资额。

② 经营期第 1 年总成本的变动额。

③ 经营期第 1 年营业利润的变动额。

④ 经营期第 1 年因更新改造而增加的净利润。

⑤ 经营期第 2～4 年每年因更新改造而增加的净利润。

⑥ 第 5 年回收新固定资产净残值超过假定继续使用旧固定资产净残值之差额。

⑦ 按简化公式计算甲方案增量净现金流量。

⑧ 甲方案的差额投资内部收益率。

3. 根据资料二中乙方案的有关资料计算乙方案的有关指标。

① 更新设备比继续使用旧设备增加的投资额。

② B 设备的投资。

③ 乙方案的差额投资内部收益率。

4. 根据资料三计算企业期望的投资报酬率。

5. 以企业期望的投资报酬率为决策标准，按差额投资内部收益率法对甲乙两方案作出评价，并为企业作出是否更新改造设备的最终决策。

任务四　股票投资

任务引入

张涛是天成咨询公司的一名财务分析师，应邀评估东方集团建设新商场对该集团股票价值的影响。张涛根据公司情况做了以下估计。

1. 该集团本年度净收益为 200 万元，每股支付现金股利 2 元。新建商场开业后，净收益第一年和第二年均增长 15%，第三年增长 8%，第四年以后将保持这一净收益水平。

2. 该集团一直采用固定支付率的股利政策，并打算今后继续实行该政策。

3. 该集团的 β 系数为 1，如果将新项目考虑进去，β 系数将提高到 1.5。

4. 无风险收益率（国库券）为 4%，市场要求的收益率为 8%。

5. 该集团股票目前市价为 23.6 元/股。

张涛打算利用股利贴现模型，同时考虑风险因素对股票价值进行评估。东方集团的一位董事提出，如果采用股利贴现模型，则股利越高，股价越高，所以集团应改变原有的股利政策提高股利支付率。请你协助张涛完成以下任务。

1. 参考固定股利增长贴现模型，分析这位董事的观点是否正确。

2. 分析股利增加对可持续增长率和股票的账面价值有何影响。

3. 评估东方集团的股票价值。

相关知识

一、股票投资的特点

股票投资和债券投资都属于证券投资，但股票投资相对于债券投资而言又具有以下特点。

1. 属于权益性投资

股票投资与债券投资虽然都是证券投资，但投资的性质不同：股票投资属于权益性投资，股票是代表所有权的凭证，持有人作为发行公司的股东有权参与公司的经营决策；而债券投资属于债权性投资，债券是代表债权的凭证，持有人作为发行公司的债权人可以定期获取利息，但无权参与公司经营决策。

2. 风险大

投资者购买股票之后，不能要求股份公司偿还本金，只能在证券市场上转让。因此股票投资者至少面临着两个方面的风险。一是股票发行公司经营不善所形成的风险。如果公司经营状况较好，盈利能力强，则股票投资者的收益就多；如果公司的经营状况不佳，发生了亏损，就可能没有收益；如果公司破产，由于股东的求偿权位于债权人之后，因此股东可能部分甚至全部不能收回投资。二是股票市场价格变动所形成的价差损失风险。股票价格的高低，除了取决于公司的经营状况外，还受政治、经济和社会等多种因素的影响，因而股票价格经常处于变动之中，其变动幅度往往高于债券价格的变动幅度。股票价格的变动既能为股东带来价格上升的收益，也会带来价格下跌的损失。

3. 收益高

由于投资的高风险性，股票是一种收益不固定的证券，其收益一般高于债券。股票投资收益的高低取决于公司盈利水平的高低和整体经济环境的好坏。当公司经营状况好、盈利水平高而社会经济发展繁荣稳定时，股东既可以从发行公司领取高额股利，又可因股票升值获取转让收益。

4. 收益不稳定

股票投资的收益主要是公司发放的股利和股票转让的价差收益，相对债券而言，其稳定性较差。股票股利直接与公司的经营状况相关，公司盈利多，就可能多发放股利；公司盈利少，就可能少发或不发股利。股票转让的价差收益主要取决于股票市场的行情，股市行情好，出售股票就可以得到较大的价差收益；股市低迷，出售股票将会遭受损失。

5. 股票价格的波动性大

股票价格既受发行公司经营状况的影响，又受股市投机等因素的影响，波动性极大。这就决定了不宜冒险的资金最好不要用于股票投资，而应选择风险较小的债券投资。

二、股票价格的确定

股票本身没有价值，仅是一种凭证。它之所以具有价格并可以买卖，是因为它能给持有人带来收益。一般来说，公司第一次发行股票时，要规定发行总额和每股金额，一旦股票发行后上市买卖，股票价格就与原来的面值分离。这时的价格主要由预期股利和当时的市场利率决定，即股利的资本化价值决定了股票价格。此外股票价格还受经济环境变化和投资者心理等复杂因素的影响。

1. 股票估价的基本模型

股票的价值是指股票期望提供的所有未来收益的现值。股票带给持有者的现金流入包括两部分：股利收入和出售时的资本利得。

股票估价的基本公式为

$$V = D_1/(1+R_s) + D_2/(1+R_s)^2 + \cdots + D_n/(1+R_s)^n + \cdots = \sum_{t=1}^{\infty} D_t/(1+R_s)^t$$

式中，D_t为第 t 年的股利；R_s为贴现率，即必要的收益率；t 为年份。

该公式在实际应用时，面临两个主要问题。

（1）如何预计未来每年的股利。股利的多少，取决于每股盈利和股利支付率两个因素，可按历史资料的统计分析对其进行估计，股票估价的基本模型要求无限期地预计每年的股利，这实际上不可能做到。因此应用的模型都是各种简化办法，如每年股利相同或固定比率增长等。

（2）如何确定贴现率。贴现率的主要作用是把所有未来不同时间的现金流入折算为现在的价值。贴现率应为投资者要求的报酬率。

2. 股票估价的扩展模型

（1）零成长股票的估价模型。该模型假设未来股利不变，其支付过程是一个永续年金，则股票价值为

$$V = D/R_s$$

【业务实例 3-8】A 企业购入一种股票准备长期持有，预计每年股利 2 元，预期收益率为 16%。

要求：计算该种股票的价值。

解析：该种股票的价值为

$$V = D/R_s = 2/16\% = 12.5 \text{（元）}$$

这就是说该股票每年带来 2 元的收益，在市场利率为 16%的条件下，它相当于 12.5 元资本的收益，所以其价值是 12.5 元。当然，市场上的股价不一定就是 12.5 元，还要看投资人对风险的态度，市场上的股价可能高于或低于 12.5 元。

（2）固定成长股票的估价模型。该模型假设未来股利以固定的增长率逐年增加，则股票价值为

$$V = \sum_{t=1}^{\infty} D_t/(1+R_S) = \sum_{t=1}^{\infty} D_0/(1+g)^t / (1+R_S)^t$$

当 g 为常数，并且 $R_s>g$ 时，上式可简化为

$$V = D_1/(R_s - g) = D_0(1+g)/(R_s - g)$$

式中，D_t 为预期第一年的股利；D_0 为最近一年支付的股利；g 为预期股利增长率。

将上述公式进行变换，可计算预期收益率，即 $R = D_1/V + g$。

【业务实例 3-9】 时代公司准备投资购买东方股份有限公司的股票，该股票上年每股股利为 2 元，预计以后每年以 4%的增长率增长。时代公司经分析认为只有得到 10%的报酬率，才能购买东方公司的股票。要求：计算该股票的价值。

解析：该种股票的价值为

$V = D_1/(R_s - g) = 2 \times (1 + 4\%)/(10\% - 4\%) \approx 34.67$（元）

即东方股份有限公司的股票价格在 34.67 元以下时，时代公司才能购买。

三、股票投资的收益

投资者进行股票投资的目的是为了最终取得投资收益，投资收益又因发行公司的未来获利情况和股价变动情况而变动。股票的收益水平通常用股票投资收益率来衡量。

1. 股票收益率计算的基本公式

股票投资收益率应为该股票投资收益净现值为零时的折现率（即内部收益率）。在各年股利不等的情况下，其基本计算公式为

$$V = \sum_{j=1}^{n} D_j / (1+i)^j + F / (1+i)^n$$

式中，V 为股票的购买价格；F 为股票的出售价格；D_j 为第 j 年股利；n 为投资期限；i 为股票投资收益率。

【业务实例 3-10】时代公司在 2011 年 4 月 1 日投资 510 万元购买某种股票 100 万股，在 2012 年的 3 月 31 日、2013 年的 3 月 31 日和 2014 年的 3 月 31 日每股各分得现金股利 0.5 元、0.6 元和 0.8 元，并于 2014 年 3 月 31 日以每股 6 元的价格将股票全部出售，试计算该项投资的投资收益率。

解析：

$$V = \sum_{j=1}^{n} D_j /(1+i)^j + F / (1+i)^n$$

首先，采用逐次测试法进行测试，逐次测试的结果如表 3-12 所示。

表 3-12　　测试表　　单位：万元

时间	股利及出售股票的现金流量	测试 1（I = 20%）		测试 2（I = 18%）		测试 3（I = 16%）	
		系数	现值	系数	现值	系数	现值
2012 年	50	0.833 3	41.67	0.847 5	42.38	0.862 1	43.11
2013 年	60	0.694 4	41.66	0.718 2	43.09	0.743 2	44.59
2014 年	680	0.578 7	393.52	0.608 6	413.85	0.640 7	435.68
合计	—	—	476.85	—	499.32	—	523.38

在上表中，先按 20%的收益率进行测算，得到现值为 476.85 万元，比原来的投资额 510 万元少，说明实际收益率低于 20%；于是把收益率调到 18%，进行第二次测算，得到的现值为 499.32 万元，仍比 510 万元少，这说明实际收益率比 18%还要低；于是再把收益率调到 16%进行第三次测算，得到的现值为 523.38 万元，比 510 万元多，说明实际收益率要比 16%高，即我们要求的收益率为 16%～18%。

然后，采用内插法计算投资收益率。

$R = 16\% + (523.38 - 510)/(523.38 - 499.32) \times (18\% - 16\%) = 17.11\%$

2. 股票收益率计算的扩展公式

对于零成长股票，股票价值为 $V = D/R_s$，则 $R = D/V$。

对于固定成长股票，股票价值为 $V = D_1/（R_s - g）$，则 $R = D_1/V + g$。

任务实施

1. 结合固定股利增长模型分析判断该董事的观点。
2. 分析股利支付率的提高与股票账面价值之间的关系。
3. 计算分析该股票的资金成本和各年股利，判断新项目对该集团股票价格的影响。

任务五　债券投资

任务引入

红星公司 2014 年 4 月 1 日发行票面金额为 1 000 元，票面利率为 8%，期限为 5 年的债券。该债券每半年付息一次，到期归还本金。当时的市场利率为 10%，债券的市价为 852.4 元。任务要求如下。

1. 计算债券的价值，判断是否购买该债券。
2. 计算按债券市价购入该债券的到期收益率。

相关知识

一、债券投资的特点

相对于股票投资而言，债券投资一般具有以下特点。

1. 属于债权性投资

债券持有人是发行公司的债权人，定期获取利息并到期收回本金，但无权参与公司经营管理。债券体现债权、债务关系。

2. 风险小

由于债券具有规定的还本付息日并且其求偿权也位于股东之前，因此债券投资到期能够收回本金（或部分本金），其风险较股票投资小。特别是政府发行的债券，由于有国家财力作后盾，其本金的安全性非常高，通常被视为无风险证券。

3. 收益稳定

债券投资的收益是由票面金额和票面利率计算的利息收入及债券转让的价差所决定，与发行公司的经营状况无关，因而其投资的收益比较稳定。

4. 债券价格的波动性较小

债券的市场价格尽管有一定的波动性，但由于前述原因，债券的价格毕竟不会偏离其价值太多，因此，其波动性相对较小。

5. 市场流动性好

许多债券具有较好的流动性，政府及大企业发行的债券一般都可在金融市场上迅速出售，流动性很好。

二、债券价格的确定

投资者进行债券投资是为了在未来获取增值收入，即未来期间的利息收入及转让价差。因此，债券的价值应该是按投资者要求的必要收益率对未来的上述增值收入及到期收回（或中间转让）的本金的折现值。由于债券利息的计算方法不同，债券价值的计算也就不同，目前主要有以下几种基本计算方法。

1. 债券价格确定的基本公式

典型的债券是固定利率、每年计算并支付利息，到期归还本金的记券。按照这种模式，债券价值计算的基本模型为

$$P = I \times (P/A,K,n) + F \times (P/F,K,n) = F \times i \times (P/A,K,n) + F \times (P/F,K,n)$$

式中，P 为债券价格；i 为债券票面利息率；F 为债券面值；I 为每年利息；K 为市场利率或投资人要求的必要收益率；n 为付息总期数。

【业务实例 3-11】 华夏公司发行债券面值为 1 000 元，票面利率为 10%，期限为 5 年。A 企业要对这种债券进行投资，当前的市场利率为 12%，问债券价格是多少时才能进行投资。

解析：根据债券价格计算公式得：

$P = I \times (P/A,K,n) + F \times (P/F,K,n)$

$= 1\,000 \times 10\% \times (P/A,12\%,5) + 1\,000 \times (P/F,12\%,5)$

$= 927.5$（元）

即这种债券的价格必须低于 927.5 元时，该投资者才能购买。

2. 一次还本付息且不计复利时债券价格确定的公式

我国目前发行的债券大多属于一次还本付息且不计复利的债券，其估价计算公式为

$$P=(F+I)/(1+K)^n=(F+F\times i\times n)/(1+K)^n=(F+F\times i\times n)\times(P/F,K,n)$$

公式中符号含义同前式。

【业务实例 3-12】 A 企业拟购买一种利随本清的企业债券，该债券面值为 1 000 元，期限 5 年，票面利率为 10%，不计复利，当前市场利率为 8%，该债券发行价格为多少时，企业才能购买？

解析：根据债券价格计算公式得

$$P=(1\,000+1\,000\times10\%\times5)/(1+8\%)^5=(1\,000+1\,000\times10\%\times5)(P/F,8\%,5)=1\,020\text{（元）}$$

即债券价格必须低于 1 020 元时，企业才能购买。

3. 折现发行时债券价格确定的公式

有些债券以折现方式发行，没有票面利率，到期按面值偿还。这些债券的估价模型为

$$P=F/（1+K）^n=F\times（P/F，K，n）$$

公式中的符号含义同前式。

【业务实例 3-13】 宏远公司发行债券面值为 1 000 元，期限为 5 年，以折现方式发行，期内不计利息，到期按面值偿还，当时市场利率为 8%。其价格为多少时 A 公司才能购买？

解析：根据债券价格计算公式得

$P=1\,000/(1+8\%)^5=1\,000\times(P/F,8\%,5)=681$（元）

该债券的价格只有低于 681 元时，企业才能购买。

三、债券投资收益

债券投资收益包括两个部分：一部分为转让价差（债券到期按债券面额收回的金额或到期前出售债券的价款与购买债券时投资金额之差，转让价差为正时为收益，相反则为损失）的收益；另一部分为利息收入。债券的收益水平通常用到期收益率来衡量。到期收益率是指以特定价格购买债券并持有到期所获得的收益率。它是使未来现金流量等于债券购入价格的折现率。

计算到期收益率的方法是求解含有贴现率的方程，即

购进价格＝每年利息×年金现值系数＋面值×复利现值系数

$$V=I\times（P/A，i，n）+M\times（P/F，i，n）$$

式中，V 为债券的价格；I 为每年的利息；M 为面值；N 为到期的年数；i 为贴现率。

【业务实例 3-14】 大华公司于 2009 年 2 月 1 日以 1 105 元购买了一张面值为 1 000 元的债券，其票面利率为 8%，每年 2 月 1 日计算并支付一次利息。该债券于 2014 年 1 月 31 日到期，按面值收回本金，试计算该债券的收益率。

解析：由于我们无法直接计算收益率，因此必须用逐次测试逼近法或内插法来进行计算。

因为

$$V=I\times（P/A，i，n）+M\times（P/F，i，n）$$

则

$1\ 105 = 80 \times (P/A, i, 5) + 1\ 000 \times (P/F, i, 5)$

用 $i=6\%$ 试算：

$80 \times (P/A, 6\%, 5) + 1\ 000 \times (P/F, 6\%, 5)$

$= 80 \times 4.212 + 1\ 000 \times 0.747 = 336.96 + 747 = 1\ 083.96$（元）

由于贴现结果小于1 105，还应进一步降低贴现率。

用 $i=4\%$ 试算：

$80 \times (P/A, 4\%, 5) + 1\ 000 \times (P/F, 4\%, 5)$

$= 80 \times 4.452 + 1\ 000 \times 0.822 = 356.16 + 822 = 1\ 178.16$（元）

由于贴现结果高于1 105，可以判断收益率高于4%。

用内插法计算近似值：

$R = 4\% + (1\ 178.16 - 1\ 105) / (1\ 178.16 - 1\ 083.96) \times (6\% - 4\%) = 5.55\%$

试误法比较麻烦，可用下面的简便算法求得近似结果：

$R = [I + (M - P) \div N] / (M + P) \div 2] \times 100\%$

式中，分母是平均的资金占用，分子是每年平均收益。I 为每年的利息；M 为到期归还的本金；P 为买价；N 为年数。

【业务实例 3-15】 题目同【业务实例 3-14】，要求用简便算法计算到期收益率。

解析：

$R = [I + (M - P) \div N] / (M + P) \div 2] \times 100\%$

$= [80 + (1\ 000 - 1\ 105) \div 5] / (1\ 000 + 1\ 105) \div 2] \times 100\%$

$= 5.6\%$

四、债券投资的风险

进行债券投资与进行其他投资一样，在获得未来投资收益的同时，也要承担一定的风险。风险与报酬是对应的：高风险意味着高报酬，低风险则意味着低报酬。因此，风险与报酬的分析是债券投资（乃至所有投资）决策必须考虑的重要因素。债券投资要承担的风险主要有违约风险、利率风险、流动性风险、通货膨胀风险和汇率风险等。

1. 违约风险

违约风险是指债券的发行人不能履行合约规定的义务、无法按期支付利息和偿还本金而产生的风险。不同种类的债券违约风险是不同的。一般来说，政府债券以国家财政为担保，一般不会违约，可以看做是无违约风险的债券；金融机构的规模较大并且信誉较好，其发行的债券风险较政府债券要高但又低于企业债券的风险；工商企业的规模及信誉一般较金融机构差，因而其发行的债券风险较大。违约风险的大小通常通过对债券信用的评级表现出来，高信用等级的债券违约风险要比低信用等级的债券违约风险小。

2. 利率风险

利率风险是指由于市场利率上升而引起的债券价格下跌，从而使投资者遭受损失的风险。债券的价格随着市场利率的变动而变动。一般来说，债券价格与市场利率成反比变化，市场利率上升会引起债券市场价格下跌；市场利率下降会引起债券市场价格上升。当金融市场上资金供大于求时，市场利率就会下降，当其下跌到低于债券利率时，就会导致债券价格上升；相反，当市场利率上升到高于债券利率时，投资者将转向更有利可图的投资机会，从而导致债券价格下跌。此外，债券利率风险与债券持有期限的长短密切相关，期限越长，利率风险也越大。因此，即使债券的利息收入是固定不变的，但因市场利率的变化，其投资收益也是不确定的。

3. 流动性风险

流动性风险是指债券持有人打算出售债券获取现金时，其所持债券不能按目前合理的市场价格在短期内出售而形成的风险，又称变现力风险。如果一种债券能在较短的时间内按市价大量出售，说明这种债券的流动性较强，投资这种债券所承担的流动性风险较小；反之，如果一种债券很难按市价卖出，说明其流动性较差，投资者会因此而遭受损失。一般来说，政府债券以及一些著名的大公司债券的流动性较高，而不为人们所了解的小公司债券的流动性就较差。

4. 通货膨胀风险

通货膨胀风险是指由于通货膨胀而使债券到期或出售时所获得现金的购买力减少的风险，又称购买力风险。在通货膨胀比较严重的时期，通货膨胀风险对债券投资者的影响比较大，因为投资于债券只能得到一笔固定的利息收益，而由于货币贬值，这笔现金收入的购买力会下降。一般而言，在通货膨胀情况下，固定收益证券要比变动收益证券承受更大的通货膨胀风险，因此普通股票被认为能比公司债券和其他有固定收益的证券更好地避免通货膨胀风险。

5. 汇率风险

汇率风险是指由于外汇汇率的变动而给外币债券的投资者带来的风险。当投资者购买了某种外币债券时，本国货币与该外币的汇率变动会使投资者不能确定未来的本币收入。如果在债券到期时该外币贬值，就会使投资者遭受损失。

任务实施

1. 计算红星公司债券的价值，通过比较其内在价值与市价的大小，判断是否应该购买该债券。

2. 运用不同的折现率进行测试，运用内插法求出按债券市价购入该债券的到期收益率。

任务六　基金投资

任务引入

杨女士 2015 年 29 岁，月收入 3 000 元，享有社保和医保待遇。丈夫是公务员，月收入 4 000 元，也同时享有社保和医保待遇，家有存款 10 万元，有自己的住房，无房贷。家庭月支出 3 000 元，2015 年 7 月，杨女士的小宝宝就要出生了。杨女士说，希望将一半的存款留给孩子，并每月拿出 1 500 元为孩子做投资，为孩子今后上学、工作做积累。“六一”儿童节刚刚过去，她的孩子即将降生，她希望给孩子送一份特殊的礼物。任务要求如下。

请结合相关知识针对杨女士的情况为其家庭制定几种不同风格的理财规划。

相关知识

一、投资基金的概念和种类

投资基金是一种利益共享、风险共担的集合投资方式，即通过发行基金股份或受益凭证等有价证券聚集众多的不确定投资者的出资，交由专业投资机构经营运作，以规避投资风险并谋取投资收益的证券投资工具。

投资基金按组织形态不同，可分为契约型基金和公司型基金；按变现方式不同，可分为封闭式基金和开放式基金；按投资标的不同，可分为股票基金、债券基金、货币基金、期货基金、期权基金、认股权证基金和专门基金等。

二、投资基金的价值与报价

投资基金的估价涉及 3 个概念，即基金的价值、基金单位净值和基金报价。

基金的价值取决于基金净资产的现在价值。由于投资基金不断变换投资组合，未来收益较难预测，再加上资本利得是投资基金的主要收益来源，变幻莫测的证券价格使得对资本利得的准确预计非常困难，因此基金的价值主要由基金资产的现有市场价值决定。

基金单位净值也称为单位净资产值或单位资产净值，是在某一时点每一基金单位（或基金股份）所具有的市场价值，是评价基金价值的最直观指标。基金单位净值的计算公式为

$$基金单位净值=基金净资产价值总额/基金单位总份额$$

式中，基金净资产价值总额等于基金资产总值减基金负债总额；基金负债包括以基金名义对外融资借款，应付给投资者的分红、应付给基金管理人的经理费等。

基金的报价理论上是由基金的价值决定的。基金单位净值高，基金的交易价格也高。具体而言，封闭型基金在二级市场上竞价交易，其交易价格由供求关系和基金业绩决定，围绕基金单位净值上下波动；开放基金的柜台交易价格则完全以基金单位净值为基础，通常采用两种报价形式，即认购价（卖出价）和赎回价（买入价）。

$$基金认购价=基金单位净值+首次认购费$$

$$基金赎回价=基金单位净值-基金赎回费$$

三、基金收益率

基金收益率是反映基金增值情况的指标。它通过基金净资产的价值变化来衡量。基金净资产的价值是以市价计量的，基金资产的市场价值增加，意味着基金的投资收益增加，基金投资者的权益也随之增加。

$$基金收益率=\frac{年末持有份数\times基金单位净值年末数-年初持有份数\times基金单位净值年初数}{年初持有份数\times基金单位净值年初数}$$

上式中，持有份数是指基金单位的持有份数。如果年末和年初基金单位的持有份数相同，基金收益率就简化为基金单位净值在本年内的变化幅度。

年初的基金单位净值相当于购买基金的本金投资，基金收益率也就相当于一种简便的投资报酬率。

四、基金投资的优、缺点

基金投资的最大优点是能够在不承担太大风险的情况下获得较高收益，原因在于投资基金具有专家理财优势，具有资金规模优势。

基金投资的缺点表现为两个方面：一是无法获得很高的投资收益，投资基金在投资组合过程中，在降低风险的同时，也丧失了获得巨大收益的机会；二是在大盘整体大幅度下跌的情况下，投资人可能会承担较大的风险。

任务实施

1. 结合杨女士家庭收入的实际情况，为提升累积资产的速度以及灵活性，对其家庭理财进行定性分析。

2. 为杨女士的家庭制订 3 种类型的理财方案。

① 积极进取型投资方式（以股票基金为主）。

② 稳健型投资方式（股票型 + 债券型基金）。

③ 保守型投资方式（以债券型基金为主）。

任务七 证券投资组合决策

任务引入

2014 年 9 月，投资人欲投资购买股票，现有 A、B、C 3 家公司的股票组成投资组合。已知 A、B、C 3 家公司的股票的 β 系数分别为 0.8、1.2、2.0，现行国库券的收益率为 8%，市场平均股票的必要收益率为 14%。任务要求如下。

1. 分别计算这 3 种股票的预期收益率。

2. 假设该投资者准备长期持有 A 股票，A 股票去年的每股股利为 2 元，预计年股利增长率为 8%，当前每股市价为 40 元，投资者投资 A 股票是否合算？

3. 若投资者按 5 2 3 的比例分别购买了 A、B、C 3 种股票，计算该投资组合的 β 系数和预期收益率。

相关知识

证券投资组合又叫证券组合，是指在进行证券投资时，不是将所有的资金都投向单一的某种证券，而是有选择地投向一组证券，这种同时投资多种证券的做法便叫证券的投资组合。人们进行证券投资的直接动机就是获得投资收益，所以投资决策的目标就是使投资收益最大化。由于投资收益受许多不确定性因素影响，投资者在作投资决策时只能根据经验和所掌握的资料对未来的收益进行估计。不确定性因素的存在有可能使将来得到的投资收益偏离原来的预期，甚至可能发生亏损，这就是证券投资的风险。因此，人们在进行证券投资时，总是希望尽可能地减少风险，增加收益。通过有效地进行证券投资组合，降低证券风险，达到降低风险的目的。

一、证券投资组合的风险与收益率

1. 证券投资组合的风险

证券投资组合理论旨在探索如何通过有效的方法消除投资风险。证券投资组合的风险可以分为两种性质完全不同的风险，即非系统性风险和系统性风险。

（1）非系统性风险。非系统性风险又叫可分散风险或公司特别风险，是指某些因素对单个证券造成经济损失的可能性，如公司在市场竞争中的失败等。这种风险可通过证券持有的多样化来降低。即多买几家公司的股票，其中某些公司的股票收益上升，另一些股票的收益下降，从而将风险降低，因而，这种风险称为可分散风险。

当然，并不是任何股票的组合都能降低可分散风险。一般来讲，只有呈负相关关系的股票（一种股票的报酬上升时，另一种股票的报酬下降，则这两种股票呈负相关关系）进行组合才能降低可分散风险；而呈正相关关系的股票（即一种股票的报酬与另一种股票的报酬同升同降，则这两种股票呈正相关关系）进行组合不能降低可分散风险。因此，股票投资的风险应通过多种股票的合理组合予以降低。

（2）系统性风险。系统性风险又称不可分散风险或市场风险，指的是由于某些因素给市场上所有的证券都带来经济损失的可能性，如宏观经济状况的变化、国家税法的变化、国家财政政策和货币政策的变化、世界能源状况的改变等都会使股票收益发生变动。这些风险影响到所有的证券，因此，不能通过证券组合分散掉。对投资者来说，这种风险是无法消除的，故称不可分散风险。不可分散风险的程度通常用 β 系数来计量。

投资者进行证券的组合投资，正是为了分散掉可分散风险。实践证明，只要科学地选择足够多的证券进行组合投资，就能分散掉大部分可分散风险。简而言之，就是不要把全部资金都投资于一种证券，而应根据各种证券的具体情况和投资者本人对收益与风险的偏好选择若干种最理想的证券作为投资对象，形成一个投资组合。

2. 证券投资组合的风险收益

投资者进行证券组合投资与进行单项投资一样，都要求对承担的风险进行补偿，股票的风险越大，要求的收益率就越高。但是，与单项投资不同，证券组合投资要求补偿的风险只是不可分散风险，而不要求对可分散风险进行补偿。如果有可分散风险的补偿存在，善于科学地进行投资组合的投资者将购买这部分股票，并抬高其价格，其最后的收益率只反映不能分散的风险。因此，证券组合的风险收益是投资者因承担不可分散风险而要求的，超过时间价值的那部分额外收益。可用下列公式计算：

$$R_p = \beta_p \times (K_m - R_F)$$

式中，R_p 为证券组合的风险收益率；R_F 为无风险收益率，一般用政府公债的利息率来衡量；K_m 为所有股票或所有证券的平均收益率，简称市场收益率；β_p 为证券组合的 β 系数。

【业务实例 3-16】 华强公司持有由甲、乙、丙 3 种股票构成的证券组合，它们的 β 系数分别是 2.0、1.0 和 0.5，它们在证券组合中所占的比重分别为 60%、30%和 10%，股票的市场收益率为 14%，无风险收益率为 10%，试确定这种证券组合的风险收益率。

解析：确定证券组合的 β 系数 $\beta_p = \sum X_i\beta_i = 60\% \times 2.0 + 30\% \times 1.0 + 10\% \times 0.5 = 1.55$

计算该证券组合的风险收益率：

$R_p = \beta_p \times (K_m - R_F) = 1.55 \times (14\% - 10\%) = 6.2\%$

当然，计算出风险收益率后，便可根据投资额和风险收益率计算出风险收益的数额。从以上计算中可以看出，在其他因素不变的情况下，风险收益取决于证券组合的 β 系数，β 系数越大，风险收益就越大；反之亦然。

3. 风险和收益率的关系

在西方金融学和财务管理学中，有许多模型论述风险和收益率的关系，其中一个最重要的模型为资本资产定价模型（CAPM），这一模型为

$$K_i = R_F + \beta_i \times (K_m - R_F)$$

式中，K_i 为第 i 种股票或第 i 种证券组合的必要收益率；R_F 为无风险收益率；K_m 为所有股票或所有证券的平均收益率；β_i 为第 i 种或第 i 种证券组合的 β 系数。

【业务实例 3-17】 顺达公司股票的 β 系数为 2.0，无风险利率为 6%，市场上所有股票的平均收益率为 10%。要求：计算该公司股票的收益率。

解析：$K_i = R_F + \beta_i \times (K_m - R_F) = 6\% + 2.0 \times (10\% - 6\%) = 14\%$

也就是说，顺达公司股票的收益率达到或超过 14%时，投资方才愿意进行投资。如果顺达公司的股票收益率低于 14%，则投资者不会购买顺达公司的股票。

【业务实例 3-18】 题目同【业务实例 3-16】。要求：计算这种证券组合的收益率。

解析：$K_i = R_F + \beta_i \times (K_m - R_F) = 10\% + 1.55 \times (14\% - 10\%) = 16.2\%$

二、证券投资组合的策略

证券投资组合策略是投资者根据市场上各种证券的具体情况以及投资者对风险的偏好与承受能力，选择相应证券进行组合时所采用的方针。常见的证券投资组合策略有以下几种。

1. 保守型的投资组合策略

保守型的投资组合策略要求尽量模拟证券市场现状（无论是证券种类还是各证券的比重），将尽可能多的证券包括进来，以便分散掉全部可避免风险，从而得到与市场平均报酬率相同的投资报酬率。这种投资组合是一种比较典型的保守型投资组合策略，其所承担的风险与市场风险相近。保守型投资组合策略基本上能分散掉可避免风险，但所得到的收益也不会高于证券市场的平均收益。

2. 冒险的投资组合策略

冒险的投资组合策略要求尽可能多地选择一些成长性较好的股票，而少选择低风险低报酬的股票，这样就可以使投资组合的收益高于证券市场的平均收益。这种组合的收益高，风险也高于证券市场的平均风险。采用这种投资组合，如果做得好，可以取得远远超过市场平均报酬的投资收益，但如果失败，会发生较大的损失。

3. 适中的投资组合策略

适中的投资组合策略认为，股票的价格主要由企业的经营业绩决定，只要企业的经济效益好，股票的价格终究会体现其优良的业绩。因此，在进行股票投资时，要全面深入地进行证券投资分析，选择一些品质优良的股票组成投资组合，如果做得好，就可以获得较高的投资收益，而又不会承担太大的投资风险。

三、证券投资组合的具体方法

证券投资是一个充满风险的投资领域，由于风险的复杂性和多样性，投资者进行投资时必须防范风险，没有风险的证券投资是不存在的。而防范风险的最有效方法就是进行证券投资组合，以分散全部可分散风险。常用的证券投资组合方法主要有以下几种。

1. 投资组合的三分法

比较流行的投资组合三分法是：三分之一的资金存入银行，以备不时之需；三分之一的资金投资于债券、股票等有价证券；三分之一的资金投资于房地产等不动产。同样，投资于有价证券的资金也要进行三分：三分之一的资金投资于风险较大、有发展前景的成长性股票；三分之一的资金投资于安全性较高的债券或优先股等有价证券；三分之一的资金投资于中等风险的有价证券。

2. 按风险等级和报酬高低进行投资组合

证券的风险大小可以分为不同的等级，收益也有高低之分。投资者可以测定出自己期望的投资收益率和所能承受的风险程度，然后在市场中选择相应风险和收益的证券作为投资组合。一般来说，在选择证券进行投资组合时，同等风险的证券应尽可能选择报酬高的；同等报酬的证券应尽可能选择风险低的，并且要选择一些风险呈负相关的证券进行投资组合。

3. 选择不同的行业、区域和市场的证券作为投资组合

选择不同的行业、区域和市场的证券作为投资组合的做法有以下几个方面。

（1）尽可能选择足够数量的证券进行投资组合，这样可以分散掉大部分可分散风险。

（2）选择证券的行业应分散，不可集中投资于同一个行业的证券。

（3）选择证券的区域应尽可能分散，这是为了避免因地区市场衰退而使投资遭受重大损失。

（4）将资金分散投资于不同的证券市场，这样可以防范同一证券市场的可分散风险。

4. 选择不同期限的投资进行组合

选择不同期限的投资进行组合要求投资者根据未来的现金流量安排各种不同投资期限的证券，进行长、中、短期相结合的投资组合。同时，投资者可以根据可用资金的期限来安排投资，长期不用的资金可以进行长期投资，以获取较大的投资收益，近期可能要使用的资金，最好投资于风险较小、易于变现的有价证券。

任务实施

1. 运用股利资金成本的计算公式，分别计算这 3 种股票的预期收益率，为投资组合调整提供决策依据。

2. 计算股票价值，用股票价值与股票价格进行比较，判断投资 A 股票是否合算。

3. 运用加权平均法计算该投资组合的 β 系数，然后运用资本资产定价模型计算该投资组合的预期收益率。

项目小结

1. 项目投资是一种以特定项目为对象，直接与新建项目或更新改造项目有关的长期投资行为。项目投资的特点是投资金额大、影响时间长、变现能力差以及投资风险大。因此，项目投资决策必须严格遵守相应的投资程序。

2. 项目计算期是指投资项目从投资建设开始到最终清理结束整个过程的全部时间，包括建设期和生产经营期。其中建设期的第一年初称为建设起点，建设期的最后一年年末称为投产日，项目计算期的最后一年年末称为终结点，从投产日到终结点之间的时间间隔称为生产经营期。

3. 现金流量是以收付实现制为基础计算的现金流入量和现金流出量。现金流入量包括营业收入、回收的固定资产残值和回收的流动资金。现金流出量包括建设投资、垫付的流动资金、付现的营业成本和支付的各项税款。在建设期内通常发生投资支出，现金净流量一般为负值；在生产经营期内，现金净流量一般为正值。

4. 投资决策评价指标按是否考虑货币时间价值，可以分为贴现指标和非贴现指标两大类。贴现指标包括净现值、现值指数和内含报酬率。非贴现指标包括投资利润率和投资回收期。

净现值是指投资项目经营期各年现金净流量的现值和与原始投资额现值之间的差额。决策标准是：若净现值为正数，说明该投资项目是可行的，多个方案评价时净现值最大的方案为最佳方案；若净现值为负数，则投资项目不可行。

现值指数是投资项目经营期各年现金净流量的现值和与原始投资额现值之比。决策标准是：若现值指数大于或等于 1，该方案可行；否则，方案不可行。若两个或两个以上投资方案的现值指数均大于 1，应选择现值指数最大的方案。

内含报酬率是指投资项目经营期各年现金净流量的现值和与原始投资额现值相等时的贴现率，即能够使项目的净现值为零时的贴现率。决策标准是：若投资方案的内含报酬率大于资金成本（或期望报酬率），则该方案为可行方案；若两个或两个以上投资方案的内含报酬率均大于资金成本（或期望报酬率），则取大者为优。

投资利润率是指达产期正常年度利润或年均利润占投资总额的百分比。决策标准是：项目的投资利润率越高越好，低于无风险投资利润率（资金时间价值）的方案为不可行方案。

投资回收期是指回收全部初始投资所需要的时间，回收期限越短，方案越有利。决策标准是：投资方案回收期小于期望回收期，则投资方案可行；如果有两个或两个以上的方案均可行，应选择回收期最短的方案。

5. 净现值、现值指数和内含报酬率之间的关系为：

若净现值＞0，则现值指数＞1，内含报酬率＞资金成本（或期望报酬率）；

若净现值=0，则现值指数＝1，内含报酬率＝资金成本（或期望报酬率）；

若净现值＜0，则现值指数＜1，内含报酬率＜资金成本（或期望报酬率）。

6. 项目投资决策的应用分为固定资产更新决策、寿命期限不等的投资决策和项目投资组合的决策3类。项目投资决策以投资项目的财务可行性评价为主。

7. 证券投资是指企业购买国家或外单位公开发行的有价证券的投资行为。科学地进行证券投资管理，能增加企业收益，降低风险，有利于财务管理目标的实现。

8. 证券按发行主体的不同，可分为政府证券、金融证券和公司证券3种；按证券到期日的长短，可分为短期证券和长期证券两种；按证券的收益状况分为固定收益证券和变动收益证券两种；按证券体现的权益关系分为所有权证券和债权证券两种。

9. 证券投资根据投资对象不同分为债券投资、股票投资、组合投资和基金投资4类。

10. 证券投资风险主要来源于违约风险、利息率风险、购买力风险、流动性风险和期限性风险5个方面。

11. 证券组合的风险可分为非系统性风险和系统性风险。

12. 系数β是反映个别股票相对于平均风险股票的变动程度的指标。它可以衡量出个别股票的市场风险，而不是公司的特有风险。假如某种股票的β系数等于1，则它的风险与整个市场的平均风险相同；假如某种股票的β系数大于1，则它的风险程度大于股票市场的平均风险；假如某种股票的β系数小于1，则它的风险程度小于市场平均风险。

13. 资本资产定价模式：$K_i = R_F + \beta_i \times (K_m - R_F)$

能力拓展训练

一、单选题

1. 下列各项中，属于项目投资决策非贴现评价指标的是（　　）。

A. 现值指数　B. 投资利润率　C. 内含报酬率　D. 净现值

2. 下列项目投资决策评价指标中，其数值越小越好的指标是（　　）。

A. 内含报酬率　B. 投资回收期　C. 现值指数　D. 投资利润率

3. 当某方案的净现值大于零时，其内含报酬率（　　）。

A. 可能小于零　B. 一定等于零

C. 一定大于设定贴现率　D. 可能等于设定贴现率

4. 能使投资方案的净现值等于零的贴现率称为（　　）。

A. 现值指数　　B. 投资利润率　　C. 内含报酬率　　D. 资金成本率

5. 如果其他因素不变，一旦贴现率提高，则下列指标中其数值将会变小的是（　　）。

A. 现值指数　　B. 投资利润率　　C. 内含报酬率　　D. 静态投资回收期

6. 投资项目使用原有的非货币资产，其相关的现金流量应为非货币资产的（　　）。

A. 账面价值　　B. 折余价值　　C. 变现价值　　D. 原始价值

7. 一个投资方案年销售收入 300 万元，年销售成本、费用合计 210 万元，其中折旧 85 万元，所得税率为 25%，则该方案年现金净流量为（　　）万元。

A. 90　　B. 152.5　　C. 88　　D. 54

8. 包括建设期的动态投资回收期恰好是（　　）。

A. 净现值为零时的年限　　B. 净现金流量为零时的年限

C. 累计净现值为零时的年限　　D. 累计净现金流量为零时的年限

9. 每年的现金净流量 *NCF* 的计算公式为（　　）。

A. *NCF* = 净利 + 折旧　　B. *NCF* = 净利 + 折旧 − 所得税

C. *NCF* = 净利 + 折旧 + 所得税　　D. *NCF* = 年营业收入 − 付现成本

10. 当贴现率为 10%时，某项目的净现值为 500 元，则说明该项目的内含报酬率（　　）。

A. 高于 10%　　B. 等于 10%　　C. 低于 10%　　D. 无法确定

11. 证券组合投资的主要目的是（　　）。

A. 获取高额回报　　B. 分散投资风险

C. 达到规模经济目的　　D. 节约交易成本

12. 假定某投资的风险系数为 2，无风险收益率为 10%，市场平均收益率为 15%，则其期望收益率为（　　）%。

A. 15　　B. 25　　C. 23　　D. 20

13. 一笔国债，5 年期，平价发行，票面利率 12.22%，单利计息，到期一次还本付息，其收益率是（　　）%。

A. 9　　B. 11　　C. 10　　D. 12

14. 在投资人想出售有价证券获取现金时，证券不能立即出售的风险是（　　）。

A. 流动性风险　　B. 期限性风险　　C. 违约风险　　D. 购买力风险

15. 下列有价证券，期望收益率最高的是（　　）。

A. 政府债券　　B. 金融债券　　C. 企业债券　　D. 企业股票

16. 投资组合（　　）。

A. 能分散所有风险　　B. 能分散系统性风险

C. 能分散非系统性风险　　D. 不能分散风险

17. 当投资期望收益率等于无风险投资收益率时，风险系数应

A. 大于 1　　B. 等于 1　　C. 小于 1　　D. 等于 0

18. 预计投资 A 股票两年内每年的股利为 1 元，两年后市价可望涨至 15 元，企业期望的报

酬率为10%，则企业能接受的目前最高市价为（　　）元。

A. 15　　B. 14.50　　C. 14.13　　D. 14

19. 假设某公司每年分配股利1.2元，最低收益率15%，则该股票的内在价值为（　　）元。

A. 10　　B. 9　　C. 8　　D. 7

20. 证券市场有甲、乙两种国债一同发售，甲每年付息一次，乙到期一次还本付息，其他条件都相同，则国债会受到市场青睐的为（　　）。

A. 甲国债　　B. 乙国债　　C. 一样　　D. 不确定

二、多选题

1. 如果净现值＞0，则必成立的关系为（　　）。

A. 现值指数＞0　　B. 内含报酬率＞设定贴现率

C. 投资利润率＞0　　D. 内含报酬率＜设定贴现率

2. 在实务中，贴现率的确定方法一般有（　　）。

A. 项目的资金成本　　B. 投资的机会成本

C. 实际贷款利率　　D. 行业平均利润率

3. 在投资决策中，现金流量指标比利润指标更为重要，其原因有（　　）。

A. 从数量上看，投资有效年限内利润与现金流量相等

B. 利润是按权责发生制确定的，现金净流量是按收付实现制确定的

C. 利润分布不可避免地受人为因素的影响

D. 现金流动状况比盈利状况更重要

4. 下列因素中影响内含报酬率的有（　　）。

A. 现金净流量　　B. 贴现率　　C. 投资项目计算期　　D. 投资总额

5. 现金流出是指投资项目所引起的企业现金支出的增加额，包括（　　）。

A. 建设投资　　B. 付现成本　　C. 年折旧额　　D. 所得税

6. 投资项目在经营期期末（终结点）发生的现金净流量包括（　　）。

A. 回收流动资金　　B. 回收固定资产余值

C. 原始投资　　D. 经营期末营业现金净流量

7. 计算企业现金流量时，每年现金净流量的计算公式为（　　）。

A. NCF＝净利＋折旧＋所得税　　B. NCF＝净利＋折旧－所得税

C. NCF＝营业收入－付现成本－所得税　　D. NCF＝净利＋折旧

8. 一项固定资产投资方案的现金流出量应包括（　　）。

A. 各年的固定资产投资　　B. 各年的固定资产折旧

C. 流动资产投资　　D. 固定资产的修理费用

9. 已知甲乙两个互斥方案的原始投资额和计算期均相同，如果决策结论是无论从什么角度看，甲方案均优于乙方案，则必然存在的关系是（　　）。

A. 甲方案的净现值大于乙方案　　B. 甲方案的现值指数大于乙方案

C. 甲方案的静态投资回收期大于乙方案　D. 差额投资内含报酬率大于设定的贴现率

10. 现金流入的内容包括（　　）。

A. 营业收入　B. 回收固定资产余值

C. 回收流动资金　D. 建设投资

11. 下列证券中属于固定收益证券的是（　　）。

A. 公司债券　B. 金融债券　C. 优先股股票　D. 普通股股票

12. 股票投资的优点有（　　）。

A. 投资收益高　B. 收入稳定性强　C. 购买力风险低　D. 拥有经营控制权

13. 下列情况下不可能造成违约风险的是（　　）。

A. 自然原因如火灾引起的破坏事件

B. 利息率变动引起证券价格变动而使投资人遭受损失

C. 企业财务管理失误，不能及时清偿债务

D. 投资人想出售有价证券但不能立即出售

14. 债券投资的主要缺点有（　　）。

A. 购买力风险大　B. 价格不稳定

C. 没有经营管理权　D. 投资收益不稳定

15. 按照资本资产定价模型，确定特定股票必要收益率所考虑的因素有（　　）。

A. 无风险收益率　B. 公司股票的特有风险

C. 特定股票的 β 系数　D. 所有股票的平均收益率

16. 以下关于投资组合风险的表述，正确的有（　　）。

A. 一种股票的风险由两部分组成，它们是系统风险和非系统风险

B. 非系统风险可以通过证券投资组合来消除

C. 股票的系统风险不能通过证券组合来消除

D. 不可分散风险可通过 β 系数来测量

三、判断题

1. 投资利润率是反映投资项目年均利润现值与投资总额的比率。（　　）

2. 投资决策中现金流量所指的“现金”是广义的现金，不仅包括各种货币资金，而且包括投资项目需要投入的企业拥有的非货币资源的变现价值。（　　）

3. 利用净现值、内含报酬率和现值指数这些不同的指标对同一个独立项目进行评价，会得出完全相同的结论。（　　）

4. 为便于理解和简化现金流量的计算过程，人们往往作出时期假定。（　　）

5. 净现值指标综合考虑了货币的时间价值，并且从动态的角度反映了投资项目的实际收益率水平。（　　）

6. 计算内含报酬率时，如果第一次取 $i=17\%$，计算的净现值 >0，应再取 $i=16$ 再次进行测试。（　　）

7. 现金流量是以收付实现制为基础的。 （ ）

8. 某个投资项目的净现值等于投产后各年现金净流量的现值与原始投资额之间的差额。 （ ）

9. 投资方案的回收期越长，表明该方案的风险程度越小。 （ ）

10. 固定资产原值等于固定资产投资。 （ ）

11. 普通股股票不存在违约风险。 （ ）

12. 国库券没有期限性风险。 （ ）

13. 一般而言，银行利率下降，证券价格下降；银行利率上升，证券价格上升。 （ ）

14. 一般而言，随着通货膨胀的发生，固定收益证券要比变动收益证券能更好地避免购买力风险。 （ ）

15. 一般来说，长期投资的风险要大于短期投资。 （ ）

16. 一种10年期的债券，票面利率为10%；另一种5年期的债券，票面利率亦为10%。两种债券的其他方面没有区别，在市场利率上涨时，前一种债券价格下跌得更多。 （ ）

四、计算分析题

1. 康元葡萄酒厂是生产葡萄酒的中型企业，该厂生产的葡萄酒酒香纯正，价格合理，长期以来供不应求。为了扩大生产能力，康元葡萄酒厂准备新建一条生产线。

张晶是该厂的助理会计师，主要负责筹资和投资工作。总会计师王冰要求张晶搜集建设新生产线的有关资料，并对投资项目进行财务评价，以供厂领导决策考虑。

张晶经过十几天的调查研究，得到以下有关资料。

（1）投资新的生产线需一次性投入1 000万元，建设期一年，预计可使用10年，报废时无残值收入，使用直线法折旧。

（2）购置设备所需的资金通过银行借款筹措，借款期限为4年，每年年末支付利息100万元，第4年年末用税后利润偿付本金。

（3）该生产线投入使用后，预计可使工厂第1～第5年的销售收入每年增长1 000万元，第6～第10年的销售收入每年增长800万元，耗用的人工和原材料等成本为收入的60%。

（4）生产线建设期满后，工厂还需垫支流动资金200万元。

（5）所得税税率为25%。

（6）企业的资金成本为10%。

为了完成总会计师交给的任务，请你帮助张晶完成以下工作。

（1）预测新的生产线投入使用后，该工厂未来10年增加的净利润。

（2）预测该项目各年的现金净流量。

（3）计算该项目的净现值，以评价项目是否可行。

2. 晨鸣扩印机厂是生产扩印机的中型企业，该厂生产的扩印机质量优良，价格合理，长期以来供不应求。2013年，晨鸣扩印机厂为了扩大生产能力，准备更新正在使用的一台旧设备，其原始成本为100 000元，使用年限为10年，已使用5年，已计提折旧50 000元，使用期满后无残值。如果现在出售该设备可得收入 50 000 元，若继续使用，每年可获得收入 104 000 元，每年付现成本 62 000 元；若采用新设备，购置成本为 190 000 元，使用年限为 5 年，使用期满后残值为 10 000 元，每年可获得收入 180 000 元，每年付现成本 84 000 元。晨鸣扩印机厂的资金成本为 12%，所得税税率为 25%，新旧设备均采用直线法计提折旧。要求如下。

（1）计算两种方案的年营业现金净流量。

（2）用差额内含报酬率法作出是继续使用旧设备，还是出售旧设备并购置新设备的决策。

3. 新华公司 2013 年平价发行 5 年期新债券，每张面值 1 000 元，票面利率 10%，每年 12 月 31 日付息。假定 2015 年 1 月 1 日的市场利率为 12%，债券市价为 960 元，你是否会购买该债券？已知$(P/A,12\%,3) = 2.402$，$(P,12\%,3) = 0.712$，$(P/A,12\%,5) = 3.605$，$(P,12\%,5) = 0.567$

4. 长城公司持有 A、B、C 3 种股票构成的证券组合，其β系数分别为 1.8，1.5 和 0.7，在证券组合中所占的比重分别为 50%，30%和 20%，股票的市场收益率为 15%，无风险收益率为 12%，该企业拟投资总额为 100 万元。要求如下。

（1）计算证券组合的风险系数。

（2）计算证券组合的风险收益率和风险收益额。

（3）计算证券投资组合的必要收益率。

5. 光华股份有限公司有关资料如下。

（1）公司本年年初未分配利润贷方余额为 132 万元，本年息税前利润为 800 万元。适用的所得税率为 25%。

（2）公司流通在外的普通股 60 万股，发行时每股面值 1 元，每股溢价收入 9 元；公司负债总额为 200 万元，均为长期负债，平均年利率 10%，假定公司筹资费用忽略不计。

（3）公司股东大会决定本年度按 10%的比例计提法定公积金，按 10%的比例计提法定公益金。本年按可供投资者分配利润的 16%向普通股股东发放现金股利，预计现金股利以后每年增长 6%。

（4）据投资者分析，该公司股票的β系数为 1.5，无风险收益率 8%，市场上所有股票的平均收益率为 14%。要求如下。

（1）计算光华公司本年度净利润。

（2）计算光华公司本年应计提的法定公积金和法定公益金。

（3）计算光华公司本年可供投资者分配的利润。

（4）计算光华公司每股支付的现金股利。

（5）计算光华公司现有公司资本结构下的财务杠杆系数和利息保障倍数。

（6）计算光华公司股票的风险收益率和投资者要求的必要投资收益率。

（7）利用股票估价模型计算光华公司股票价格为多少时投资者才愿意购买。

项目四

营运资金管理

【知识目标】

- 掌握现金管理的目标、持有动机和持有成本，以及最佳现金持有量的确定方法
- 掌握现金的日常管理方法
- 掌握应收账款的成本，了解信用政策
- 掌握应收账款的日常管理方法
- 掌握存货的成本构成、存货最佳经济订购量的确定以及存货的日常管理方法

【能力目标】

- 能够进行最佳现金持有量的确定
- 能够完成信用政策的制定工作
- 能够进行存货经济订购量的确定和管理

任务一 现金管理

任务引入

东方纸业股份有限公司（以下简称“东方公司”）常年的现金收支情况比较平稳，当公司现

金出现短缺时，公司就准备用短期有价证券变现取得，其中现金与有价证券每次的转换成本为300元，有价证券年均收益率为6%。现预计东方公司2015年全年（按360天计算）的现金需要量为360 000元，任务要求如下。

1. 运用存货模式计算最佳现金持有量。

2. 计算最佳现金持有量下的最低现金管理相关总成本、全年现金转换成本和全年现金持有机会成本。

3. 计算最佳现金持有量下的全年有价证券交易次数和有价证券交易间隔期。

相关知识

一、现金及其管理的意义

现金是指在生产过程中暂时停留在货币形态的资金，包括库存现金、银行存款、银行本票和银行汇票等。

现金是变现能力最强的资产，可以用来满足生产经营开支的各种需要，也是还本付息和履行纳税义务的保证。因此，拥有足够的现金对于降低企业的风险，增强企业资产的流动性和债务的可清偿性具有重要意义。但是，现金属于非盈利性资产，即使是银行存款，其利率也非常低。现金持有量过多，它所提供的流动性边际效益便会随之下降，进而导致企业的收益水平降低。因此，企业必须合理确定现金持有量，使现金收支不但在数量上，而且在时间上相互衔接，以便在保证企业经营活动所需现金的同时，尽量减少企业闲置的现金数量，提高资金收益率。

二、现金持有动机

企业持有一定数量的现金，主要基于以下3个方面的动机。

1. 交易动机

交易动机即企业在正常生产经营秩序下应当保持一定的现金支付能力。企业为了组织日常生产经营活动，必须保持一定数额的现金余额，用于购买原材料、支付工资、缴纳税款、偿付到期债务和派发现金股利等。一般来说，企业为满足交易动机所持有的现金余额主要取决于企业的销售水平。企业销售扩大，销售额增加，所需现金余额也随之增加。

2. 预防动机

预防动机即企业为应付紧急情况而需要保持的现金支付能力。由于市场行情的瞬息万变和其他各种不可预测因素的存在，企业通常难以对未来现金流入量与流出量作出准确的估计和预期。一旦企业对未来现金流量的预期与实际情况发生偏离，企业的正常经营秩序必然会因此而产生极为不利的影响。因此，在正常业务活动现金需要量的基础上，追加一定数量的现金余额以应付未来现金流入和流出的随机波动，是企业在确定必要现金持有量时应当考虑的因素。企业为应付紧急情况所持有的现金余额主要取决于3个方面：一是企业愿意承担风险的程度；二是企业临时举债能力的强弱；三是企业对现金流量预测的可靠程度。

3. 投机动机

投机动机即企业为了抓住各种瞬息即逝的市场机会，获取较大的利益而准备的现金余额，如利用证券市价大幅度跌落购入有价证券，以期在价格反弹时卖出证券获取高额资本利得（价差收入）等。投机动机只是企业确定现金余额时所需考虑的次要因素之一，其持有量的大小往往与企业在金融市场的投资机会及企业对待风险的态度有关。

企业除以上 3 种原因持有现金外，也会基于满足将来某一特定要求或者为在银行维持补偿性余额等其他原因而持有现金。企业在确定现金余额时，一般应综合考虑各方面的持有动机。但要注意的是，由于各种动机所需的现金可以调节使用，企业持有的现金总额并不等于各种动机所需现金余额的简单相加，前者通常小于后者。另外，上述各种动机所需保持的现金，并不要求必须是货币形态，也可以是能够随时变现的有价证券以及能够随时转换成现金的其他各种存在形态，如可随时借入的银行信贷资金等。

三、现金持有成本

现金的持有成本通常由以下 4 个部分组成。

1. 管理成本

管理成本是指企业因持有一定数量的现金而发生的管理费用，如管理人员工资及必要的安全措施费，这部分费用在一定范围内与现金持有量的多少关系不大，一般属于固定成本。

2. 机会成本

机会成本是指企业因持有一定数量的现金而丧失的再投资收益。由于现金属于非盈利性资产，保留现金必然丧失再投资的机会及相应的投资收益，从而形成持有现金的机会成本，这种成本在数额上等同于资金成本。例如，企业欲持有 5 万元现金，则只能放弃 5 000 元的投资收益（假设企业平均收益率为 10%）。可见，放弃的再投资收益属于变动成本，它与现金持有量的多少密切相关，即现金持有量越大，机会成本越高，反之就越小。

3. 转换成本

转换成本是指企业用现金购入有价证券以及转让有价证券换取现金时付出的交易费用，如委托买卖佣金、委托手续费、证券过户费、交割手续费等。证券转换成本与现金持有量的关系是：在现金需要量既定的前提下，现金持有量越少，进行证券变现的次数越多，相应的转换成本就越大；反之，现金持有量越多，证券变现的次数就越少，需要的转换成本也就越小。因此，现金持有量的不同必然通过证券变现次数多少而对转换成本产生影响。

4. 短缺成本

短缺成本是指在现金持有量不足而又无法及时通过有价证券变现加以补充而给企业造成的损失，包括直接损失与间接损失两种类型。现金的短缺成本随现金持有量的增加而下降，随现金持有量的减少而上升，即它与现金持有量负相关。

四、最佳现金持有量的确定

基于支付、预防、投机等动机的需要，企业必须保持一定数量的现金余额，但是现金作为盈利性最差的资产，其数额过多则会导致企业盈利水平下降；其数额过少，又可能出现现金短缺的情形，从而影响生产经营。因此，最佳现金持有量的确定必须权衡收益和风险。确定最佳现金持有量的方法很多，这里只介绍成本分析模式、存货模式等几种常见的模式。

1. 成本分析模式

成本分析模式是根据现金持有的有关成本，分析、预测其总成本最低时现金持有量的一种方法。

成本分析模式只考虑持有一定数量的现金而发生的管理成本、机会成本和短缺成本，而不考虑转换成本。由于管理成本具有固定成本的性质，它与现金持有量不存在明显的线性关系；机会成本（因持有现金而丧失的再投资收益）与现金持有量成正比例变动，

机会成本＝现金持有量×有价证券利率（或报酬率）

短缺成本同现金持有量成负相关关系，现金持有量越大，现金短缺成本越小，反之，现金持有量越小，现金短缺成本越大，如图 4-1 所示。

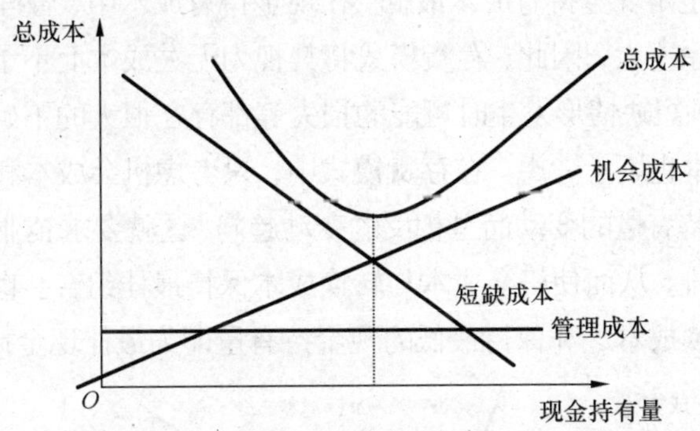

图 4-1　现金成本构成示意图

在实际工作中运用该模式确定最佳现金持有量的具体步骤如下。

① 根据不同现金持有量测算并确定有关成本数值。

② 按照不同现金持有量及其有关成本资料编制最佳现金持有量测算表。

③ 在测算表中找出总成本最低时的现金持有量，即最佳现金持有量。

【业务实例 4-1】 某企业现有 A、B、C、D 4 种现金持有方案，有关成本资料如表 4-1 所示。

表 4-1　现金持有方案表　单位：元

项目	A	B	C	D
现金持有量	10 000	20 000	30 000	40 000
机会成本率	10%	10%	10%	10%
管理成本	1 800	1 800	1 800	1 800
短缺成本	4 200	3 200	900	0

要求：确定最佳现金持有量。

解析：根据现金持有方案表编制最佳现金持有量测算表（见表 4-2）。

表 4-2　　最佳现金持有量测算表　　单位：元

方案	现金持有量	机会成本	管理成本	短缺成本	总成本
A	10 000	1 000	1 800	4 200	7 000
B	20 000	2 000	1 800	3 200	7 000
C	30 000	3 000	1 800	900	5 700
D	40 000	4 000	1 800	0	5 800

通过分析比较表中各方案的总成本可知，C 方案的总成本最低，即当企业持有 30 000 元现金时，各方面的总代价最低，30 000 元为最佳现金持有量。

2. 存货模式

存货模式来源于存货的经济批量模型，它认为公司现金持有量在许多方面与存货相似，存货经济批量模型可用于确定目标现金持有量。这个模式最早由美国财务学家鲍曼（Baumol）于 1952 年提出，因此又被称为“鲍曼模式”。

存货模式的着眼点也是现金持有成本最低。在现金持有成本中，管理成本具有相对稳定性并同现金持有量的多少关系不大，因此，存货模式将其视为无关成本而不予考虑。而现金是否会发生短缺、短缺多少、各种短缺情形发生时可能的损失等都存在很大的不确定性并且不易计量，因此，存货模式对短缺成本也不予考虑。在存货模式中，只考虑机会成本和转换成本。由于机会成本和转换成本随着现金持有量的变动而呈相反的变动趋向，这就要求企业必须对现金与有价证券的分割比例进行合理安排，从而使机会成本与转换成本保持最佳组合。也就是说，凡是能够使现金管理的机会成本与转换成本之和保持最低的现金持有量即为最佳现金持有量，如图 4-2 所示。

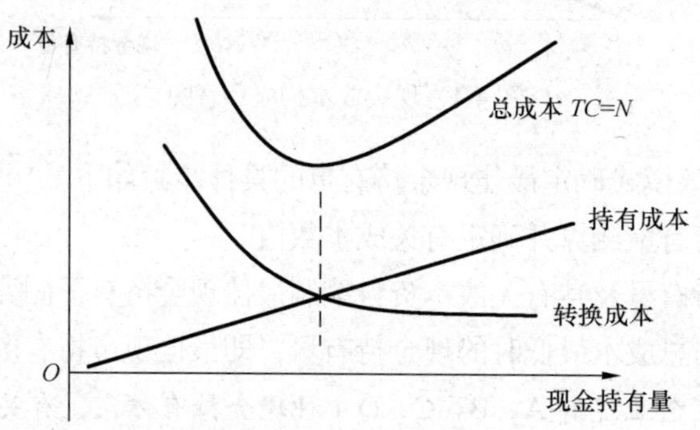

图 4-2　最佳现金余额

假设：T 为一定期间内现金总需求量；F 为每次转换有价证券的固定成本（即转换成本）；Q 为最佳现金持有量（每次证券变现的数量）；K 为有价证券利息率（机会成本）；TC 为现金管理总成本。

则

$$现金管理总成本 = 机会成本 + 转换成本$$

即

$$TC = \frac{Q}{2} \times K + \frac{T}{Q} \times F \tag{1}$$

持有现金的机会成本与证券变现的交易成本相等时，现金管理的总成本最低，此时的现金持有量为最佳现金持有量，即

$$Q=\sqrt{\frac{2T\times F}{K}} \tag{2}$$

将公式（2）代入公式（1）得最佳现金管理总成本

$$TC=\sqrt{2\times T\times F\times K} \tag{3}$$

五、现金收支综合管理

1. 加速现金收款

企业加速收款的任务不仅是要尽量使顾客早付款，而且要尽快地使这些付款转化为可用现金。为此，必须满足以下要求。

（1）减少顾客付款的邮寄时间。

（2）减少企业收到顾客开来支票与支票兑现之间的时间。

（3）加速资金存入自己往来银行的过程。

为达到以上要求，可采用以下措施。

（1）集中银行。集中银行是指通过设立多个收款中心来代替通常在公司总部设立的单一收款中心，为加速账款回收的一种方法，其目的是缩短从顾客寄出账款到现金收入企业账户这一过程的时间。

（2）锁箱系统。锁箱系统是通过在各主要城市租用专门的邮政信箱，以缩短从收到顾客付款到存入当地银行的时间的一种现金管理办法。采用锁箱系统的具体做法是：① 在业务比较集中的地区租用当地加锁的专用邮政信箱并开立分行存款户；② 通知顾客把付款邮寄到指定的邮政信箱；③ 授权公司邮政信箱所在地的开户行每天收取邮政信箱的汇款并存入公司账户，然后将扣除补偿余额以后的现金及一切附带资料定期送往公司总部。锁箱系统免除了公司办理收账、货款存入银行的一切手续。

（3）其他程序。除以上两种方法外还有一些加速收现的方法。例如，对于金额较大的货款可采用电汇或直接派人前往收取支票，并送存银行的方法，以加速收款；公司对于各银行之间以及公司内部各单位之间的现金往来也要严加控制，以防有过多的现金闲置在各部门之中。

2. 控制现金支出

现金支出管理的主要任务是尽可能延缓现金的支出时间，当然这种延缓必须是合理合法的，否则企业延期支付账款所得到的收益将远远低于由此而造成的损失。控制现金支出的方法有以下几种。

（1）运用浮游量。现金浮游量是指企业账户上存款余额与银行账户上所示的存款余额之间的差额。有时，公司账簿上的现金余额已为零或负数，而银行账簿上该公司的现金余额还有很多。这是因为有些支票公司虽已开出，但顾客还没有到银行兑现。如果能正确预测浮游量并加以利用，可节约大量资金。

（2）推迟支付应付款。为了最大限度地利用现金，企业在不影响信誉的情况下，应尽可能推迟应付款的支付期。例如，企业在采购材料时，如果付款条件是“2/10，*n*/45”，则企业应安排在发票开出日期后的第10天付款，这样，企业可以最大限度地利用现金而又不丧失现金折扣。

（3）采用汇票结算方式付款。在使用支票付款时，只要受票人将支票送交银行，付款人就要无条件地付款。但汇票不采用见票即付的付款方式，在受票人将汇票送交银行后，银行要将汇票送交付款人承兑，并由付款人将一笔相当于汇票金额的资金存入银行，银行才会付款给受票人，这样就有可能合法地延期付款。

企业应尽量使现金流入与现金流出发生的时间趋于一致，这样就可以使其所持有的交易性现金余额降到较低的水平，这就是所谓的现金流量同步。基于这种认识，企业可以重新安排付出现金的时间，尽量使现金流入与现金流出趋于同步。

3. 闲置现金投资管理

企业现金管理的目的首先是保证主营业务的现金需求，其次才是使这些现金获得最大的收益。这两个目的要求企业把闲置资金投入到流动性高、风险性低、交易期限短的金融工具中，以期获得较多的收入。

任务实施

（1）运用存货模式确定最佳现金持有量。

（2）计算最佳现金持有量下的最低现金管理相关总成本、全年现金转换成本和全年现金持有机会成本。

（3）确定最佳现金持有量下的全年有价证券交易次数和有价证券交易间隔期。

① 计算最佳现金持有量下的全年有价证券交易次数；

② 计算有价证券交易间隔期。

任务二 应收账款管理

任务引入

东方纸业股份有限公司（以下简称“东方公司”）预计2015年度的赊销收入净额为1 800万元，其信用条件是*n*/30，变动成本率为60%，资金成本率（或有价证券利息率）为12%。

假设东方公司的收账政策不变，固定成本总额不变，但准备了3个信用条件的备选方案。方案A：维持*n*/30的信用条件。方案B：将信用条件放宽到*n*/60。方案C：将信用条件放宽到*n*/90。任务要求如下。

1. 在A、B、C 3个备选方案中选出最优方案，并说明理由。

2. 如果东方公司选择了某方案，但为了加速应收账款的回收，决定将信用条件改为方案D（2/10，1/20，*n*/60），估计约有60%的客户（按赊销额计算）会利用2%的折扣；15%的客户将利用1%的折扣。坏账损失降为2%，收账费用降为30万元。试选择最佳方案。

相关知识

一、应收账款的成本

企业在采取赊销方式促进销售的同时，会因持有应收账款而付出一定的代价，这种代价即为应收账款的成本，其内容包括以下几部分。

1. 机会成本

应收账款的机会成本是指因资金投放在应收账款上而丧失的其他收入，如投资于有价证券的利息收入。这一成本的大小通常与企业维持赊销业务所需要的资金数量（即应收账款投资额）和资金成本率有关。其计算公式为

应收账款机会成本=维持赊销业务所需要的资金×资金成本率

式中资金成本率一般可按有价证券利息率计算；维持赊销业务所需要的资金数量可按下列步骤计算：

（1）计算应收账款平均余额：

应收账款平均余额＝平均每日赊销额×平均收账天数
=(年赊销额/360)×平均收账天数

（2）计算维持赊销业务所需要的资金：

维持赊销业务所需要的资金=应收账款平均余额×变动成本率
=应收账款平均余额×（变动成本/销售收入）

在上述分析中，假设企业的成本水平保持不变（即单位变动成本不变，固定成本总额不变），因此随着赊销业务的扩大，只有变动成本随之上升。

【业务实例 4-2】 假设某企业预测的年度赊销额为 3 000 000 元，应收账款平均收账天数为 60 天，变动成本率为 60%，资金成本率为 10%。

解析：应收账款机会成本可计算如下：

应收账款平均余额$=\dfrac{3\,000\,000}{360}\times 60=500\,000$（元）

维持赊销业务所需要的资金$=500\,000\times 60\%=300\,000$（元）

应收账款机会成本$=300\,000\times 10\%=30\,000$（元）

上述计算表明，企业投放 300 000 元的资金可维持 3 000 000 元的赊销业务，相当于垫支资金的 10 倍之多。较高的倍数在很大程度上取决于应收账款的收账速度。在正常情况下，应收账款收账天数越少，一定数量资金所维持的赊销额就越大；应收账款收账天数越多，维持相同赊销额所需要的资金数量就越大。而应收账款机会成本在很大程度上取决于企业维持赊销业务所需要资金的多少。

2. 管理成本

应收账款的管理成本是指企业对应收账款进行管理而耗费的开支，主要包括对客户的资信调查费用、收账费用和其他费用。

3. 坏账成本

应收账款基于商业信用而产生，存在无法收回的可能性，由此而给应收账款持有企业带来的损失，即为坏账成本。这一成本一般与应收账款数量同方向变动，即应收账款越多，坏账成本也越多。基于此，为规避发生坏账成本给企业生产经营活动的稳定性带来不利影响，企业应合理提取坏账准备。

二、信用政策

制定合理的信用政策是加强应收账款管理、提高应收账款投资效益的重要前提。信用政策即应收账款的管理政策，是指企业对应收账款投资进行规划与控制而确立的基本原则与行为规范，包括信用标准、信用条件和收账政策 3 个部分的内容。

1. 信用标准

信用标准是客户获得企业商业信用所应具备的最低条件，通常以预期的坏账损失率表示。如果企业的信用标准过高，将使许多客户因信用品质达不到所设的标准而被企业拒之门外，其结果尽管有利于降低应收账款机会成本、管理成本及坏账成本，但也会影响企业市场竞争能力的提高和销售收入的扩大。相反，如果企业采取较低的信用标准，虽然有利于企业扩大销售，提高市场竞争力和占有率，但同时也会导致应收账款机会成本、管理成本及坏账成本的增加。

客户资信程度高低通常取决于 5 个方面，即客户的信用品质（Character）、偿付能力（Capacity）、资本（Capital）、抵押品（Collateral）、经济状况（Conditions），简称“5C”系统。

2. 信用条件

信用标准是企业评价客户等级，决定给予或拒绝客户信用的依据。一旦企业决定给予客户信用优惠时，就需要考虑具体的信用条件。所谓信用条件就是指企业接受客户信用时所提出的付款要求，主要包括信用期限、折扣期限及现金折扣等。信用条件的基本表现方式如“2/10，*n*/45”，意思是若客户能够在发票开出后的 10 日内付款，则可以享受 2%的现金折扣；如果放弃折扣优惠，则全部款项必须在 45 日内付清。在此，45 天为信用期限，10 天为折扣期限，2%为现金折扣率。

（1）信用期限。信用期限是指企业为客户规定的最长付款时间。产品销售量与信用期限之间存在着一定的依存关系。通常延长信用期限可以在一定程度上扩大销售从而增加毛利。但不适当地延长信用期限会给企业带来不良后果：一是使平均收账期延长，占用在应收账款上的资金相应增加，导致机会成本增加；二是导致管理成本及坏账成本的增加。因此，企业应否给客户延长信用期限，应视延长信用期限增加的边际收入是否大于增加的边际成本而定。

（2）现金折扣和折扣期限。延长信用期限会增加应收账款占用的时间和金额。许多企业为了加速资金周转，及时收回货款，减少坏账损失，往往在延长信用期限的同时采用一定的优惠措施，即在规定的时间内提前偿付货款的客户可按销售收入的一定比率享受折扣。所谓折扣期限是指为顾客规定的可享受现金折扣的付款时间；所谓现金折扣是指在顾客提前付款时所给予的价格优惠。如 [业务实例 8-2]，（2/10，*n*/45）表示赊销期限为 45 天，若客户在发票开出后 10 天内付款，则可享受 2%的折扣。现金折扣实际上是产品售价的扣减，企业决定是否提供以及提供多大程度的现金折扣，应着重考虑提供折扣后所得的收益是否大于现金折扣的成本。

企业究竟应当核定多长的现金折扣期限以及给予客户多大程度的现金折扣优惠，必须将信用期限及加速收款所得到的收益与付出的现金折扣成本结合起来考察。同延长信用期限一样，采取现金折扣的方式在有利于刺激销售的同时也需要付出一定的成本代价，即给予现金折扣造成的损失。如果加速收款带来的机会收益大于应收账款机会成本、管理成本及坏账成本的增加数与现金折扣成本之和，企业就可以采取现金折扣或进一步改进当前的折扣方案；如果加速收款的机会收益不能大于应收账款机会成本、管理成本及坏账成本的增加数与现金折扣成本之和的话，有关优惠条件便被认为是不恰当的。

（3）信用条件备选方案的评价。虽然企业在信用管理政策中已对可接受的信用风险水平作了规定，但当企业的生产经营环境发生变化时，就需要对信用管理政策中的某些规定进行修改和调整并对改变条件的各种备选方案进行认真的评价。

3. 收账政策

收账政策是指当客户违反信用条件、拖欠甚至拒付账款时企业所采取的收账策略与措施。在企业向客户提供商业信用时，必须考虑以下 3 个问题。

（1）客户是否会拖欠或拒付账款，程度如何。

（2）怎样最大限度地防止客户拖欠账款。

（3）一旦账款遭到拖欠甚至拒付，企业应采取怎样的对策。

前两个问题的解决主要靠信用调查和严格的信用审批制度。第 3 个问题则必须通过制定完善的收账政策，采取有效的收账措施予以解决。

企业对拖欠应收账款进行催收都需要付出一定的代价，即收账费用，如收款所花的邮电通信费、派专人收款的差旅费和不得已时的法律诉讼费等。通常企业为了扩大销售、增强竞争能力，往往对客户的逾期未付款项规定一个允许的拖欠期限，超过规定的期限，企业就应采取各种形式进行催收。如果企业的收款政策过宽，将会导致拖欠款项的客户增多并且拖延款项的时间延长，从而增加应收账款的投资和坏账损失，但却会减少收账费用；而如果收账政策过严，拖欠款项的客户将会减少而且拖延款项的时间缩短，从而减少应收账款的投资和坏账损失，但却会增加收账费用。因此，企业在制定收账政策时，要权衡利弊得失，掌握好宽严界限。

制定合理的收账政策就是要在增加的收账费用与减少的坏账损失及应收账款机会成本之间进行权衡，若前者小于后者，则说明制定的收账政策是可取的。

三、应收账款日常管理

对于已经发生的应收账款，企业还应进一步强化日常管理工作，采取有力的措施进行分析和控制，及时发现问题，提前采取对策。这些措施主要包括应收账款追踪分析、应收账款账龄分析和建立应收账款坏账准备制度等。

1. 应收账款追踪分析

对应收账款实施追踪分析的重点应放在赊销商品的销售与变现方面。客户以赊购方式购入商品后，迫于获利和付款信誉的动力与压力，必然期望迅速地实现销售并收回账款。如果这一期望能够顺利地实现，而客户又具有良好的信用品质，则赊销企业如期足额地收回客户欠款一般不会有太大的问题。然而，市场供求关系所具有的瞬变性，使得客户所赊购的商品不能顺利地销售与变现，就意味着与应付账款相对的现金支付能力匮乏。

2. 应收账款账龄分析

应收账款账龄分析就是考察研究应收账款的账龄结构。应收账款的账龄结构，是指各账龄应收账款的余额占应收账款总计余额的比重。一般而言，账款的逾期时间越短，收回的可能性越大，发生坏账损失的程度相对越小；反之，收账的难度及发生坏账损失的可能性也就越大。因此，对不同拖欠时间的账款及不同信用品质的客户，企业应采取不同的收账方法，制定出经济可行的不同收账政策、收账方案；对可能发生的坏账损失，需提前有所准备，充分估计这一因素对企业损益的影响。对尚未过期的应收账款，也不能放松管理与监督，以防发生新的拖欠。

通过应收账款账龄分析，不仅能提示财务管理人员应把过期款项视为工作重点，而且有助于促进企业进一步研究与制定新的信用政策。

3. 建立应收账款坏账准备制度

无论企业采取怎样严格的信用政策，只要存在着商业信用行为，坏账损失的发生总是不可避免的。一般来说，确定坏账损失的标准主要有以下两条。

（1）因债务人破产或死亡，以其破产财产或遗产清偿后，仍不能收回的应收款项。

（2）债务人逾期未履行偿债义务并且有明显特征表明无法收回的应收款项。

企业的应收账款只要符合上述任何一个条件，均可作坏账损失处理。需要注意的是，当企业的应收账款按照第二个条件，已经作坏账损失处理后，并非意味着企业放弃了对该项应收账款的索取权。实际上，企业仍然拥有继续收款的法定权利，企业与欠款人之间的债权债务关系不会因为企业已作坏账处理而解除。

既然应收账款的坏账损失无法避免，则企业应遵循谨慎性原则，对坏账损失的可能性预先进行估计，并建立弥补坏账损失的准备制度，也就是说提取坏账准备金是极为必要的。

任务实施

1. 估计A、B、C 3个备选方案的赊销水平、坏账百分比和收账费用等有关数据后，计算确定3个备选方案的应收账款成本（包括机会成本、管理成本和坏账成本），并根据计算结果选择最优方案，并说明理由。

2. 根据方案D的赊销条件计算下列各个指标：

① 应收账款周转期；

② 应收账款平均余额；

③ 维持赊销业务所需要的资金；

④ 应收账款机会成本；

⑤ 坏账损失；

⑥ 现金折扣。

3. 确定方案 D 的应收账款成本（包括机会成本、管理成本和坏账成本），对比 A、B、C 3 个备选方案中的最优方案后进一步进行选择，并且说明理由。

任务三 存货管理

任务引入

东方纸业股份有限公司（以下简称“东方公司”）预计 2015 年将耗用乙材料 72 000 千克。其中，乙材料的单位采购成本为 200 元，单位储存成本为 4 元，平均每次进货费用为 40 元，假设该材料不存在缺货情况。任务要求如下。

1. 计算乙材料的经济进货批量。
2. 计算经济进货批量下的相关总成本。
3. 计算经济进货批量下的平均占用资金。
4. 计算年度最佳进货批次。

相关知识

一、存货及其管理的意义

存货是指企业在日常生产经营过程中为生产或销售而储备的物资。企业持有充足的存货，不仅有利于生产过程的顺利进行，节约采购费用与生产时间，而且能够迅速地满足客户各种订货的需要，从而为企业的生产与销售提供较大的机动性，避免因存货不足带来的机会损失。然而存货的增加必然要占用更多的资金，这将使企业付出更大的持有成本（即机会成本），而且存货的储存与管理费用也会增加，影响企业获利能力的提高。因此，如何在存货的功能（收益）与成本之间进行利弊权衡，在充分发挥存货功能的同时降低成本、增加收益并实现它们的最佳组合便成为企业需要考虑的问题。

存货功能是指存货在企业生产经营过程中所具有的作用，主要表现在以下几方面。

1. 防止停工待料

适量的原材料存货和在制品、半成品存货是企业生产正常进行的前提和保障。就企业外部而言，供货方的生产和销售往往会因某些原因而暂停或推迟，从而影响企业材料的及时采购、入库和投产；就企业内部而言，有适量的半成品储备能使各生产环节的生产调度更加合理，各生产工序步调更为协调，联系更为紧密，不至于因等待半成品而影响生产。可见，适量的存货能有效防止停工待料情况的发生，维持生产的连续性。

2. 适应市场变化

存货储备能增强企业在生产和销售方面的机动性以及适应市场变化的能力。企业有了足够的库存产成品，就能有效地供应市场，满足顾客的需要。相反，若某种畅销产品库存不足，将会坐失目前的或未来的销售良机，并有可能因此而失去顾客。在通货膨胀时，适当地储存原材料存货，能使企业获得因市场物价上涨而带来的好处。

3. 降低进货成本

很多企业为了扩大销售规模，对购货方提供较优厚的商业折扣待遇，即购货达到一定数量时，便在价格上给予相应的折扣优惠。企业采取批量集中进货，可获得较多的商业折扣。此外，通过增加每次购货数量，减少购货次数，可以降低采购费用支出。即便在推崇以“零存货”为管理目标的今天，仍有不少企业采取大批量购货方式，原因就在于这种方式有助于降低购货成本，只要购货成本的降低额大于因存货增加而导致的储存等各项费用的增加额，有货便是可行的。

4. 维持均衡生产

对于那些生产的产品属于季节性产品，生产所需材料的供应具有季节性特点的企业，为实行均衡生产，降低生产成本，就必须适当储备一定的半成品存货或保持一定的原材料存货。否则，这些企业若按照季节变动组织生产活动，难免会产生忙时超负荷运转，闲时生产能力得不到充分利用的情形，这也会导致生产成本的提高。其他企业在生产过程中，同样会因为各种原因导致生产水平的高低发生变化，拥有合理的存货可以缓冲这种变化对企业生产活动及获利能力的影响。

二、存货的成本

为充分发挥存货的固有功能，企业必须储备一定的存货，但也会由此而发生各项支出，这就是存货成本。存货成本包括进货成本、储存成本和缺货成本 3 个部分。

1. 进货成本（TC_Q）

进货成本是指存货的取得成本。通常用 TC_Q 表示。进货成本主要由存货的进价成本和进货费用两个方面构成。

进价成本又称购置成本，是指存货本身的价值，等于采购单价（U）与采购数量（D）的乘积。在一定时期进货总量既定的条件下，无论企业采购次数如何变动，存货的进价成本通常是保持相对稳定的（假设物价不变且无采购数量折扣），因而属于决策的无关成本。

进货费用又称订货成本，是指企业为组织进货而支出的费用，如与材料采购有关的办公费、差旅费、邮资、电话电报费、运输费、检验费和入库搬运费等支出。订货成本中有一部分与订货次数无关，如常设机构的基本开支等，称为订货的固定成本，用 F_1 表示，属于决策的无关成本。订货成本中的另一部分与订货次数有关，如差旅费和邮费等，称为订货的变动成本，属于决策的相关成本。每次订货的变动成本用 K 表示；订货次数等于存货的年需要量（D）与每次进货批量（Q）之商。这样，订货成本的数学表达式如下：

$$\frac{D}{Q}\times K+F_1$$

进货成本的数学表达式为：

$$TC_Q=DU+\frac{D}{Q}\times K+F_1$$

2. 储存成本（TC_C）

储存成本是指为了持有存货而发生的成本，包括存货占用资金的机会成本、仓库费用、保险费用、存货破损和变质损失等，通常用 TC_C 表示。同样，储存成本也可以分为固定成本和变动成本两种类型。固定成本与存货数量的多少无关，如仓库折旧和仓库职工的工资等，通常用 F_2 表示，属于决策的无关成本。变动成本与存货数量有关，如存货的机会成本、存货的破损和变质损失、存货的保险费用等，属于决策的相关成本。单位存货储存变动成本用 K_C 表示。由此，存货储存成本的数学表达式为

$$TC_C = \frac{Q}{2} \times K_C + F_2$$

3. 缺货成本（TC_S）

缺货成本是指由于存货供应中断造成的损失，包括材料供应中断造成的停工损失、产成品库存缺货造成的拖欠发货损失和丧失销售机会的损失（还应该包括需要主观估计的商誉损失）。如果生产企业以紧急采购代用材料解决库存材料中断之急，那么，缺货成本表现为紧急额外购入成本（紧急额外购入成本大于正常的采购成本）。缺货成本用 TC_S 表示。

综合上述，如果用 TC 代表存货的总成本，则其计算公式为：

$$\begin{aligned} TC &= TC_Q + TC_C + TC_S \\ &= DU + \frac{D}{Q} \times K + F_1 + \frac{Q}{2} \times K_C + F_2 + TC_S \end{aligned}$$

三、存货决策的经济批量模型

经济批量是指每次订购货物（材料、商品等）的最佳数量。在某种存货全年需求量已定的情况下，降低订购批量，必然增加订货批次。这种情形方面必然使存货的储存成本（变动储存成本）随平均储存量的下降而下降；另一方面又将使订货成本（变动订货成本）随订购批次的增加而增加。反之，减少订购批次必然要增加订购批量，在减少订货成本的同时储存成本将会增加。可见，存货决策的目的就是确定使这两种成本合计数最低时的订购批量，即经济订购批量。

1. 经济订货批量的基本模型

经济订货批量基本模型的建立需要设立一些假设条件。这些假设条件包括以下几条。

（1）企业能够及时补充存货即需要订货时便可立即取得存货。

（2）能集中到货，而不是陆续入库。

（3）不允许缺货，即没有缺货成本（$TC=0$）。这是因为良好的存货管理本来就不应该出现缺货成本。

（4）需求量不变且能确定，即 D 为常数。

（5）存货的单位价格不变，不考虑现金折扣，即 U 为常数。

（6）企业现金充足，不会因现金短缺而影响进货。

（7）企业所需要的存货市场供应充足，不会因买不到需要的存货而影响企业其他的经营活动。

基于上述的假设，存货总成本的计算公式为：

$$TC = TC_Q + TC_C + TC_S$$
$$= DU + \frac{D}{Q} \times K + F_1 + \frac{Q}{2} \times K_C + F_2 + TC_S$$

当 F_1、K、D、U、K_2、F_2 为常数时，TC 的大小取决于 Q。

根据上述公式，为了求出存货总成本 TC 的极小值，从数学的角度，只要对上述公式求一阶导数即得：

$$Q^* - \sqrt{\frac{2KD}{k_C}}$$

这就是经济订货批量的基本模型。由此求出的每次订货量 Q 就是使存货成本最小的订货批量。

这个基本模型还可以演变成其他形式：

（1）每年经济订货次数 $N = \frac{D}{Q^*}$；

（2）经济订货批量的存货总成本 $TC(Q^*) = \sqrt{2KDK_C}$；

（3）经济订货批量的平均占用资金 $W = \frac{UQ^*}{2}$；

（4）年经济进货周期 $T = \frac{1}{N}$。

【业务实例 4-3】 某企业每年耗用某种材料 3 600 千克，该材料单位成本为 10 元，单位储存成本为 2 元，一次订货成本为 25 元，则：

经济订货量为：

$$Q^* = \sqrt{\frac{2KD}{k_C}} = \sqrt{\frac{2 \times 25 \times 3\,600}{2}} = 300(\text{千克})$$

每年经济订货次数为：

$$N = \frac{D}{Q^*} = \frac{3\,600}{300} = 12(\text{次})$$

经济进货批量的存货总成本为：

$$TC(Q^*) = \sqrt{2KDK_C} = \sqrt{2 \times 25 \times 3\,600 \times 2} = 600(\text{元})$$

经济进货批量的平均占用资金为：

$$W = \frac{UQ^*}{2} = \frac{10 \times 300}{2} = 1\,500(\text{元})$$

年经济进货周期：

$$T = \frac{12}{12} = 1(\text{月})$$

2. 存货经济批量基本模型的扩展

（1）数量折扣。为了鼓励客户购买更多的商品，销售企业通常会给予不同程度的价格优惠，即实行商业折扣或称价格折扣。购买越多，所获得的价格优惠越大。此时，进货企业对经济进货批量的确定，除了考虑进货费用与储存成本外，还应考虑存货的进价成本，因为此时的存货进价成本已经与进货数量的大小有了直接的联系，属于决策的相关成本。

即在经济进货批量基本模式其他各种假设条件均具备的前提下，存在数量折扣时的存货相关总成本可按下式计算：

存货相关总成本＝进货成本＋进货费用＋储存成本

实行数量折扣的经济进货批量的具体确定步骤如下。

第一步，按照基本经济进货批量模式确定经济进货批量。

第二步，计算按经济进货批量进货时的存货相关总成本。

第三步，计算按给予数量折扣的进货批量进货时的存货相关总成本。如果给予数量折扣的进货批量是一个范围，如进货数量在 1 000～1 999 千克之间可享受 2%的价格优惠，此时按给予数量折扣的最低进货批量，即按 1 000 千克计算存货相关总成本。

第四步，比较不同进货批量的存货相关总成本，最低存货相关成本对应的进货批量，就是实行数量折扣的最佳经济进货批量。

（2）订货提前期。一般情况下，企业的存货不能做到随用随时补充，因此，不能等到存货全部用完再去订货，而需要在存货没有用完之前提前订货。在提前订货的情况下，企业再次发出订货单时，尚有存货的库存量，就称为再订货点，用 R 表示。其数量等于交货时间（L）和日平均需用量（d）的乘积：$R=L\times d$。

（3）保险储备。上面的讨论假定存货的供需稳定且确知，也就是说每日的需求量不变，交货时间也固定不变。实际上，每日需求量可能变化，交货时间也可能变化。按照经济订货批量和再订货点发出订单之后，如果需求发生增加或者送货延迟，就会发生缺货或者供应中断。为了防止出现这种情况，就需要多储备一些存货。这种为了防止意外而储备的存货，就是通常所说的保险储备。保险储备在通常情况下是不使用的，只有当存货使用过量或者送货延迟才启用。建立保险储备量（B）之后，再订货点相应提高了，即 $R=L\times d+B$。

建立保险储备固然可以避免缺货的现象，但是，它却由此增加了存货的储备量和相应的存货成本。研究保险储备量的目的在于找出合理的保险储备量，使缺货损失和储备成本之和最小。就方法而言，可以先计算出各种不同保险储备量情况下的总成本，然后，对之进行比较，选择其中总成本较低的方案。

如果假设与此有关的总成本为 TC（S，B），缺货成本为 C_S，保险储备成本为 C_B，则：

$$TC(S, B) = C_S + C_B$$

进一步假设单位缺货成本为 K_u，一次订货缺货量为 S，年订货次数为 N，保险储备量为 B，单位储备成本为 K_C，则：

$$TC(S, B) = C_S + C_B = K_u \cdot S \cdot N + B \cdot K_C$$

在企业的实践中，缺货量 S 具有概率性，其概率可以根据历史经验估计出来，而保险储备量 B 可以选择而定。

【业务实例 4-4】 某企业某种零件的年需要量为 3 600 件，单位储备变动成本为 2 元，单位缺货成本为 4 元，交货时间为 10 天，已经计算出经济进货批量为 300 件，每年订货次数为 12 次。交货期的存货需要量及其概率分布如表 4-3 所示。

表 4-3　存货需要量及其相应概率

需要量(10d)	70	80	90	100	110	120	130
概率(P_1)	0.01	0.04	0.20	0.50	0.20	0.04	0.01

解析：计算不同保险储备量的总成本。

（1）不设置保险储备量（$B=0$，$R=100$）。

此时，当需求量为 100 件或其以下时，不会发生缺货，其概率为 0.75(0.01 + 0.04 + 0.20 + 0.50)；当需求量为 110 件时，缺货 10 件，其概率为 0.20；当需求量为 120 件时，缺货 20 件，其概率为 0.04；当需求量为 130 件时，缺货 30 件，其概率为 0.01。因此，当 $B=0$ 时，缺货的期望值 S_0 和总成本 TC（S，B）可计算如下：

$S_0=10\times0.20+20\times0.04+30\times0.01=3.1$（件）

$TC(S,B)=4\times3.1\times12+0\times2=148.80$（元）

（2）设置保险储备量 10 件（$B=10, R=110$）。

此时，当需求量为 110 件或其以下时，不会发生缺货，其概率为 0.95（0.01 + 0.04 + 0.20 + 0.50 + 0.20）；当需求量为 120 件时，缺货 10 件，其概率为 0.04；当需求量为 130 件时，缺货 20 件，其概率为 0.01。因此，当 $B=10$ 时，缺货的期望值 S_{10} 和总成本 TC（S,B）可计算如下：

$S_{10}=10\times0.04+20\times0.01=0.6$（件）

TC（S,B）$=4\times0.6\times12+10\times2=48.80$（元）

（3）设置保险储备量 20 件（$B=20$，$R=120$）。

此时，当需求量为 120 件或其以下时，不会发生缺货，其概率为 0.99(0.01 + 0.04 + 0.20 + 0.50 + 0.20 + 0.04)；当需求量为 130 件时，缺货 10 件，其概率为 0.01。因此，当 $B=20$ 时，缺货的期望值 S_{20} 和总成本 TC（S,B）可计算如下：

$S_{20}=10\times0.01=0.1$（件）

$TC(S,B)=4\times0.1\times12+20\times2=44.80$（元）

（4）设置保险储备量 30 件（$B=30$，$R=130$）。

此时，可以满足最大需求，不会发生缺货，因此，当 $B=30$ 时，缺货的期望值 S_0 和总成本 TC（S,B）可计算如下：

$S_{30}=0$

TC（S, B）$=30\times2=60$（元）

根据上述计算，保险储备量为 20 件时，成本最低。因此，保险储备量应为 20 件（或再订货点为 120 件）。

四、存货ABC分类管理方法

ABC 分类管理就是按照一定的标准，将企业的存货划分为 A、B、C 3 类，分别实行分品种重点管理、分类别一般控制和按总额灵活掌握的存货管理方法。对于一个大型企业来说，常有成千上万种存货项目，在这些项目中，有的价格昂贵，有的一文不值；有的数量庞大，有的寥寥无几。如果不分主次，面面俱到，对每一种存货都进行周密的规划、严格的控制，就抓不住重点，不能有效地控制主要存货资金。ABC 分类管理正是针对这一问题而提出来的重点管理方法。

运用 ABC 法控制存货资金一般分如下几个步骤。

1. 计算每一种存货在一定时间（一般为一年）内的资金占用额。

2. 计算每一种存货资金占用额占全部资金占用额的百分比，并按大小顺序排列，编成表格。

3. 根据事先测定好的标准，把最重要的存货划为 A 类，把一般存货划为 B 类，把不重要的存货划为 C 类，并画图表示。

4. 对 A 类存货进行重点规划和控制，对 B 类存货进行次重点管理，对 C 类存货只进行一般管理。

把存货划分成 A，B，C 3 大类，目的是对存货占用资金进行有效的管理。A 类存货种类虽少但占用的资金多，应集中主要力量进行管理，对其经济批量要进行认真的规划，对收入、发出要进行严格的控制；C 类存货虽然种类繁多但占用的资金不多，不必耗费大量人力、物力和财力去管理，这类存货的经济批量可凭经验确定，不必花费大量时间和精力去进行规划和控制；B 类存货介于 A 类和 C 类存货之间，也应给予相当的重视，但不必像 A 类存货那样进行非常严格的控制。

任务实施

1. 计算乙材料的经济进货批量。

2. 计算经济进货批量下的相关总成本。

3. 计算经济进货批量下的平均占用资金。

4. 计算年度最佳进货批次。

项目小结

1. 营运资金也称营运资本、循环资本，是指一个企业维持日常经营所需的资金，通常指流动资产减去流动负债后的差额。因此，营运资金的特点体现在流动资产和流动负债的特点上。流动资产按资产的占用形态分为现金、短期投资、应收及预付账款和存货等；按流动性强弱分为速动资产和非速动资产；按盈利能力分为收益性流动资产和非收益性流动资产。

2. 现金是指在生产过程中暂时停留在货币形态的资金，包括库存现金、银行存款、银行本票和银行汇票等。现金管理的目的是在保证企业经营活动现金需要的同时，降低企业闲置的现金数量，提高资金收益率。现金持有动机主要有交易动机、预防动机和投机动机 3 种。现金成本通常分为持有成本、转换成本和短缺成本 3 类。

3. 确定现金最佳持有量的方法主要有成本分析模型、现金周转模型及存货模型。

4. 应收账款是企业因对外赊销产品、材料、供应劳务等而应向购货方或接受劳务单位收取的款项。企业在采取赊销方式促进销售、减少存货的同时，会因持有应收账款而付出一定的代价，主要包括机会成本、管理成本和坏账成本，但同时也会因销售增加而产生一定的收益。应收账款的信用政策包括信用标准、信用条件和收账政策。其中信用条件的选择方法是通过比较不同信用条件的销售收入及其相关成本，计算出各自的净收益，选择净收益最大的信用条件。

5. 存货的经济批量是指能够使一定时期存货的总成本达到最低的采购数量。在这些成本中只有变动性的成本才是经济批量决策时的相关成本，包括变动性进货成本、变动性储存成本以及允许缺货成本。

6. 存货日常管理措施主要有存货储存期管理、存货 ABC 分类管理和归口分级管理 3 种类型。

能力拓展训练

一、单选题

1. 不属于流动资产投资特点的是（　　）。
   A. 形态的变动性　　B. 数量的波动性
   C. 流动性　　D. 投资的集中性
2. 企业将资金占用在应收账款上而放弃其他方面投资可获得的收益是应收账款的（　　）。
   A. 管理成本　　B. 机会成本　　C. 坏账成本　　D. 资金成本
3. 下列不属于信用条件的是（　　）。
   A. 现金折扣　　B. 数量折扣　　C. 信用期间　　D. 折扣期间
4. 在一定时期，当现金需要量一定时，同现金持有量成反比的成本是（　　）。
   A. 管理成本　　B. 资金成本　　C. 短缺成本　　D. 机会成本
5. 某企业的现金周转率为 6 次，则其现金周转期为（　　）天。
   A. 309　　B. 40　　C. 50　　D. 60
6. 在存货 ABC 管理中，将存货金额很大，品种数量很少的存货划分为（　　）。
   A. A 类　　B. B 类　　C. C 类　　D. AB 类
7. 经济批量是材料的采购量，再订货点是材料的（　　）。
   A. 订货时间　　B. 采购量　　C. 最低储存量　　D. 安全储存量
8. 企业持有一定量的短期有价证券，主要是为了维护企业资产的流动性和（　　）。
   A. 收益性　　B. 企业的现金收入
   C. 企业良好的信用　　D. 偿债能力
9. 既要充分发挥应收账款的作用，又要加强应收账款的管理，其核心是（　　）。
   A. 加强销售管理　　B. 制定适当的信用政策
   C. 采取积极的收账政策　　D. 尽量采用现款现货

二、多选题

1. 下列属于流动资产的有（　　）。
   A. 现金　　B. 短期投资　　C. 应付账款　　D. 预付账款

2. 流动资产投资的特点有（ ）。

A. 变现能力强 B. 投资风险大 C. 数量波动大 D. 收益率高

3. 企业持有现金的动机有（ ）。

A. 交易动机 B. 预防动机 C. 投资动机 D. 投机动机

4. 现金成本包括（ ）。

A. 持有成本 B. 转换成本 C. 短缺成本 D. 管理成本

5. 确定最佳现金持有量的存货模式考虑的成本主要是（ ）。

A. 机会成本 B. 管理成本 C. 短缺成本 D. 转换成本

6. 下列属于存货的功能的是（ ）。

A. 有利于企业的销售 B. 防止生产中断

C. 降低进货成本 D. 提高企业的变现能力

7. 构成企业信用政策的主要内容有（ ）。

A. 信用标准 B. 信用条件 C. 信用期限 D. 收账政策

8. 利用账龄分析表可了解下列情况（ ）。

A. 信用期内的应收账款数额 B. 信用期内应收账款的还款日期

C. 逾期的应收账款数额 D. 逾期应收账款的还款日期

9. 在存货 ABC 管理中，对存货进行划分的标准有（ ）。

A. 存货的金额 B. 存货的类别 C. 存货的大小 D. 存货的品种数量

三、判断题

1. 流动资产的组成内容不仅表明它在再生产过程中存在的形态，而且反映了流动资产在再生产过程中所处的领域和占用特点。（ ）

2. 现金是一种非收益性资产。（ ）

3. 信用标准是企业接受客户赊销要求时，客户必须具备的最高财务能力。（ ）

4. 企业使用的原料虽然很多，但各种原材料库存周转储备上的资金是不能相互调剂使用的。（ ）

5. 只要支出必要的收账费用，积极做好收账工作，坏账损失是完全可以避免的。（ ）

6. 催收应收账款的最佳选择是通过法律途径。（ ）

7. 为保证企业生产经营所需现金，企业持有的现金越多越好。（ ）

8. 采购批量越大，储存成本越高，订货成本就越低。（ ）

9. 存货管理的目标是以最低的存货成本保证企业生产经营的顺利进行。（ ）

10. 给客户提供现金折扣的主要目的是为了扩大企业的销售。（ ）

四、计算分析题

1. 强利公司现有甲、乙、丙、丁 4 种现金持有方案，它们各自的机会成本、短缺成本和管理成本如下表所示。

现金持有量备选方案　　单位：元

方案项目	甲	乙	丙	丁
现金持有量	60 000	120 000	180 000	240 000
机会成本率（%）	8	8	8	8
短缺成本	22 400	12 950	4 500	0
管理成本	45 000	45 000	45 000	45 000

注：假设该公司向有价证券投资的收益率为 8%。

要求：选择最佳现金持有量方案。

2. 通贸公司是一个家用电器零售商，现经营约 500 种家用电器产品。该公司正在考虑经销一种新的家电产品。据预测该产品年销售量为 1 080 台，一年按 360 天计算，平均日销售量为 3 台；固定的储存成本为 2 000 元/年，变动的储存成本为 100 元/台（一年）；固定的订货成本为 1 000 元/年，变动的订货成本为 74.08 元/次；公司的进货价格为每台 500 元。

要求：在假设可以忽略各种税金影响的情况下计算。

（1）该商品的进货经济批量。

（2）该商品按照经济批量进货时存货平均占用的资金。

（3）该商品按照经济批量进货的相关总成本。

项目五

收益与分配管理

【知识目标】

- 掌握收入、费用内容和利润构成
- 了解收益分配的原则、内容和程序
- 了解股利分配的类型及其优缺点
- 了解股利分配政策的制定和决定因素

【能力目标】

- 能根据公司的实际情况选择相应的股利分配政策
- 能计算与分析不同股利分配政策对公司所产生的影响

任务一 收益分配管理规范

任务引入

东方公司生产销售甲产品，该产品适用的消费税税率 20%。有关资料如下。

资料一：2015 年 1～4 季度的销售量如表 5-1 所示。

表 5-1　　甲产品 2015 年 1～4 季度的销售量

季度	一季度	二季度	三季度	四季度
销售量（件）	800	1 200	800	1 100
权数	0.1	0.2	0.3	0.4

资料二：预计 2016 年该产品的单位制造成本 100 元，期间费用总额 800 000 元，计划成本利润率为 20%。预计一季度销售量占全年销售量的 25%。

资料三：该企业销售收现模式为当季收现 50%，下一季收现 30%，再下一季收现 20%。

要求：

（1）按照加权平均法预测 2016 年第一季度的销售量；

（2）采用完全成本加成定价法确定 2016 年的销售价格；

（3）计算 2016 年第一季度销售现金流入。

（假设 2015 年的销售价格与 2016 年相同）

相关知识

收入与分配管理是对企业收入与分配活动及其形成的财务关系的组织与调节，是企业进行销售预测和定价管理，并将一定时期内所创造的经营成果合理地在企业内、外部各利益相关者之间进行有效分配的过程。收入反映的是企业经济利益的来源，而分配反映的是企业经济利益的去向，两者共同构成企业经济利益流动的完整链条。

一、收入内容

收入主要包括营业收入、投资收益和营业外收入。

营业收入是指企业在从事销售商品或提供劳务等经营业务过程中取得的收入，分为主营业务收入和其他业务收入两部分。主营业务收入是指企业进行经常性业务取得的收入，是利润形成的主要来源；其他业务收入是指企业在生产经营过程中取得的除基本业务收入以外的各项收入，如转让无形资产使用权的收入和资产出租的收入等。投资收益是指企业在从事各项对外投资活动中取得的收益，包括对外投资分得的利润、股利和债券利息，投资到期收回或中途转让取得款项高于账面价值的差额以及按权益法核算的股权投资在被投资单位增加的净资产中所拥有的数额等。营业外收入是指与企业生产经营活动没有直接联系的各项收入，包括固定资产盘盈和出售净收益、罚款收入、因债权人原因确定无法支付的应付款项、教育附加费返还款、物资及现金溢余。

二、费用内容

费用主要包括营业费用、投资损失和营业外支出。

营业费用是指企业在经营管理过程中为了取得收入而发生的各种费用。营业费用主要包括产品销售成本，产品销售税金及附加，产品销售费用、管理费用和财务费用。投资损失是指企业在从事各项对外投资活动中发生的损失，包括对外投资到期收回或中途转让取得款项低于账面价值的差额，以及按照权益法核算的股权投资在被投资单位减少的净资产中所分担的数额。营业外支出指与企业生产经营活动没有直接联系的各项支出，包括固定资产盘亏、报废、毁损和出售的净损失、非季节性和非大修期间的停工损失、职工子弟学校经费和技工学校经费、非常损失、公益救济性捐赠、赔偿金和违约金等。

三、利润构成

利润是指企业在一定会计期间的经营成果，是企业在一定会计期间内实现的收入减去费用后的净额。从构成上来看，利润既有通过生产经营活动而获得的，也有通过投资活动而获得的，还包括那些与生产经营活动无直接关系的事项所引起的利润。企业利润主要分成营业利润、利润总额和净利润 3 个方面。

（1）营业利润。营业利润是企业生产经营活动所产生的利润，是企业生产经营活动的主要成果，是企业利润的主要来源，能够比较恰当地代表企业管理者的经营业绩。该指标主要由主营业务利润、其他业务利润、公允价值变动收益及投资收益所构成。

（2）利润总额。利润总额是在营业利润的基础上扣除营业外收支净额后的差额。

（3）净利润。净利润是指企业缴纳所得税后形成的利润，是企业所有者权益的组成部分，也是企业进行利润分配的依据。

四、利润的预测

利润预测通常有定性预测和定量预测两种方法。定性预测主要是依靠过去的经验和掌握的科学知识进行判断、分析，推断事物的性质和发展趋势，并以此作为预测未来的主要依据；定量预测主要是根据过去的历史资料，运用现代数学方法和各种计算工具进行科学的加工处理，并建立经济预测的数学模型，借以充分揭示有关变量之间的规律性关系，并以此作为预测的依据。下面介绍几种定量预测方法。

（1）本量利分析法。本量利分析法是根据产销量、成本和利润之间存在的关系来确定目标利润的一种方法。它是在成本性态理论基础上，运用数学模型和图式揭示公司的产销量、成本及利润 3 者之间的相互影响、相互制约关系的一种定量分析方法。它主要根据产销量、成本及利润 3 者之间的变化关系，分析某一因素的变化对其他因素的影响。本量利分析法既可用于利润预测，也可用于成本和业务量的预测。其基本计算公式如下：

$$\begin{aligned}\text{利润}&=\text{销售量}\times\text{单价}-\text{销售量}\times\text{单位变动成本}-\text{固定成本}\\&=\text{销售量}\times(\text{单价}-\text{单位变动成本})-\text{固定成本}\\&=\text{销售量}\times\text{单位边际贡献}-\text{固定成本}\end{aligned}$$

根据本量利分析法的基本原理可以进行保本点预测和目标利润预测。其计算公式为

$$\text{保本销售量}=\frac{\text{固定成本}}{\text{单价}-\text{单位变动成本}}$$

$$\text{保本销售额}=\frac{\text{固定成本}}{1-\text{变动成本率}}$$

$$目标销售量=\frac{固定成本+目标利润}{单价-单位变动成本}$$

$$目标销售额=\frac{固定成本+目标利润}{1-变动成本率}$$

（2）因素测算法。在采用因素测算法进行利润预测时，首先必须对影响利润的各种因素进行测算。这些因素有外部因素，如市场供需的变化对产品销售量和销售价格的影响；也有内部因素，如产品单位变动成本和固定成本的变化等。然后，将变化了的各种因素带入本量利方程式，测算出其对利润的影响结果，证明这些因素都会使利润增加；单位变动成本和固定成本与利润是负相关的，单位变动成本和固定成本的增加，都会使利润减少。

任务实施

正大公司生产甲、乙、丙 3 种产品，预计甲产品的单位制造成本为 100 元，计划销售 10 000 件，计划期的期间费用总额为 900 000 元；乙产品的计划销售量为 8 000 件（设计生产能力为 10 000 件），应负担的固定成本总额为 220 000 元，单位变动成本为 65 元；丙产品本期计划销售量为 12 000 件，目标利润总额为 280 000 元，完全成本总额为 540 000 元；公司要求成本利润率必须达到 20%，这 3 种产品适用的消费税税率均为 5%。

要求：

（1）运用完全成本加成定价法计算单位甲产品的价格？

（2）运用保本点定价法计算乙产品的单位价格？

（3）运用目标利润法计算丙产品的单位价格？

（4）运用变动成本定价法计算乙产品的单位价格？

（5）如果接到一个额外订单，订购 2 000 件乙产品，单价 120 元，是否应该接受这个订单，并说明理由？

任务二　股利政策选择

任务引入

顺达公司成立于 2012 年 1 月 1 日，2012 年实现的净利润为 1 000 万元，分配现金股利 550 万元，提取盈余公积 450 万元（所提盈余公积均已指定用途）；2013 年实现的净利润为 900 万元（不考虑计提法定盈余公积的因素）；2014 年计划增加投资，所需资金为 700 万元。假定公司目标资本结构为自有资金占 60%，借入资金占 40%。任务要求如下。

1. 在保持目标资本结构的前提下，计算 2014 年投资方案所需的自有资金额和需要从外部借入的资金额。

2. 在保持目标资本结构的前提下，如果公司执行剩余股利政策，计算 2014 年度应分配的现金股利。

3. 在不考虑目标资本结构的前提下，如果公司执行固定股利政策，计算2014年度应分配的现金股利，可用于2014年投资的留存收益和需要额外筹集的资金额。

4. 在不考虑目标资本结构的前提下，如果公司执行固定股利支付率政策，计算该公司的股利支付率和2013年度应分配的现金股利。

5. 假定公司2014年面临着从外部筹资的困难，只能从内部筹资，不考虑目标资本结构，计算在此情况下2013年度应分配的现金股利。

相关知识

收益分配政策是企业就股利分配所采取的策略和方针，如设计多大的股利支付率、以何种形式支付股利、何时支付股利等问题。支付给股东的盈余与留在企业的保留盈余存在此消彼长的关系。所以，股利分配既决定给股东分配多少红利，也决定有多少净利留在企业。股利决策也是企业内部筹资决策。

日前，主要的股利政策有以下4种。

一、剩余股利政策

剩余股利政策就是在公司有着良好的投资机会时，根据一定的目标资本结构（最佳资本结构），测算出投资所需的权益资本。先将权益资本从盈余当中留用，然后将剩余的盈余作为股利予以分配。

采用剩余股利政策时，应遵循以下4个步骤。

（1）设定目标资本结构，即确定权益资本与债务资本的比率，在此资本结构下，加权平均资本成本将达到最低水平。

（2）确定目标资本结构下投资所需的股东权益数额。

（3）最大限度地使用保留盈余来满足投资方案所需的权益资本数额。

（4）投资方案所需权益资本已经满足后，若有剩余盈余，再将其作为股利发放给股东。

剩余股利政策的优点：能保持理想的资金结构，使综合资金成本最低。

剩余股利政策的缺点：股利额会随投资机会变动，不能与盈余较好地配合。

【业务实例5-1】某公司2013年税后净利为1 000万元，2014年的投资计划所需资金为1 200万元，公司的目标资金结构为权益资本占60%，债务资本占40%。按照目标资金结构的要求，公司投资方案所需的权益资本数额为多少？

解析：自有资金需要量＝计划所需资金×自有资金比例＝1200×60%＝720（万元）

按照剩余政策的要求，该公司2013年向投资者分红（发放股利）的数额为

税后净利－自有资金需要量＝1000－720＝280（万元）

二、固定股利政策

固定股利政策就是将每年发放的股利固定在某一水平上并在较长的时期内保持不变，只有当公司认为未来盈余会显著地、不可逆转地增长时，才提高年度的股利发放额。

固定股利政策的主要目的是避免出现由于经营不善而削减股利的情况。采用这种股利政策的理由有以下几点。

（1）稳定的股利向市场传递着公司正常发展的信息，有利于公司树立良好的形象，增强投资者对公司的信心，稳定股票价格。

（2）稳定的股利额有利于投资者安排股利收入和支出，特别是对那些对股利有着很高依赖性的股东。而股利忽高忽低的股票则不会受这些股东的欢迎，股票价格也会因此而下降。

（3）稳定的股利政策可能会不符合剩余股利理论，但考虑到股票市场会受到多种因素的影响，其中包括股东的心理状态和其他要求，为了使股利维持在稳定的水平上，即使采用推迟某些投资方案或者暂时偏离目标资本结构做法，也可能要比降低股利或降低股利增长率更为有利。

固定股利政策的优点：有利于投资者安排收入与支出并保持公司股票价格的稳定。

固定股利政策的缺点：股利与盈利能力相脱节，没有考虑公司流动性与内部积累资金的要求，尤其是在盈利较少的年份，若仍要维持较高的股利，则容易造成资金短缺，使公司财务状况恶化。

三、固定股利支付率政策

固定股利支付率政策就是公司确定一个股利占盈余的比率，长期按此比率支付股利的政策。在这一股利政策下，各年股利额随公司经营的好坏而上下波动，获得较多盈余的年份股利额高，获得盈余少的年份股利额低。

主张实行固定股利支付率政策的人认为这样能使股利与公司盈余紧密配合，以体现多盈多分、少盈少分、无盈不分的原则，才能真正公平地对待每一位股东。但是，在这种政策下各年的股利变动较大，极易给人造成公司不稳定的感觉，对稳定股票价格不利。

固定股利支付率政策的优点：充分体现了风险投资与风险收益的对等。

固定股利支付率政策的缺点：容易使外界产生公司经营不稳定的印象，不利于股票价格的稳定与上涨，所以很少有公司采用这种政策。

四、低正常股利加额外股利政策

低正常股利加额外股利政策是公司在一般情况下每年只支付固定的、数额较低的股利，而在盈余多的年份，再根据实际情况向股东发放额外股利的政策，但额外股利并不固定，这种政策也不意味着公司永久地提高了规定的股利率。

低正常股利加额外股利政策的优点有以下两点。

（1）这种股利政策使公司具有较大的灵活性。当公司盈余较少或投资需要较多资金时，采用这种政策可维持设定的较低但正常的股利，股东不会有股利跌落感；而当盈余有较大幅度增加时，采用这种政策则可适度增发股利，把经济增长的部分利益分配给股东，使他们增强对公司的信心，这有利于稳定股票的价格。

（2）这种股利政策可使那些依靠股利度日的股东每年至少可以得到虽然较低但比较稳定的股利收入，从而吸引住这部分股东。

低正常股利加额外股利政策的缺点有以下两个方面。

（1）由于年份之间公司的盈利波动使得额外股利不断变化，或时有时无，造成分派的股利不同，容易给投资者以公司收益不稳定的感觉。

（2）当公司在较长时期持续发放额外股利后，可能会被股东误认为是“正常股利”，而一旦取消了这部分额外股利，传递出去的信号可能会使股东认为这是公司财务状况恶化的表现，进而可能会引起公司股价下跌的不良后果。

综上所述，各种股利政策各有所长，公司在分配股利时，应借鉴其基本决策思想，制定适合自己实际情况的股利政策。

任务实施

某公司 2015 年拟投资 4 000 万元购置一台生产设备以扩大生产能力，该公司目标资本结构下权益乘数为 2。该公司 2014 年度税前利润为 4 000 万元，所得税税率为 25%。

要求：

（1）计算 2014 年度的净利润是多少？

（2）按照剩余股利政策计算企业分配的现金股利为多少？

（3）如果该企业采用固定股利支付率政策，固定的股利支付率是 40%。在目标资本结构下，计算 2015 年度该公司为购置该设备需要从外部筹集自有资金的数额；

（4）如果该企业采用的是稳定增长的股利政策，稳定的增长率为 5%，2011 年支付的股利为 1 200 万元，在目标资本结构下，计算 2015 年度该公司为购置该设备需要从外部筹集自有资金的数额；

（5）如果该企业采用的是低正常股利加额外股利政策，低正常股利为 1 000 万元，额外股利为净利润超过 2 000 万元的部分的 10%，在目标资本结构下，计算 2015 年度该公司为购置该设备需要从外部筹集自有资金的数额。

项目小结

1. 利润分配是企业将实现的经营成果按照法律规定和企业权力机构的决议，向投资者进行分配的过程。坚持利润分配的原则，正确地进行利润分配能提高企业的价值。以公司制企业为例，介绍了股利支付程序中的日期确定、股利支付比率及支付方式。

2. 在股利分配政策中介绍了股利分配理论及其影响因素，重点是公司如何选择适合自己的股利分配政策。

能力拓展训练

一、单选题

1. 剩余股利政策的根本目的是（　　）。

A. 调整资金结构　　B. 增加留存收益

C. 降低企业加权平均成本　　D. 使利润分配与企业盈余紧密结合

2. 下列各项股利分配政策中，能保持股利与利润间的一定比例关系，体现风险投资与风险收益对等关系的是（　　）。

A. 剩余股利政策　　B. 固定股利或稳定增长股利政策
C. 固定股利支付率政策　　D. 低正常股利加额外股利政策

3. 在某种情况下能用来支付股利的项目有（　　）。

A. 股本　　B. 资本公积　　C. 盈余公积　　D. 税前利润

4. 当法定公积金到注册资本的（　　）%时，可不再提取。

A. 6　　B. 10　　C. 25　　D. 50

5. 主要依靠股利维持生活的股东最不赞成（　　）政策。

A. 剩余股利政策　　B. 固定股利或稳定增长股利政策
C. 固定股利支付率政策　　D. 正常股利加额外股利政策

6. 领取股利的权利与股票相互分离的日期是（　　）。

A. 股利宣告日　　B. 股权登记日　　C. 除息日　　D. 股利支付日

7. 公司提取的法定公益金主要用于（　　）。

A. 集体福利设施支出　　B. 管理费用的支付
C. 财务费用的支出　　D. 经营支出

8.（　　）之后的股票交易，其交易价格可能有所下降。

A. 股利宣告　　B. 除息日　　C. 股权登记　　D. 股利支付日

9 某企业生产A产品，预计单位产品的制造成本为200元，单位产品的期间费用为50元，销售利润率不能低于15%，该产品适用的消费税税率为5%，那么，运用销售利润率定价法，该企业的单位产品价格为（　　）元。

A. 250　　B. 312.5　　C. 62.5　　D. 302.6

10 某公司2015年税后净利润为2 000万元，2012年投资计划需要资金2 200万元。如果该公司采用剩余股利政策，2011年发放的股利为680万元，则该公司目标资本结构中权益资本所占的比例为（　　）%。

A. 40　　B. 50　　C. 60　　D. 68

二、多选题

1. 下列项目中，资本保全约束规定可用来发放股利的有（　　）。

A. 原始投资　　B. 股本　　C. 留存收益　　D. 本期利润

2. 在确定收益分配政策时须考虑股东因素，其中限制股利支付属于（　　）。

A. 稳定收入规定　　B. 避税考虑　　C. 控制权考虑　　D. 规避风险考虑

3. 按照资本保全约束的要求，企业发放股利所需资金的来源包括（　　）。

A. 当年利润　　B. 留存收益　　C. 原始投资　　D. 股本

4. 发放股票股利，会产生下列影响（　　）。

A. 引起每股利润下降　　B. 使公司留存大量现金

C. 股东权益各项目的比例发生变化　　　　D. 股票价格可能下跌

三、判断题

1. 采用固定股利或稳定增长股利政策主要是为了保持理想的资金结构，使企业的综合资金成本最低。（　　）

2. 一般而言，如果企业缺乏良好的投资机会，可适当增加分红数额。（　　）

3. 公司发放股票股利将使公司股本减少。（　　）

4. 企业发生的年度经营亏损，应依法使用以后年度实现的利润弥补。连续 5 年不足弥补的，用税后利润弥补，或者经企业董事会或经理办公会审议后，依次使用企业盈余公积和资本公积弥补。（　　）

5. 一些企业在考虑投资分红时，常将借款作为筹资的第一选择渠道。（　　）

四、计算分析题

1. 五牛公司根据市场调查分析，预测 2015 年 A 产品的销售量为 10 000 件，产品销售单价为 150 元，单位变动成本为 100 元，固定成本总额为 200 000 元。要求：

（1）预测 2015 年 A 产品可实现的目标利润及其保本点。

（2）如果企业确定 2015 年利润为 400 000 元，计算其保利点。

2. 东方公司 2014 年实现利润总额为 58 800 000 元，2001 年产品销售量较 2013 年有所提高，达到 500 000 件，销售单价为 24.5 元，产品的单位变动成本为 12.5 元，固定成本为 120 000 元。东方公司的销售人员通过对市场上产品供需情况的调查，会同财务部对公司 2015 年的销售情况进行预测，预计 2015 年产品销售量可达 580 000 件。另外，公司全年因改进了产品的工艺设计，预计单位变动成本可降至 10.3 元，但同时固定成本会增加到 135 000 元。公司拟通过降低价格增加销售量的方法提高产品的市场占有率，销售单价拟降为 22.5 元。

要求：试采用因素测算法测算各因素变化对东方公司 2015 年利润的影响，并根据各项因素的变化预测公司 2015 年的利润。

3. 顺达公司 2013 年度提取了公积金和公益金后的净利润为 800 万元，2013 年支付股利 320 万元，2015 年度投资计划所需资金 700 万元。公司的目标资金结构为自有资金占 60%，借入资金占 40%。要求计算：

（1）若公司实行剩余股利政策且 2014 年净利润与 2013 年相同，则 2014 年度可向投资者发放多少股利？

（2）若公司实行固定股利政策且 2014 年净利润比 2009 年净增 5%，则 2015 年该公司向投资者支付的股利为多少？

（3）若公司实行固定股利支付率政策，公司每年按 40%的比例分配股利，且公司 2014 年净利润比 2013 年净增 5%，则该公司应向投资者分配的股利为多少？

（4）若公司实行正常股利加额外股利政策，规定当实现净利润增长 5%时，增长后净利润的 1%作为额外股利，且 2014 年顺达公司净利润增长 5%，则该公司应支付的股利为多少？

项目六

财务预算

【知识目标】

- 掌握财务预算的含义、作用及编制程序
- 掌握弹性预算、零基预算、滚动预算的编制方法
- 了解固定预算、增量预算、定基预算的含义
- 掌握各类业务预算和现金预算编制方法
- 掌握预计财务报表的编制方法

【能力目标】

- 能运用财务预算编制方法编制各类业务预算和现金预算
- 会编制预计利润表和预计资产负债表

任务一　业务预算编制

任务引入

嘉兴公司是一个只生产、销售甲产品的企业。企业经理人为了提高该企业的管理效率，保证战略经营目标的实现，决定自 2015 年度起编制财务预算。经预计，嘉兴公司 2015 年度各季的预

计销售量、期末存货、生产甲产品材料和人工耗用情况、固定资产购置、资本筹集、税费支付、股利分配等皆可预测。

1. 假如嘉兴公司预计年度（2015）各季预计销售量分别为 3 000 件、3 500 件、4 000 件和 3 500 件，销售单价为 80 元。每季度销售收入的 45%于当季收到现金，其余的 55%于下一季度收到现金，此外，年初应收账款为 12 000 元。

2. 假如嘉兴公司各季度的期末存货量按下季度销售量的 20%计算，预算期（年）期末存货量为 650 件，预算期内甲产品每季季初存货与其上季度的季末存货数量相同，预算期（年）初存货数量 600 件。

3. 假如嘉兴公司生产的甲产品每件耗用 A 材料 4 千克，价格为 3 元/千克，所购材料贷款于当季支付 55%，于下季度支付 45%，各季季末库存材料按下一季度生产需要量的 20%计算，预算期初、期末材料存货分别为 2 480 千克、2 600 千克。预算期内各季季初材料存货与上季末存货相同，设应付材料账款年初余额为 18 360 元。

4. 假如嘉兴公司单位产品需用直接人工 5 小时，每小时直接人工成本 4 元。假定其他直接支出已被归入直接人工成本统一核算，不分别反映直接工资与其他直接支出。另外，直接人工成本均须用现金开支，故不必要单独列示。

5. 嘉兴公司按变动成本法计算损益，所以产成品和年末产成品存货只负担变动成本。甲产品的在产品及自制半成品期初、期末均为零，产成品期初变动成本为 40 元/件。

6. 假如嘉兴公司预算期间第一季度购置车床一台，计 30 000 元，估计可使用 8 年，期满残值 1 000 元；购置铣床一台，购价 50 000 元，估计可使用 10 年，期满残值 5 000 元。第四季度购置磨床一台，购价 50 000 元，估计可使用 10 年，期满残值 5 000 元。

7. 假如嘉兴公司财务部门根据预算期间现金收支情况，预计第一季度季初需向银行借款 60 000 元，借款年利率为 10%，还款时同时支付所还款的全部利息。第二、第三季度季末可分别归还贷款 30 000 元及其利息，第二、第三季度归还借款利息共计 3 750 元（第二季度借款利息：30 000×10%×6/12=1 500（元）；第三季度借款利息：30 000×10%×9/12=2 250（元）。另外根据税法规定，预算期间每季末预付所得税 25 000 元，全年 100 000 元。又根据董事会决定，预算期间每季末支付股利 20 000 元，全年共计 80 000 元。

根据上述资料分析，编制嘉兴公司销售预算、生产预算、直接材料采购预算、直接人工预算、制造费用预算、产品生产成本预算、销售及管理费用预算、资本支出预算和一次性专门业务预算。

相关知识

一、财务预算的含义与作用

1. 预算的含义

预算是指企业在科学的生产经营预测与决策的基础上，用价值和实物等多种指标反映企业未来一定时期内的生产经营状况、经营成果及财务状况等的一系列具体计划。预算是计划工作的结果，又是控制生产经营活动的依据。

2. 财务预算的含义与作用

财务预算是一系列专门反映企业未来一定预算期内预计财务状况和经营成果，以及现金收支等价值指标的各种预算的总称，具体包括现金预算、预计利润表、预计资产负债表和预计现金流量表等内容。编制财务预算是企业财务管理的一项重要工作。其作用主要表现在以下4个方面。

（1）明确目标。

（2）合理配置财务资源。

（3）平衡财务收支。

（4）控制财务活动。

另外，财务预算也是考核评定各部门、各层次工作成绩的主要依据，同时也是财务分析的主要依据。

二、财务预算在全面预算体系中的地位

1. 全面预算

全面预算是所有以货币及其他数量形式反映的有关企业未来一定时期内全部经营活动各项目标的行动计划与相应措施的数量说明，具体包括特种决策预算、日常业务预算和财务预算3大类内容。

2. 特种决策预算

特种决策预算最能直接体现决策的结果，它实际是中选方案的进一步规划，如资本支出预算，其编制依据可追溯到决策之前收集到的有关资料，只不过预算比决策估算更细致、更精确。

3. 日常业务预算

日常业务预算是指与企业日常经营活动直接相关的经营业务的各种预算，具体包括销售预算、生产预算、直接材料消耗及采购预算、直接工资及其他直接支出预算、制造费用预算、产品生产成本预算以及经营及管理费用预算等。

4. 财务预算

财务预算作为全面预算体系中的最后环节，可以从价值方面总括地反映经营期决策预算与业务预算的结果，也称为总预算。其余预算则相应地被称为辅助预算或分预算，企业财务预算示意图如图6-1所示。

三、编制预算的基本要求

（1）机构设置。

（2）编制预算必须了解编制预算的基础。

（3）编制预算涉及经营管理的各个部门及人员，所有执行人员都应参与预算的编制，以保证预算得到执行人的自愿执行。

（4）预算的编制程序。

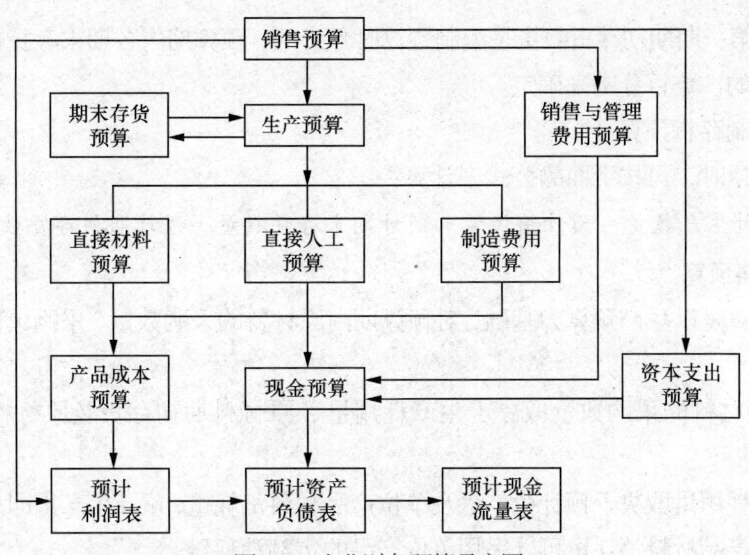

图 6-1 企业财务预算示意图

① 这最高领导机构根据长期规划，提出企业一定时期的总目标，并下达规划指标。

② 最基层的执行人员自行草编预算，使预算能较为切实可行。

③ 各部门汇总部门预算，并初步协调本部门预算，编出销售、生产、财务等业务预算。

④ 预算委员会审查、平衡业务预算，汇总出公司的总预算。

⑤ 提交公司总经理审查总预算，通过或驳回修改总预算。

⑥ 总预算或修改后预算报告给董事会讨论通过或驳回修改。

⑦ 批准后的预算传达给各部门执行。

四、日常业务预算编制

1. 销售预算

销售预算是在销售预测的基础上，根据企业目标利润规划，结合其他方面的因素，对预算期内的预计销售量、销售单价和销售收入所做的预算。销售预算是编制全面预算的出发点，也是日常业务预算的基础。

预计销售额可通过下面的公式得出：

$$预计销售额 = 预计销售量 \times 预计销售单价$$

为了给编制现金预算提供资料，销售预算通常还包括现金收入的预算，以反映每个预算期内因销售而收回现金的预计额。

2. 生产预算

生产预算是关于预算期内生产数量的预算。生产预算的编制需要以销售预算和预计期末存货数量为基础。编制生产预算时，需要对存货数量进行合理的估计，既要避免因存货过多而造成的资金浪费，又要避免因存货不足而影响未来销售的情况。

对存货数量的预算有以下两种方法。

（1）预算期第一期期初存货数量是编制预算时预计的，预算期内各期末存货数量可以根据下期预计销售数量的一定百分比来确定。

（2）单独编制存货预算。

预计生产数量时，可按下面的公式来计算：

预计生产数量＝预计销售量＋预计期末存货数量－预计期初存货数量

3. 直接材料预算

直接材料预算是以生产预算为基础，对预算期内原材料的采购数量、采购单价及预计采购成本所做的预算。

预算期内原材料的采购数量取决于生产耗用量、原材料期初存货及原材料期末存货的需要量。

原材料生产耗用量取决于预计生产量及单位产品材料消耗量，预计生产量即生产预算中的预计生产量，单位产品材料消耗量可以采用单位产品的定额消耗量。

原材料存货预算可以根据下一期原材料生产耗用量的一定百分比确定，也可以单独做预算。

各预算期的采购数量可以根据下式计算：

预计采购量＝预计生产耗用量＋预计原材料期末存货量－预计原材料期初存货量

购买原材料是企业现金支出的一个重要组成部分，为了给编制现金预算提供资料，编制直接材料预算的同时，需要编制现金支出预算。每一期预计现金支出包括偿还上期的采购欠款和本期预计以现金支付的采购款。

4. 直接人工预算

直接人工预算也是以生产预算为基础编制的，是对单位产品工时、每小时人工成本及人工总成本所做的预算。直接人工预算比直接材料预算简单，它不需要考虑存货因素，可以直接根据预算生产量所需要的直接人工小时及每小时人工成本编制。

单位产品工时及每小时人工成本（每小时人工工资）资料来自企业的定额资料。

直接人工总成本（直接人工工资）可以通过下式计算：

直接人工总成本＝预计生产量×单位产品工时×每小时人工成本

由于直接人工工资都需要企业以现金支付，所以不需要另外编制现金支出预算，直接人工预算可直接为现金预算提供现金支出资料。

5. 制造费用预算

制造费用预算是对那些为产品生产服务，但不能直接计入产品成本的间接费用所做的预算。为了编制制造费用预算，通常将制造费用按成本性态分为变动制造费用和固定制造费用，并分别对变动制造费用和固定制造费用编制预算。变动制造费用与产品产量直接相关，所以变动制造费用预算以生产预算为基础来编制，变动制造费用是预计生产量与单位产品变动制造费用的乘积。固定制造费用与本期生产数量无关，需要按照费用项目逐项根据每一预算期内实际需要的支付额进行预计或在上年基础上根据预期变动加以适当修正进行预计。

预算期内预计制造费用＝预计变动制造费用＋预计固定制造费用

为了给编制现金预算提供现金收支信息，在编制制造费用预算时，通常包括现金支出预算。

预计现金支出=预计制造费用-不需要以现金支付的制造费用。

6. 销售与管理费用预算

销售费用预算是对销售环节的支出所做的预算，销售费用按照与销售数量之间的关系，可分为变动销售费用和固定销售费用。变动销售费用是指随销售量的变动而变动的销售费用；固定销售费用是指不随销售数量的变动而变动的销售费用，如销售人员的工资，销售机构的折旧费用、广告费用、保险费用等。

对变动销售费用的预算应当以销售预算为基础编制，预算期内变动销售费用应是预计销售数量与单位变动销售费用的乘积。

固定销售费用因不随销售量变动而变动，通常以过去实际开支为基础，根据预算期的变动进行调整来编制预算。

销售及管理费用大部分也需要本期支付现金，为了给现金预算提供资料，在编制销售及管理费用预算时应编制现金支出预算。但应注意的是，一些不需要支付现金的销售及管理费用应扣除。

7. 产品成本预算

产品成本预算是对产品的单位成本、总成本的预算。产品成本预算的编制需要以直接材料预算、直接人工预算及制造费用预算为基础。

产品单位成本取决于单位产品的材料费用、单位产品人工费用及单位产品应分担的制造费用。其中：

单位产品的直接材料费用＝单位产品材料消耗量×材料预计单价

单位产品的直接人工费用＝单位产品工时×预计每小时人工成本

单位产品的制造费用＝每小时制造费用×单位产品工时

=制造费用总额÷产品工时总额×单位产品工时

产品总成本是预计生产量及产品单位成本的乘积。

8. 产品销售成本预算

产品销售成本预算是关于公司年末产品销售成本的预算，是为编制年度损益表服务的。产品销售成本预算的编制须以产品成本预算及期末产品存货预算为基础。年末预计销售成本可以通过以下公式来计算：

预计销售成本＝预计总生产成本＋期初存货成本－期末存货成本

式中，期初存货成本是上一年年末的期末存货成本；预计生产总成本来自产品成本预算；期末存货成本是期末存货数量与产品单位成本的乘积；期末存货数量资料来自生产预算。

9. 资本支出预算的编制

资本支出预算是对预算期内长期投资项目（回收期超过一年）的未来现金流量进行估算。资本支出预算是与营业预算相对应的，是长期投资决策已选定方案的集中、概括和系统化、表格化，其主要内容是列示投资方案各年度的用款额度及企业各年需要投入的资金总量，以便据以筹划相应的资金来源。

五、固定预算与弹性预算

编制预算的方法按其业务量基础的数量特征不同，可分为固定预算的方法和弹性预算的方法两大类。

1. 固定预算方法

固定预算的方法简称固定预算，又称静态预算，是指根据预算期内正常的、可实现的某一业务量（如生产量、销售量、采购量）水平作为唯一基础来编制预算的方法。

这种预算编制方法的特点是：编制预算的业务量基础是事先确定的某一个业务量水平，这一业务量水平是综合各种因素之后所作的判断，有时与实际业务量存在误差甚至差异较大的情况。固定预算的应用范围较小，只适用于那些业务量水平较为稳定的企业或非营利组织编制预算时采用。

2. 弹性预算方法

弹性预算的方法简称弹性预算，是指企业在不能准确预测业务量的情况下，在成本性态分析的基础上，以业务量、成本和利润之间的数量关系为依据，按照预算期可预见的各种业务量水平，编制能够适应多种业务水平的预算的方法。

弹性预算方法的特点如下。第一，弹性预算是按一系列业务水平编制的，从而扩大了预算的适用范围。第二，弹性预算是按成本的性态分类列示的，便于在计划期末计算实际业务量的预算额，从而能够使预算执行情况的评价和考核建立在更加客观和可比的基础上，便于更好地发挥预算的控制作用。第三，弹性预算适用于编制所有与业务量有关的各种预算，但从现实角度看，它主要用于编制弹性成本费用预算和弹性利润预算。

六、增量预算和零基预算

编制成本费用预算的方法按其出发点的特征不同，可分为增量预算的方法和零基预算的方法两大类。

1. 增量预算方法

增量预算的方法简称增量预算，是指以基期成本费用水平为基础，结合预算期业务量水平及有关降低成本的措施，通过调整有关原有费用项目而编制预算的方法。

这种预算方法的不足之处非常明显：首先，编制预算时，通常是以以前的成本项目及水平为基础稍做调整进行编制的，这样可能使原来一些不合理的成本开支项目继续保留，造成预算上的浪费；其次，按照这种方法编制的成本费用预算，对于那些未来实际需要开支的项目可能因没有考虑未来情况的变化而造成预算的不足，不利于企业的长期发展。这种预算的最大优点是预算编制工作简单，不需要投入大量时间及精力，编制速度快。

2. 零基预算方法

零基预算的方法，即以零为基础编制预算的方法，简称零基预算，是指在编制成本费用预算时，不考虑以往预算期间内所发生的费用项目及费用水平，一切从预算期实际需要与可能出发，逐项审议预算期内各项费用的内容及开支标准是否合理，是否符合企业目标，在综合平衡的基础上编制费用预算的一种方法。这种方法的特点如下。

（1）零基预算不受以前预算期的成本费用项目及水平的限制，一切从预算期的实际出发。这不仅可以促进企业提高资源配置的效率，而且对一切费用一视同仁，有利于企业面向未来全面考虑各种成本费用预算问题，有利于企业的长期发展。

（2）零基预算的方法可以充分发挥各级管理人员的积极性、主动性和创造性，促进各预算部门精打细算，合理使用资金，提高资金的利用效果。但零基预算方法的主要缺点是工作量较大，编制时间较长。在编制成本费用预算时，需要进行大量的基础工作，如需要进行历史分析、现状分析及未来分析，工作量极大。

七、定期预算和滚动预算

编制预算的方法按其预算期的时间特征不同，可分为定期预算的方法和滚动预算的方法两大类。

1. 定期预算方法

定期预算的方法简称定期预算，是指在编制预算时以不变的会计期间（如日历年度）作为预算期的一种编制预算的方法。

定期预算的优点是能够使预算期与会计年度相配合，便于考核和评价预算的执行结果。按照定期预算方法编制的预算主要缺点是：① 缺乏远期指导性；② 定期预算不能随情况的变化及时做出调整，比较机械，缺乏灵活性。当经营活动在预算期内发生重大变化时，所做的预算将无任何意义。

2. 滚动预算的方法

滚动预算的方法简称滚动预算又称连续预算，是指在编制预算时，将预算期与会计年度相脱离，随着预算的执行不断延伸补充预算，逐期向后滚动。滚动预算按其预算编制和滚动的时间单位不同可分为逐月滚动、逐季滚动两种方式。滚动预算克服了定期预算的缺点，实现了与日常管理的紧密衔接，能够帮助管理人员从动态的角度把握住企业近期的规划目标和远期的战略需要。而且，滚动预算能够根据前期预算的执行情况，结合各种因素的变动影响，及时调整和修订近期预算，从而使预算更加切合实际，能够充分发挥预算的指导和控制作用，但这种预算编制方法的最大缺点是预算工作量较大。

任务实施

1. 销售预算

在编制过程中，应根据有关年度内各季度市场预测的销售量和售价，确定预算期销售收入（有时要同时预计销售税金），其中包括前期应收销售货款的收回，以及本期销售货款的收入，它主要为编制“现金预算”提供必要资料。

2. 生产预算

在编制生产预算时，需要注意的是在生产量、销售量和期末存货量之间应保持一定的比例关系，以避免储备不足、产销脱节或超储积压等情况的出现。

预算期产品的预计生产量可按下列公式计算：

预计生产量=预计销售量＋预算期存货量－预算期初存货量

3. 直接材料采购预算

编制直接材料采购预算时，除以生产预算为主要依据外，同时要注意，在材料的采购量、耗用量和库存量之间应保持一定的比例关系，以避免材料的供应不足或超储积压。预计材料采购量计算公式如下：

材料预计采购量＝预算期预计生产需要量+预算期末预计材料库存量
－预算期初预计材料库存量

4. 直接人工预算

根据预计生产量、单位产品直接人工小时、需用直接人工小时、每小时平均工资直接计算人工总额，编制直接人工预算。

5. 制造费用预算

将变动性制造费用和固定性制造费用合计计算制造费用预算，编制制造费用预算。

6. 产品生产成本预算

将直接材料、直接工资及其他直接支出和变动性制造费用合计计算，编制生产成本预算。

7. 销售及管理费用预算

在实务中，销售及管理费用预算分别按销售费用、管理费用和财务费用3个部分编制，本任务为简化起见可合并编制。

8. 资本支出预算

财务部门在日常理财活动中发生筹措、投放资金等一次性业务资金支出的预算。

9. 专门业务预算

可分筹措资金、归还借款、预付所得税、预付股利等项目编制一次性专门业务预算。

任务二　现金预算的编制

任务引入

假如嘉兴公司是按年度分季度编制现金预算，该公司规定预算期间季度最低库存现金余额为10 000元，最高现金余额为70 000元。任务要求如下。

根据以上各种预算有关资料编制嘉兴公司2015年度现金预算。

相关知识

现金预算是用来反映预算期内现金流转状况的预算。现金预算由4个部分组成。

（1）现金收入：包括期初现金余额和预算期内可能发生的现金收入，如销售收入、收回应收账款、票据贴现等。

（2）现金支出：包括预算期内可能发生的各项现金支出，如支付购买材料款，支付工资、制造费用和销售及管理费用，上交所得税，购置设备和支付股利等。

（3）现金多余或不足：将现金收入合计与现金支出合计进行抵减，差额为正数，说明收大于支，现金有多余，可用于归还银行借款或购置短期证券；差额为负数，说明收小于支，现金不足，则需向银行借款或采用其他方法筹资。

（4）资金的筹集与运用：包括预算期内预计向银行借款的数额（或需要向外界筹资的数额）、偿还借款和支付利息、收回放款及利息等事项。

综上所述，现金预算表的构成内容如下。

期初现金余额＋本期现金收入＝本期可动用现金

本期可动用现金－本期现金支出＝本期现金收支差额

预计期末现金余额＝本期现金收支差额＋借入款项－偿还款项－利息

编制现金预算的主要目的在于加强对预算期间现金流量的控制，合理地调度资金，保证企业各个时期的资金需要。

现金预算的编制期间越短越好，西方国家有不少企业按星期或旬编制预算，甚至还有按天编制的，但一般还是采用年度分季或季度分月编制。

任务实施

根据以上各项预算有关资料，按照性质分类、加减，编制嘉兴公司 2015 年度现金预算。

任务三　预计财务报表的编制

任务引入

根据前述预算表有关资料，假如嘉兴公司预算期初（2014 年）的资产负债表如表 6-1 所示。

表 6-1　　嘉兴公司资产负债表

2014 年度　　单位：元

项目	期初	项目	期末
流动资产：		流动负债：	
货币资金	24 000	应付账款	18 360
应收账款	120 000		
存货	30 240	负债合计	18 360
流动资产合计	174 240	股东权益：	
非流动资产：		股本	200 000
固定资产	260 000	未分配利润	415 880
无形资产	200 000		
非流动资产合计	460 000	股东权益合计	615 880
资产总计	634 240	负债和股东权益总计	634 240

任务要求如下。

1. 按变动成本法编制嘉兴公司2015年度预计利润表。

2. 编制嘉兴公司2015年度预计资产负债表。

相关知识

预算财务报表与实际的财务报表不同，其主要是为企业财务管理服务，是控制企业资金、成本和利润总量的重要手段。

1. 预计利润表

预计利润表是关于预算年度要实现利润的计划。

预计利润表以货币形式综合地反映了预算期内企业经营活动成果（包括利润总额、净利润）的计划水平，该预算以销售预算、产品成本预算和期间费用预算等日常业务预算为基础而编制。

2. 预计资产负债表

预计资产负债表是关于预算年度预计资产、负债和所有者权益要素可能达到状态的预算。编制预计资产负债表的目的在于判断预算反映的财务状况的稳定性和流动性。通过预算资产负债表的分析，发现财务比率不佳，可以及时进行修改。预计资产负债表是在年初资产负债表的基础上，根据销售、生产、现金等相关预算的数据加以调整编制。预计资产负债表中年初数为已知，应是企业上年末的实际数，期末数则均应在前述各项日常业务预算和专门决策预算的基础上分析填列。

任务实施

1. 根据前述预算有关资料，按变动成本法编制嘉兴公司2015年度预计利润表。

2. 根据前述预算有关资料和嘉兴公司预算期初（2014年度）的资产负债表，以期初的资产负债表为基础，结合现金预算、预计利润表等各项预算的有关资料，根据各项资产、负债和权益预算期末的余额分析计算填列，编制出预算期末的资产负债表。

项目小结

1. 编制财务预算是企业财务管理的一项重要工作，与财务预测、决策及控制等关系密切。财务预算在全面预算体系中占有重要的地位，从价值方面总括地反映经营期决策预算与业务预算的结果，是总预算。其余预算则为辅助预算或分预算。

2. 现金预算是以日常业务预算和特种决策预算为基础而编制的预算，用来反映现金收支预算的情况。日常业务预算包括销售预算、生产预算、直接材料采购预算、直接人工预算、制造费用预算、产品成本预算和销售及管理费用预算；特种决策预算则包括长期决策预算和一次专门决策预算两类。

3. 现金预算表由4个部分组成，即现金收入、现金支出、现金多余或不足和资金的筹集与运用；预计利润表是在企业全部产、销活动预算及现金预算编制后进行的，主要反映预算期内经营成果的利润计划；预计资产负债表以期初的资产负债表为基础，结合现金预算、预计利润表等预算资料编制。

4. 弹性预算是以一系列业务量水平为基础编制的预算，具有预算范围宽、可比性强的特点，适用于编制各种间接费用或利润的预算，但编制的工作量较大。

5. 零基预算是在编制预算时，不考虑其以往情况如何，从根本上分析每项费用支出及大小的必要性和合理性，因而具有目标明确、没有框架限制、有助于企业未来发展的优点，但也存在着编制工作量大、难度高和费用较昂贵的缺点。其特别适于进行较难辨认的服务性部门费用预算的编制。

6. 滚动预算指在编制预算时，将预算期与会计年度脱离开，随着预算的执行不断延伸补充预算，逐期向后滚动，使预算期永远保持为 12 个月的新预算。滚动预算具有较强的连续性、完整性和稳定性，并具有及时性强、透明度高的特点。

能力拓展训练

一、单选题

1. 在现金预算表内，（　　）应分类列示预算期内可能发生的一切。

A. 现金收支项目　　B. 资金增减项目

C. 资金流入和流出项目　　D. 营业收入和支出项目

2. 下列各项中，没有直接在现金预算中得到反映的是（　　）。

A. 期初期末现金余额　　B. 现金筹措及运用

C. 预算期产量和销量　　D. 预算期现金余缺

3. 增量预算的对称是（　　）。

A. 静态预算　　B. 滚动预算　　C. 零基预算　　D. 弹性预算

4. 下列各项中，不属于日常业务预算内容的是（　　）。

A. 生产预算　　B. 产品成本预算　　C. 销售费用预算　　D. 资本支出预算

5. 企业年度各种产品销售业务量为 100%时的年销售收入总额为 5 500 万元，变动成本为 3 300 万元，企业年固定成本总额为 1 300 万元，利润为 900 万元，则当预计业务量为 70%时的利润为（　　）万元。

A. 540　　B. 240　　C. 630　　D. 680

6. 某企业编制直接材料预算，预计第四季度期初存量 456 千克，季度生产需要量 2 120 千克，预计期末存量为 350 千克，材料单价为 10 元，若材料采购货款有 50%在本季度内付清，另外 50%在下季度付清，假设不考虑其他因素，则该企业预计资产负债表年末“应付账款”项目为（　　）元。

A. 11 130　　B. 14 630　　C. 10 070　　D. 13 560

7. 全面预算体系的各种预算，是以企业决策确定的经营目标为出发点，根据“以销定产”的原则，按照先（　　），后（　　）的顺序编制的。

A. 经营预算 财务预算　　B. 财务预算 经营预算
C. 经营预算 现金预算　　D. 现金预算 财务预算

8. 需按成本性态分析的方法将企业划分为固定成本和变动成本的预算编制方法是（　　）。
A. 固定预算　B. 零基预算　C. 滚动预算　D. 弹性预算

9. 零基预算在编制时，对于所有的预算费用支出均以（　　）为基底。
A. 可能需要　B. 零　C. 现有费用支出　D. 基期费用支出

10. 下列各项预算中，作为全面预算体系中最后环节的是（　　）。
A. 财务预算　B. 日常业务预算　C. 销售预算　D. 特种决策预算

二、多选题

1. 与生产预算直接相联系的预算是（　　）。
A. 直接材料预算　　B. 变动制造费用预算
C. 销售及管理费用预算　　D. 直接人工预算

2. 产品生产成本预算，是（　　）的汇总。
A. 销售及管理费用预算　　B. 直接材料预算
C. 直接人工预算　　D. 制造费用预算

3. 预算的编制方法主要有（　　）。
A. 弹性预算　B. 零基预算　C. 全面预算　D. 滚动预算

4. 在实际工作中，弹性预算主要适用于编制与业务量有关的各种预算，因而主要用于编制（　　）。
A. 直接材料预算　B. 直接人工预算　C. 制造费用预算　D. 销售管理费用预算

5. 在下列各项中，被纳入现金预算的有（　　）。
A. 经营性现金收入　　B. 经营性现金支出
C. 资本性现金支出　　D. 现金收支差额

6. 财务预算包括（　　）。
A. 现金预算　B. 业务预算　C. 预计损益表　D. 预计资产负债表

7. 下列各项中，属于滚动预算优点的有（　　）。
A. 透明度高　B. 及时性强　C. 连续性　D. 完整性

8. 财务预算能使决策目标（　　）。
A. 定性化　B. 定量化　C. 系统化　D. 具体化

9. 经营性现金支出包括（　　）。
A. 支付各项利息　B. 缴纳税金　C. 购买设备支出　D. 股利分配

10. 在下列各项预算中，（　　）是编制产品生产成本预算的基础。
A. 支付各项利息　　B. 生产预算
C. 直接材料消耗及采购预算　　D. 直接人工预算

三、判断题

1. 在编制制造费用预算时，应将固定资产折旧费剔除。 ( )

2. 财务预算是关于企业在未来一定期间内财务状况和经营成果以及现金收支等价值指标的各种预算总称。 ( )

3. 弹性预算从实用角度看，主要适用于全面预算中与业务量有关的各种预算。 ( )

4. 预计资产负债表是以本期期初实际资产负债表各项目的数字为基础，并进行必要的调整来编制的。 ( )

5. 生产预算是日常业务预算中唯一仅以实物量作为计量单位的预算，不直接涉及现金收支。 ( )

6. 滚动预算的主要特点是预算期永远保持 12 个月。 ( )

7. 销售量和单价预测的准确性，直接影响企业财务预算的质量。 ( )

8. 能够克服固定预算缺点的预算方法是滚动预算。 ( )

9. 预算比决策估算更细致、更精确。 ( )

10. 销售管理费用预算是根据生产预算来编制的。 ( )

四、计算题

1. 企业生产 A 产品，年生产能力 20 000 件，每件产品工时定额为 2 小时，2015 年制造费用资料如表 6-2 所示。

表 6-2　　2015 年制造费用资料　　单位：元

项目	每小时变动费用率	全年预算固定成本	全年实际费用
间接材料	0.5	10 000	28 800
间接人工	0.25	2 000	10 700
电力	0.1	1 000	5 000
修理费	0.15	3 000	7 400
折旧		8 000	8 000
其他		2 000	1 800
合计	1.00	26 000	61 700

如果产量达到正常生产能力的 120%，则固定成本中的间接材料将增加 2%，修理费用增加 10%，折旧增加 5%。要求：

（1）根据表 6-2 资料，按正常生产能力的 70%、90%、100%和 120%分别编制制造费用弹性预算。

（2）编制弹性预算执行报告。

2. 将表 6-3 现金预算中的空缺数据按其内在联系填补齐全。假设期末现金最低余额为 4 000 元，银行借款起点为 1 000 元，贷款利率每年 6%，还本时付息，于每季季初借入，每季季末偿还。

表 6-3 现金预算

2015 年度

单位：元

项目	第一季度	第二季度	第三季度	第四季度	全年合计
期初余额	4 000	（6）	（12）	4 561	（25）
加：现金收入	（1）	16 300	17 700	（17）	65 900
可动用现金合计	16 800	（7）	22 620	（18）	（26）
减：现金支出					
采购材料	4 675	4 470	（13）	4 990	（27）
人工成本	6 780	7 380	7 980	（19）	30 660
费用	（2）	2 713	2 794	2 869	（28）
支付股息	1 000	—	—	—	（29）
购买设备	—	500	1 500	—	（30）
现金支出合计	（3）	15 063	（14）	（20）	（31）
现金收支差额	1 713	（8）	5 606	（21）	（32）
银行借款	（4）	—	—	—	3 000
偿还借款	—	（9）	1 000	（22）	（33）
利息	—	（10）	（15）	（23）	（34）
期末余额	（5）	（11）	（16）	（24）	（35）

3. 某企业第三季度销售预算如表 6-4 所示。

表 6-4 某企业第三季度销售预算

单位：元

项目	预计销售金额	预期现金收入		
		7 月	8 月	9 月
期初应收账款	52 500	（1）	（2）	
7 月份销售收入	100 000	（3）	（4）	（5）
8 月份销售收入	150 000		（6）	（7）
9 月份销售收入	170 000			（8）
期末应收账款	（9）			
合计	（10）	（11）	（12）	（13）

该企业销售货款当月可收回 55%，次月收回 30%，第三个月收回余额。

期初应收账款 52 500 元，其中 5 月销售的应收账款为 12 000 元，6 月销售的应收账款为 40 500 元。

要求：

（1）计算 5 月与 6 月的销售收入。

（2）计算第三季度的预期现金收入，填入上表各栏。

（3）计算第三季度末应收账款。

4. 某企业有关预算资料如下。

（1）该企业 3~7 月的销售收入分别为 40 000 元、50 000 元、60 000 元、70 000 元和 80 000

元。每月销售收入中，当月收到现金 30%，下月收到现金 70%。

（2）各月直接材料采购成本按下月销售收入的 60%计算，所购材料款于当月支付现金 50%，下月支付现金 50%。

（3）该企业 4～6 月的制造费用分别为 4 000 元、4 500 元和 4 200 元，每月制造费用中包括折旧费 1 000 元。

（4）该企业 4 月购置固定资产，需要现金 15 000 元。

（5）该企业在现金不足时，向银行借款（为 1 000 元的倍数）；现金有多余时，归还银行借款（为 1 000 元的倍数）。借款在期初，还款在期末，借款年利率 12%，利随本清。

（6）该企业期末现金余额最低为 6 000 元，其他资料见现金预算。

要求：根据以上资料，完成该企业 4～6 月现金预算的编制工作，如表 6-5 所示。

表 6-5　　现金预算　　单位：元

月份	4	5	6
（1）期初现金余额	7 000		
（2）经营现金收入			
（3）直接材料采购支出			
（4）直接工资支出	2 000	3 500	2 800
（5）制造费用支出			
（6）其他费用支出	800	900	750
（7）预缴所得税			8 000
（8）购置固定资产			
（9）现金余缺			
（10）向银行借款			
（11）归还银行借款			
（12）支付借款利息			
（13）期末现金余额			

5. 易达公司 2015 年 1～3 月实际销售额分别为 38 000 万元、36 000 万元和 41 000 万元，预计 4 月销售额为 40 000 万元（销售额均为不含税销售收入）。每月销售收入中有 70%能于当月收现，20%于次月收现，10%于第三个月收讫，不存在坏账。假定该公司销售的产品在流通环节需缴纳消费税，适用的增值税税率为 17%，消费税税率为 10%，城市维护建设税税率为 7%，教育费附加的征收的税率为 3%，并于当月以现金缴纳。该公司 3 月末现金余额为 80 万元，应付账款余额为 5 000 万元（需在 4 月付清），不存在其他应收、应付款项。

4 月有关项目预计资料如下：采购材料 8 000 万元（当月付款 70%，假定该企业生产所使用的材料都是在当期内采购的）；工资及其他支出 8 400 万元（现金支付）；制造费用 8 000 万元（其中折旧费等非付现费用为 4 000 万元）；营业费用和管理费用 1 000 万元（现金支付）；预缴所得税 1 900 万元；购买设备 12 000 万元（现金支付）。现金不足时，通过向银行借款解决。4 月末现金余额要求不低于 100 万元。

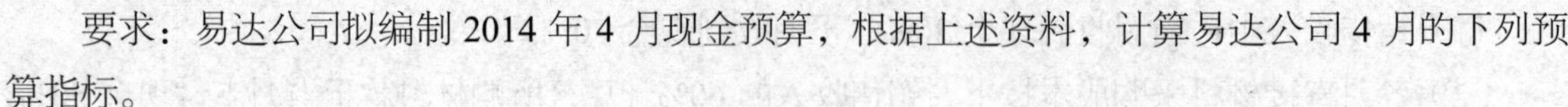

要求：易达公司拟编制 2014 年 4 月现金预算，根据上述资料，计算易达公司 4 月的下列预算指标。

（1）经营性现金流入。

（2）应缴税金及附加。

（3）经营性现金流出。

（4）现金余缺。

（5）应向银行借款的最低金额。

（6）4 月末应收账款余额。

项目七

财务控制

【知识目标】

- 了解财务控制的含义、作用与分类
- 了解成本中心、利润中心和投资中心等责任中心的特征和评价指标
- 了解责任预算与责任报告编制
- 了解责任结算与考核

【能力目标】

- 能对成本中心、利润中心和投资中心等责任中心进行评价
- 能正确地进行责任结算与考核

任务一　责任中心的划分与评价指标

任务引入

上海某制药厂的主要产品为大补膏和人参素，市场旺销，特别在春节前后，产品更是供不应求。因此，该厂销售部门要求突击生产，加班加点，生产出更多的产品以增加销售，提高利润。然而生产部门却反对这一做法，认为这样做要打乱全年生产计划。另外，由于节假日加班加点要

支付双倍甚至 3 倍的工资，因此产品成本很高，在进行一系列成本指标考核时，显然对生产部门十分不利，甚至要影响奖金。所以生产部门竭力反对，并抱怨销售部门只顾自己的一系列销售指标，而不考虑生产部门的苦衷。但销售部门马上提出，生产部门是否愿意承担失去大量客户的责任，是否考虑到销售收入和企业利润等各项经济指标。当然，生产部门是不愿意承担这些责任的。双方争论不休，最后矛盾上交厂部。任务要求如下。

1. 假如你是财务科长，是否接受该项加班加点任务？

2. 你认为应怎样处理生产部门和销售部门之间的矛盾？

相关知识

一、财务控制概述

1. 财务控制的概念与作用

（1）财务控制的概念和特征。

财务控制是指企业对财务活动的控制，是按照一定的程序和方式确保企业及其内部机构和人员责任的全面落实，实现对企业资金的取得、投放、使用和分配过程的控制。

财务控制的特征如下：

① 财务控制是一种价值控制；

② 财务控制是一种全面控制；

③ 财务控制以现金流量为控制目的。

（2）财务控制的作用。

财务控制与财务预测、决策、预算和分析等环节共同构成财务管理的循环。其中，财务控制是财务管理循环的关键环节，它对实现财务管理目标具有保证作用。

2. 财务控制的基础

财务控制的基础是指进行财务控制所必须具备的基本条件，包括以下内容。

（1）组织基础。财务控制的首要基础是围绕控制目标建立有效的组织机构，以保证控制的有效性。

（2）制度基础。内部控制制度是指企业为了顺利实施控制过程所进行的组织机构的设计、控制手段的采取及各种措施的制定。

（3）预算目标。健全的财务预算目标是进行财务控制的依据。

（4）会计信息。准确、及时、真实的会计信息是财务控制实施过程中的基本保障。

（5）信息反馈系统。财务控制是一个动态的控制过程，要确保财务预算目标的贯彻实施，必须对各责任中心执行预算的情况进行跟踪监控，不断调整执行偏差。

（6）奖励制度。奖励制度是保证控制系统长期有效运行的重要因素。

3. 财务控制的种类

（1）按控制的主体分类。财务控制按控制主体分为出资者财务控制、经营者财务控制和财务部门的财务控制 3 种类型。

出资者财务控制是资本所有者为了实现其资本保全和增值目的而对经营者的财务收支活动进行的控制，如出资者对成本开支范围和标准的规定。

经营者财务控制是管理者为了实现财务预算目标而对企业的财务收支活动所进行的控制，这种控制是通过管理者制定财务决策目标，并促使这些目标被贯彻执行而实现的。

财务部门的财务控制是财务部门为了有效地保证现金供给，通过编制现金预算对企业日常财务活动所进行的控制。

（2）按控制的时间分类。财务控制按控制的时间分为事前财务控制、事中财务控制和事后财务控制。

① 事前财务控制，是指财务收支活动尚未发生之前所进行的控制。

② 事中财务控制，是指财务收支活动发生过程中所进行的控制。

③ 事后财务控制，是指对财务收支活动的结果所进行的考核及相应的奖罚。

（3）按控制的依据分类。

财务控制按控制的依据分为预算控制和制度控制。

预算控制是以财务预算为依据，对预算执行主体的财务收支活动进行监督、调整的 一种控制形式。

制度控制是通过制定企业内部的规章制度，并以此为依据约束企业和各责任中心财务收支活动的一种控制形式。

（4）按控制的对象分类。

财务控制按控制的对象分为收支控制和现金控制。

收支控制是对企业和各责任中心的财务收入活动和财务支出活动所进行的控制。

现金控制是对企业和各责任中心的现金流入和现金流出活动所进行的控制。

（5）按控制的手段分类。

财务控制按控制的手段分为绝对控制和相对控制。

绝对控制是指对企业和责任中心的财务指标采用绝对额进行控制。

相对控制是指对企业和责任中心的财务指标采用相对比率进行控制。

二、责任中心的概念与特征

1. 责任中心的概念

责任中心是指具有一定的管理权限，并承担相应的经济责任的企业内部单位。换句话说，责任中心就是各个责任单位能够对其经济活动进行严格控制的区域。

2. 责任中心的特征

（1）责任中心是一个职责、权利相统一的实体。

（2）责任中心具有承担经济责任的条件。它有两个方面的含义：一是责任中心具有履行经济责任中各条款的行为能力；二是责任中心具有一旦不能履行经济责任，能对其后果承担责任的能力。

（3）责任中心所承担的责任和可行使的权力都应是可控的。

（4）责任中心具有相对独立的经营业务和财务收支活动。

（5）责任中心具有独立核算、业绩评价的能力。

3. 责任中心的类别

根据企业内部责任单位的权责范围及业务活动的不同特点，责任中心一般分为成本中心、利润中心和投资中心3大类。

三、成本中心

1. 成本中心的含义

成本中心是指对成本或费用承担责任的责任中心。由于成本中心无收入来源，故这类中心只对成本费用负责，不对收入、利润或投资负责。成本中心一般包括企业产品的生产部门、劳务提供部门以及给予一定费用指标的管理部门。

2. 成本中心的类型

成本中心的类型有两种，即标准成本中心和费用中心。

标准成本中心有稳定而明确的产品，且单位产品的投入量（成本）可以通过技术分析测算出来。标准成本中心是以实际产出量为基础，并按标准成本进行成本控制的成本中心。

费用中心发生费用的多少由管理人员的决策行为所决定，费用的投入与产出之间无密切关系。它一般包括各种管理费用和某些间接成本项目，如广告宣传费和职工培训费等。费用中心是以直接控制经营管理费用总量为主的成本中心。

3. 成本中心的特点

成本中心相对于利润中心和投资中心有其自身的特点，主要表现如下：

（1）成本中心只考核成本费用而不考核收益。

（2）成本中心只对可控成本负责。

凡是责任中心能够控制的各种耗费，称为可控成本；凡是责任中心不能控制的各种耗费，称为不可控成本。可控成本应同时具备以下4个条件：① 可以预计；② 可以计量；③ 可以施加影响；④ 可以落实责任。

（3）成本中心只对责任成本进行考核和控制。

责任中心所发生的各项可控成本之和即是该中心的责任成本。

4. 成本中心的考核指标

责任中心考核的主要内容是责任成本，即将成本中心发生的实际责任成本同预算责任成本进行比较，从而评判成本中心工作业绩的好坏。

成本中心的考核指标主要采用相对指标和比较指标两种形式，包括成本（费用）变动额和变动率，其计算公式如下：

成本（费用）变动额＝实际责任成本（费用）－预算责任成本（费用）

成本（费用）变动率＝成本（费用）变动额÷预算责任成本（费用）×100%

【业务实例 7-1】 某成本中心生产 A 产品，预算产量为 6000 件，预算单位责任成本 150 元；实际产量 8000 件，实际单位责任成本 130 元。试计算该中心的成本降低额和降低率？

成本变动额 = 8000 × 130 − 8000 × 150 = − 160 000（元）

成本变动率 = − 16 000÷（8000 × 150）× 100% = − 13.3%

计算结果表明，该成本中心的成本降低额为 160 000 元，降低率为 13.3%

四、利润中心

1. 利润中心的含义

利润中心是指对利润负责的责任中心。由于利润是收入扣除费用后的余额，所以利润中心实际上既要对收入负责，也要对成本费用负责。这类责任中心一般是指企业内部有产品经销权或提供劳务服务的部门。

与成本中心相比，利润中心的权力和责任要大一些。

2. 利润中心的类型

利润中心分为自然利润中心与人为利润中心两种。

自然利润中心是以对外销售产品而取得实际收入为特征的利润中心。这类利润中心本身直接面向市场，一般具有产品销售权、价格制定权、材料采购权和生产决策权。

人为利润中心是以产品在企业内部流转而取得“内部销售收入”为特征的利润中心。这种利润中心一般不直接对外销售产品，只对本企业内部各责任中心按内部结算价格提供产品或劳务。

3. 利润中心的考核指标

利润中心的成本计算通常有以下两种方式可供选择。

（1）利润中心不计算共同成本或不可控成本，只计算可控成本。这种方式主要适合于共同成本难以合理分摊的情况。按这种方式计算出来的利润相当于“边际贡献总额”，人为利润中心适合采用这种方式。考核指标计算公式如下：

利润中心边际贡献总额 = 该利润中心销售收入总额 − 该利润中心可控成本总额（变动成本总额）

一般而言，可控成本总额就等于变动成本总额。

（2）利润中心计算可控成本，也计算共同成本或不可控成本。在这种情况下，共同成本易于分割，自然利润中心一般采用这种方式。若采用变动成本法，考核指标计算公式如下：

利润中心边际贡献总额 = 该利润中心销售收入总额−该利润中心变动成本总额

利润中心负责人可控利润总额 = 该利润中心边际贡献总额 − 该利润中心负责人可控固定成本

利润中心可控利润总额 = 该利润中心负责人可控利润总额 − 该利润中心负责人不可控固定成本

公司利润总额 = 各利润中心可控利润总额之和 − 公司不可分摊的各种管理费用、财务费用等

五、投资中心

1. 投资中心的含义

投资中心是对投资负责的责任中心。该中心既要对成本和利润负责，又要对投资效果负责。

由于投资的目的是获得利润，因而投资中心同时也是利润中心。它与利润中心的区别主要在于：① 利润中心没有投资决策权，而投资中心拥有投资决策权；② 投资中心处于责任中心的最高层，它具有最大决策权，同时也承担最大的责任；③ 投资中心的管理特征是较高程度的分权管理；④ 在组织形式上，成本中心一般不是独立法人，利润中心可以是也可以不是独立的法人，而投资中心一般都是独立的法人。

2. 投资中心的考核指标

投资中心的考核指标主要是投资利润率和剩余收益。

（1）投资利润率。投资利润率也称投资报酬率，是指投资中心所获得的利润与投资额之间的比率。其计算公式为

投资利润率＝利润÷投资额×100%

＝（销售收入÷投资额）×（成本费用÷销售收入）×（利润÷成本费用）

＝资本周转率×销售成本率×成本费用利润率

投资利润率是评价投资中心业绩的常用指标，该指标的优点是：① 能反映投资中心的综合盈利能力；② 能比较不同投资额的投资中心的业绩大小，具有横向可比性，应用范围广；③ 通过投资利润率进行投资中心业绩评价，可以正确引导投资中心的经营管理行为，促使其行为长期化。

投资利润率作为评价指标的不足之处在于：① 利润在计算时受人为因素的影响，导致利润数据内容失真，使计算出来的投资利润率指标无法反映投资中心的实际盈利能力；② 投资利润率指标会造成各投资中心只顾本中心利益而放弃对整个企业有利的投资行为，使各投资中心缺乏全局观念；③ 投资利润率的计算与资本支出预算所用的现金流量分析方法不一致，不便于投资项目建成投产后与原定目标的比较。为了克服投资利润率的某些缺陷，可以采用剩余收益作为评价指标。

（2）剩余收益。剩余收益是一个绝对数指标，是指投资中心获得的利润扣减其最低投资收益后的余额。其计算公式为

剩余收益＝利润−（投资额×预期最低投资报酬率）

以剩余收益作为投资中心经营业绩评价指标的基本要求是：只要投资利润率大于预期的最低报酬率，该项投资便是可行的，从而可避免投资中心单纯追求利润而放弃一些有利可图的投资项目，有利于提高资金的使用效率。

【业务实例7-2】 某公司下设A、B两个投资中心，该公司加权平均最低投资利润率为9%。A投资中心的投资额为500万元，利润为25万元；B投资中心的投资额为800万元，利润为120万元。现两个投资中心追加投资，如果A投资中心追加投资200万元，年利润可增加17万元；B投资中心追加投资400万元，年利润可增加57万元。有关的投资利润率、剩余收益计算如表7-1所示。

表7-1 投资中心指标计算表 单位：万元

项目		投资额	利润	投资利润率	剩余收益
追加投资前	A	500	25	5%	25−500×9%=−20
	B	800	120	15%	120−800×9%=48
	Σ	1 300	145	11.15%	145−1 300×9%=28
A投资中心追加投资200万元	A	700	42	6%	42−700×9%=−21
	B	800	120	15%	120−800×9%=48

续表

项目		投资额	利润	投资利润率	剩余收益
A 投资中心追加投资 200 万元	Σ	1 500	162	10.8%	162−1 500×9%=27
B 投资中心追加投资 400 万元	A	500	25	5%	25−500×9%=−20
	B	1 200	177	14.75%	177−1 200×9%=69
	Σ	1 700	202	11.88%	202−1 700×9%=49

任务实施

某公司下设 A、B 两个投资中心。A 投资中心的部门资产为 200 万元，投资报酬率为 15%；B 投资中心的投资报酬率 14%，剩余收益为 200 万元。设该公司平均资金成本为 10%。

要求：

（1）计算 A 中心的剩余收益。

（2）计算 B 中心的部门资产。

（3）说明投资报酬率和剩余收益作为投资中心业绩评价指标的优缺点。

任务二 责任结算与考核

任务引入

某公司有 3 个业务类似的投资中心，使用同样的预算进行控制。本年有关数据如表 7-2 所示。

表 7-2 甲、乙、丙 3 个投资中心的相关数据 单位：万元

项目	预算数	实际数		
		甲投资中心	乙投资中心	丙投资中心
销售收入	2 000	1 800	2 100	2 000
息税前利润	180	190	200	180
占用的总资产额	1 000	900	1 000	1 000

假设公司全部资金来源中有银行借款和普通权益两部分，且两部分的比例是 4:6。其中银行借款有两笔：一笔 600 万元，期限两年，利率 6.02%；另一笔借款 1 000 万元，期限 5 年，利率 7.36%。两笔借款都是每年付息一次，到期还本。公司管理层利用历史数据估计的净资产的β系数为 1.2。公司适用的所得税税率为 33%，政府短期债券收益率是 4%，股票市场平均收益率是 12%。设公司要求的最低利润率水平不低于公司的综合资金成本。任务要求如下。

请通过计算分析、判断各投资中心的绩效并进行排序。

相关知识

业绩考核是以责任报告为依据，分析、评价各责任中心预算的实际执行情况，找出差距，查明原因，借以考核各责任中心的工作成果，实施奖惩，促使各责任中心积极纠正行为偏差，完成责任预算的过程。

责任中心的业绩考核有狭义和广义之分，狭义的业绩考核仅指对各责任中心的价值指标，如成本、收入、利润等完成的情况进行考核；广义的业绩考核，除了上述内容外，还包括对各责任中心非价值指标的完成情况进行考核。责任中心的业绩考核可分为年终考核与日常考核。年终考核通常是指一个年度终了（或预算期结束）时对责任预算执行结果的考核，目的在于进行本年度（或本预算期）的奖惩和为下一年度（或下一个预算期）编制预算提供依据；日常考核是指在年度内（或预算期内）对责任预算执行过程的考核，目的在于通过信息反馈，控制和调节责任预算的执行偏差，确保责任预算的落实。

一、责任结算与核算

1. 内部转移价格

（1）内部转移价格的含义。内部转移价格是指企业内部各责任中心之间转移中间产品或相互提供劳务而发生内部结算和进行内部责任结转所使用的计价标准。

采用内部转移价格进行内部结算，使两个责任中心之间的关系类似于市场交易的买卖关系。内部转移价格与外部市场价格有很大的不同，内部转移价格这一手段使得内部责任单位处于模拟市场竞争关系之中，但并不是真正意义上的市场竞争双方。

（2）内部转移价格的制定原则。

① 全局性原则。

② 自主性原则。

③ 激励性原则。

（3）内部转移价格的类型。

① 市场价格。市场价格简称“市价”，是指责任中心在确定内部转移价格时，以产品或劳务的市场供应价格作为计价标准的价格。能采用市场价格作为内部转移价格的责任中心一般具有独立法人地位，能自主决定产品生产的数量、产品出售或购买的数量及相应价格。

② 协商价格。协商价格也称“议价”，是企业内部责任中心的买卖双方以正常的市场价格为基础，通过共同协商所确定的双方能够接受的价格。协商价格的上限是市价，下限是单位变动成本，具体价格应由各相关责任中心在这一范围内协商议定。

③ 双重价格。双重价格就是责任中心买卖双方采用不同的内部转移价格作为本中心的计价标准，如对产品（半成品）的供应方，可按协商的市场价格计价；对使用方则按供应方产品（半成品）的单位变动成本计价，其差额由会计最终调整。双重价格有两种形式：一是双重市场价格，就是当某种产品或劳务在市场上出现几种不同价格时，卖方采用最高市价，买方采用最低市价；二是双重转移价格，就是卖方按市场价格或议价作为计价基础，而买方按供应方的单位变动成本作为计价基础。

④ 成本转移价格。成本转移价格是指以产品或劳务的成本为基础而制定的内部转移价格。由于成本的概念不同，成本转移价格也有多种不同的形式，其中用途较为广泛的成本转移价格有 3 种：a. 标准成本，即以产品（半成品）或劳务标准成本作为内部转移价格；b. 标准成本加成，即按产品（半成品）或劳务的标准成本加计一定的合理利润作为计价的基础；c. 标准变动成本，即以产品（半成品）或劳务的标准变动成本作为内部转移价格。

2. 内部结算方式

企业内部各责任中心之间发生经济业务往来，需要按照一定的方式进行内部结算。按照内部对象的不同，通常采取以下不同的结算方式。

（1）内部支票结算方式。内部支票结算方式是指由付款方签发内部支票通知内部银行从其账户中支付款项的结算方式。这种方式分为签发、收受和银行转账3个环节。内部支票结算方式主要适用于收、付款双方可以直接见面进行经济往来的业务结算。

（2）转账通知单方式。转账通知单方式是由收款方根据有关原始凭证或业务活动证明签发转账通知单，通知内部银行将转账通知单转给付款方，让其付款的一种结算方式。这种结算方式适用于买卖双方发生经常性往来业务且信誉较高的情况。它手续简便，结算及时，但若付款方有异议，则可能拒付。

（3）内部货币结算方式。内部货币结算方式是使用内部银行发行的限于企业内部流通的货币（包括内部货币、资金本票、流通券、资金券等）进行内部往来结算的一种方式。这种结算方式是一种典型的一手交“钱”一手交“货”的结算方式。在一般情况下，小额、零星往来的业务以内部货币结算，大宗业务以内部银行支票结算。

3. 责任成本的内部结转

责任成本的内部结转又称责任转账，是指在生产经营过程中，对于由不同原因造成的各种经济损失，由承担损失的责任中心（本来不应该承担责任）对应承担损失的责任中心结转责任和赔偿损失的过程。

责任转账的目的是划清各责任中心的成本责任，使不应承担损失的责任中心在经济上得到合理补偿，在责权上明确界限，为业绩考核、评价及奖惩奠定合理的基础。

责任转账的方式有直接的货币结算方式和内部银行转账方式两种，前者是以内部货币直接支付给损失方，后者只是在内部银行所设立的账户之间划拨。

二、责任中心的业绩考核

1. 成本中心的业绩考核

成本中心是企业最基础的责任中心，在进行业绩考核时，只应对其可控成本负责。成本责任中心业绩考核的内容是将实际可控成本与责任成本进行比较，从而确定两者差异的性质、数额以及形成的原因，并根据差异分析的结果，对成本中心进行奖惩，以督促成本中心努力降低成本。

2. 利润中心的业绩考核

利润中心的业绩考核应以销售收入、边际贡献及息税前利润为重点进行分析、评价，特别是应通过一定期间的实际利润与预算利润目标进行对比，分析差异及其形成原因，对经营上存在的问题和取得的成绩进行全面公正的评价。此外，在自然利润中心，不属于该中心的收入或成本，即使发生实际收付行为，也应在考核时予以剔除。

3. 投资中心的业绩考核

投资中心是企业最高级别的责任中心，其业绩考核的内容包括投资中心的成本、收入、利润及资金占用指标的完成情况，特别要注意考核投资利润率和剩余收益两项指标，将投资中心的实际数与预算数进行比较，分析差异，查明原因，进行奖惩。由于投资中心层次高，管理范围广，内容复杂，考核时应更加仔细深入、依据确凿，责任落实具体，这样才能起到应有的作用。

任务实施

1. 计算该公司单项资金成本，运用加权平均法计算其综合资金成本。

2. 运用投资中心息税前利润与其总资产占用额之间的比例关系，计算各投资中心的投资利润指标。

3. 计算各投资中心的剩余收益指标。

4. 比较 3 个责任中心的投资利润指标和剩余收益指标，对各投资中心进行业绩评价，并提交业绩评价的书面材料。

项目小结

1. 财务控制是指对企业财务活动的控制，是按照一定的程序和方式确保企业及其内部机构和人员全面落实、实现对企业资金的取得、投放、使用和分配过程的控制。财务控制是财务管理循环的关键环节。

2. 财务控制是一种价值控制，重点是对企业现金流进行控制。财务控制涉及与企业财务活动有关的各个层面，具有广泛性。财务控制的主要目的是使企业的现金能够在企业的经营活动过程中安全、匹配、高效地流动。

3. 财务控制的实现手段之一是实行责任控制，即将财务控制落实到责任中心。责任中心一般可分为成本中心、利润中心和投资中心。不同的责任中心将承担不同的财务控制责任，基本原则是责、权、利的统一。

4. 成本中心的考核指标主要有：成本（费用）降低额和成本（费用）降低率；利润中心的考核指标主要有利润中心贡献毛益总额、利润中心负责人可控利润总额、利润中心可控利润总额和公司利润总额；投资中心的考核指标主要有投资利润率和剩余收益。

5. 财务控制具体的实施手段有责任预算、责任报告和业绩考核。为了分清内部的业绩水平，还应该进行责任结算和核算。

能力拓展训练

一、单选题

1. 协商价格的上限是（　　）。

A. 市价　　B. 市价减去销售费用和税金

C. 单位制造成本　　D. 单位变动成本

2. 在其他条件不变的情况下，内部转移价格发生变动时会使（　　）。

A. 两个责任中心的利润同方向变动　　B. 两个责任中心的收入同方向变动
C. 整个企业的利润增加或减少　　D. 两个责任中心的利润反方向变动

3. ABC 公司 2013 年销售收入为 1 000 万元，实现利润为 400 万元；2014 年销售收入 1 200 万元，实现利润 520 万元。假定该企业的售价与成本水平不变，则该企业在预计 2015 年销售收入为 1 500 万元时实现的利润为（　　）万元。

A. 700　　B. 600　　C. 650　　D. 720

4. 下列说法错误的是（　　）。

A. 财务控制以资金控制为核心　　B. 财务控制是一种价值控制
C. 财务控制是一种全面控制　　D. 财务控制以现金流量控制为目的

5. 某企业内部乙车间是人为利润中心，本期实现内部销售收入 200 万元，变动成本为 120 万元，该中心负责人可控固定成本为 20 万元，不可控但应由该中心负担的固定成本 10 万元，则该中心对整个公司所做的经济贡献为（　　）万元。

A. 80　　B. 60　　C. 50　　D. 40

6.（　　）是最高层次的责任中心，具有最大的决策权，也承担最大的责任。

A. 成本中心　　B. 利润中心　　C. 费用中心　　D. 投资中心

7. 为了弥补投资利润率指标的某些不足，可采用（　　）作为评价投资中心业绩的指标。

A. 贡献毛益总额　　B. 可控利润总额　　C. 公司利润总额　　D. 剩余收益

8. 某企业的成本中心生产某种产品，预测产量为 36 件，预算单位成本为 100 元，该中心实际生产量为 35 件，实际总成本为 3 430 元。则该责任中心的成本降低额为（　　）元。

A. −70　　B. 70　　C. −72　　D. 72

9. 在采用定额控制方式实施财务控制时，对约束性指标应选择的控制标准是（　　）。

A. 弹性控制标准　　B. 平均控制标准　　C. 最高控制标准　　D. 最低控制标准

10. 责任转账的实质就是按照经济损失的责任归属将其结转给（　　）。

A. 发生损失的责任中心　　B. 发现损失的责任中心
C. 承担损失的责任中心　　D. 下一个责任中心

11. 某投资中心投资额为 100 000 元，企业加权平均的最低投资利润率为 18%，剩余收益为 15 000 元，则该中心的投资利润率为（　　）%。

A. 30　　B. 36.75　　C. 33　　D. 45

12. 某企业的一个成本中心，生产某产品，预算产量为 1 000 件，单位成本 80 元；实际产量 1 200 件，单位成本 75 元，则该成本中心的成本变动率为（　　）%。

A. −7.5　　B. −12.5　　C. −6.25　　D. −5

二、多选题

1. 责任中心之间进行内部结算和责任成本结转所使用的内部转移价格包括（　　）。

A. 市场价格　　B. 协商价格　　C. 双重价格　　D. 成本价格

2. 下列各项中，属于投资中心特征的有（　　）。

A. 拥有决策权　　B. 一般为独立法人

C. 处于责任中心的最高层　　D. 只需要对投资效果负责

3. 投资中心的业绩考核重点应放在（　　）。

A. 收入　　B. 利润　　C. 剩余收益　　D. 投资利润率

4. 成本中心的特点包括（　　）。

A. 只对成本费用负责，不对收入负责

B. 只对可控成本负责

C. 既要对可控成本负责，也要对不可控成本负责

D. 要对责任成本负责

5. 利润中心需要对（　　）负责。

A. 收入　　B. 投资收益　　C. 利润　　D. 成本费用

6. 在采用双重协商价格作为内部转移价格时，可能出现的情况有（　　）。

A. 供应方采用最高市价　　B. 使用方采用最低市价

C. 供应方按市场价格或议价计价　　D. 使用方按对方的单位变动成本计价

7. 投资利润率可以进一步分解为3个相对数指标之积，它们包括（　　）。

A. 资本周转率　　B. 销售成本率　　C. 贡献毛益率　　D. 成本费用利润率

8. 下列各项中，属于揭示自然利润中心特征的是（　　）。

A. 直接面对市场　　B. 具有部分经营权

C. 实现利润最大化　　D. 对外销售产品而取得收入

三、判断题

1. 由于企业内部的个人不能构成责任实体，所以也不能将其作为责任中心。（　　）

2. 成本中心的变动成本一定是可控成本，而固定成本一定是不可控成本。（　　）

3. 某项会导致个别投资中心投资利润率提高的投资，不一定会使整个企业的投资利润率提高；某项会导致个别投资中心剩余收益指标提高的投资，则一定会使整个企业的剩余收益提高。（　　）

4. 责任转账的目的是划定各个责任中心的成本责任，贯彻“谁生产，谁承担”的原则。（　　）

5. 在集权组织形式下，编制责任预算的程序是自上而下的；在分权组织形式下，编制责任预算的程序是自上而下的。但无论在什么形式下，责任报告都是自下而上编制的。（　　）

6. 内部转移价格只能用于企业内部各责任中心之间由于进行产品或劳务的流转而进行的内部结转。（　　）

7. 当一个责任中心向另一个责任中心提供产品时，不仅要办理内部结算，还应同时办理责任成本的内部结转。（　　）

8. 成本的可控是相对于不可控而言的，责任层次越高，其可控范围越小。（　　）

9. 剩余收益等于利润扣减投资额与投资利润率的乘积。（　　）

10. 投资利润率能反映投资中心的综合盈利能力，但不具备横向可比性。（　　）

四、简答题

1. 简述财务控制的概念、特征和作用。

2. 简述财务控制的种类。

3. 简述责任中心的种类及特点。

4. 简述企业制订内部转移价格的目的及基本原则。

五、计算分析题

1. 某企业内部某车间为成本中心，生产 A 产品，预测产量 6 000 件，单位成本 100 元，实际产量 7 000 件，单位成本 95 元。要求：计算成本变动额和成本变动率。

2. 某企业的甲车间是一个人为利润中心，本期实现内部销售收入 80 万元，销售变动成本为 55 万元，该中心负责人可控固定成本为 5 万元，中心负责人不可控的且应由该中心负担的固定成本为 7 万元。要求：（1）利润中心的考核指标有哪些？（2）计算该中心的实际考核指标。

3. 假定某公司的投资利润率如表 7-3 所示。

表 7-3　　甲、乙投资中心的相关信息表

投资中心	利润（万元）	投资（万元）	投资利润率
甲	150	1 000	15%
乙	90	1 000	9%
全公司	240	2 000	12%

假定甲投资中心面临一个投资机会，其投资额为 1 000 万元，可获利润 130 万元，投资利润率为 13%，假定全公司预期最低平均利润率为 12%。要求：

（1）计算投资中心的考核指标。

（2）评价甲投资中心的这个投资机会。

4. 立信公司、顺佳公司、亚达公司是 3 家没有任何联系的公司，各公司有关资料如表 7-4 所示。

表 7-4　　立信公司、顺佳公司和亚达公司的相关信息表　　单位：万元

项目	立信公司	顺佳公司	亚达公司
利润	3 800	950	6 000
净资产平均占用额	30 000	8 000	85 000
股东权益	25 000	7 000	65 000
规定的最低投资报酬率	10%	12%	8%

要求：

（1）分别计算立信公司、顺佳公司和亚达公司 3 家公司的剩余收益。

（2）若现有一投资机会，可带来 11%的投资报酬率，试分析 3 家公司是否愿意投资。

项目八

财务分析

【知识目标】

- 理解财务分析的含义和基本内容
- 掌握比较分析法、比率分析法和因素分析法等财务分析方法
- 掌握偿债能力、营运能力和获利能力评价基本指标及其计算
- 掌握杜邦财务分析体系

【能力目标】

- 能运用有关评价指标和方法对企业的偿债能力进行分析
- 能运用有关评价指标和方法对企业的营运能力进行分析
- 能运用有关评价指标和方法对企业的获利能力进行分析
- 能运用杜邦财务分析体系进行财务状况综合分析
- 能完成财务分析报告的撰写

任务一 财务分析基本方法应用

任务引入

东方纸业股份有限公司（以下简称“东方公司”）2014 年 5 月生产 A 产品所需耗用原材料的

实际数额是 21 600 元，而计划数额是 17 920 元。实际比计划增加了 3 680 元。

现假定东方公司 2014 年 5 月 A 产品产量、单位产品材料消耗量和材料单价这 3 个因素的数值如表 8-1 所示。

表 8-1 东方公司 A 产品产量、单位产品材料消耗量和材料单价数值表

项目	单位	计划数	实际数
A 产品产量	件	160	180
单位产品材料消耗量	千克	14	12
材料单价	元	8	10
材料费用总额	元	17 920	21 600

任务要求如下。

1. 运用连环替代法，分析各因素变动对材料费用总额的影响程度。
2. 采用差额分析法计算确定各因素变动对材料费用的影响。

相关知识

一、财务分析概述

1. 财务分析含义

财务分析，又称财务报表分析，是指以财务报告资料及其他相关资料为依据，采用一系列专门的分析技术和方法，对企业等经济组织过去和现在有关筹资活动、投资活动、经营活动、分配活动的盈利能力、营运能力、偿债能力和增长能力状况等进行分析与评价，为企业的投资者、债权人、经营者和其他财务分析主体的决策提供依据。财务分析的目的是评价企业过去的经营业绩，衡量企业现在的财务状况，并预测企业未来的发展趋势。

2. 财务分析的作用

（1）财务分析是评价财务状况及经营业绩的重要依据。通过财务分析，可以了解企业的偿债能力、营运能力、盈利能力和现金流量状况，合理评价经营者的经营业绩，以奖优罚劣，促进管理水平的提高。

（2）财务分析是实现财务管理目标的重要手段。企业财务管理的根本目标是实现企业价值的最大化。通过财务分析，不断挖掘企业潜力，从各方面揭露矛盾，找出差距，充分认识未被利用的人力、物力资源，寻找利用不当的原因，促进企业经营活动按照企业价值最大化的目标运行。

（3）财务分析是进行正确投资决策的重要步骤。投资者通过财务分析，可以了解企业的获利能力和偿债能力，从而进一步预测投资后的收益水平和风险程度，并作出正确的投资决策。

3. 财务分析的内容

财务分析的内容一般应包括偿债能力分析、运营能力分析、获利能力分析、发展能力分析和现金流量分析等方面，然而不同的信息需求者出于不同的利益考虑，对财务分析信息又有着各不同的要求。

企业所有者作为投资人，关心其资本的保值和增值状况，因此较为重视企业获利能力指标。企业债权人不能参与企业剩余收益分享，所以他们首先关注的是其投资的安全性，因此更重视企业偿债能力指标。企业经营决策者必须对企业经营理财的各个方面，包括运营能力、偿债能力、获利能力及发展能力的全部信息予以详尽的了解和掌握。政府兼具多重身份，它既是宏观经济管理者，又是国有企业的所有者和重要的市场参与者，因此政府对企业财务分析的关注点因所具身份不同而异。

4. 财务分析的局限性

财务分析的局限性主要表现为资料来源的局限性、分析方法的局限性和分析指标的局限性。其中，资料来源的局限性包括数据缺乏可比性、缺乏可靠性和存在滞后性等。

二、财务分析方法

开展财务分析，需要运用一定的方法。财务分析的方法多种多样，但常用的有比较分析法、比率分析法和因素分析法 3 种。

1. 比较分析法

比较分析法又称水平分析法，或称趋势分析法，是通过对比两期或连续数期财务报告中的相同指标，确定其增减变动的方向、数额和幅度来说明企业财务状况或经营成果的变动趋势的一种方法。采用这种方法，可以分析引起变化的主要原因、变动的性质，并预测企业未来的发展前景。

比较分析法的具体运用主要有 3 种方式：一是重要财务指标的比较；二是会计报表的比较；三是会计报表项目构成的比较。

（1）重要财务指标的比较。重要财务指标的比较，是指将不同时期财务报告中的相同指标或比率进行比较，直接观察其增减变动情况及变动幅度，考察其发展趋势，预测其发展前景。

对不同时期财务指标的比较，有以下两种方法。

① 定基动态比率。定基动态比率是以某一时期的数额为固定的基期数额而计算出来的动态比率。其计算公式为

$$定基动态比率=\frac{分析期数额}{固定基期数额}\times 100\%$$

② 环比动态比率。环比动态比率是以每一分析期的前期数额为基期数额而计算出来的动态比率。其计算公式为

$$环比动态比率=\frac{分析期数额}{前期数额}\times 100\%$$

（2）会计报表的比较。会计报表的比较是指将连续数期的会计报表的金额并列起来，比较其相同指标的增减变动金额和幅度，据以判断企业财务状况和经营成果发展变化的一种方法。会计报表的比较，具体包括资产负债表比较、利润表比较和现金流量表比较等。比较时，既要计算出表中有关项目增减变动的绝对额，又要计算出其增减变动的百分比率。

（3）会计报表项目构成的比较。会计报表项目构成的比较是在会计报表比较的基础上发展而来的。它是以会计报表中的某个总体指标作为 100%，再计算出其各组成项目占该总体指标的百

分比，从而比较各个项目百分比的增减变动，以此来判断有关财务活动的变化趋势。这种方法比上述两种方法更能准确地分析企业财务活动的发展趋势。它既可用于同一企业不同时期财务状况的纵向比较，又可用于不同企业之间的横向比较。同时，这种方法能消除不同时期（不同企业）之间业务规模差异的影响，有利于分析企业的耗费水平和盈利水平。

但在采用比较分析法时，必须注意以下问题：第一，用于进行对比的各个时期的指标，在计算口径上必须一致；第二，须剔除偶发性项目的影响，使分析的数据能反映正常的经营状况；第三，应运用例外原则，对某项有显著变动的指标做重点分析，研究其产生的原因，以便采取对策，趋利避害。

2. 比率分析法

比率分析法是通过计算各种比率指标来确定财务活动变动程度的方法。比率是相对数，采用这种方法，能够把某些条件下的不可比指标变为可比指标，以便进行分析。

比率指标主要有 3 种不同的类型，即构成比率、效率比率、相关比率。

（1）构成比率。构成比率又称结构比率，它是某项财务指标的各组成部分数值占总体数值的百分比，反映部分与总体的关系。其计算公式为

$$构成比率=\frac{某个组成部分数值}{总体数值}\times 100\%$$

例如，企业资产中流动资产、固定资产和无形资产占资产总额的百分比（资产构成比率）；企业负债中流动负债和长期负债占负债总额的百分比（负债构成比率）等。利用构成比率，可以考察总体中某个部分的形成和安排是否合理，以便协调各项财务活动。

（2）效率比率。效率比率是某项财务活动中所费与所得的比例，反映投入与产出的关系。利用效率比率指标可以进行得失比较，考察经营成果，评价经济效益。例如，将利润项目与销售成本、销售收入、资本金等项目加以对比，可以算出成本利润率、销售利润率以及资本金利润率等利润率指标，从不同角度观察、比较企业获利能力的高低及其增减变化情况。

（3）相关比率。相关比率是以某个项目和与其有关但又不同的项目加以对比所得的比率，反映有关经济活动的相互关系。利用相关比率指标，可以考察企业相互关联的业务安排得是否合理，以保障经营活动顺畅地进行。例如，将流动资产与流动负债加以对比，计算出流动比率，据以判断企业的短期偿债能力。

比率分析方法的优点是计算简便，计算结果也比较容易判断，而且可以使某些指标在不同规模的企业之间进行比较，甚至也能在一定程度上超越行业之间的差别进行比较，但采用这一方法时应注意以下几点。

① 对比项目的相关性。计算比率的子项和母项必须具有相关性，把不相关的项目进行对比是没有意义的。在构成比率指标中，部分指标必须是总体指标这个大系统中的一个小系统；在效率比率指标中，投入与产出必须有因果关系；在相关比率指标中，两个对比指标也要有内在联系，才能评价有关经济活动之间是否协调均衡，安排是否合理。

② 对比口径的一致性。计算比率的子项和母项必须在计算时间、范围等方面保持口径一致。

③ 衡量标准的科学性。运用比率分析，需要选用一定的标准与之对比，以便对企业的财务

状况作出评价。通常而言，科学合理的对比标准有以下特点。

- 预定目标，如预算指标、设计指标、定额指标和理论指标等。
- 历史标准，如上期实际、上年同期实际、历史先进水平以及有典型意义时期的实际水平等。
- 行业标准，如主管部门或行业协会颁布的技术标准，国、内外同类企业的先进水平，国内、外同类企业的平均水平等。
- 公认标准。

3. 因素分析法

因素分析法是依据分析指标与其影响因素的关系，从数量上确定各因素对分析指标影响方向和影响程度的一种方法。采用这种方法的出发点在于，当有若干因素对分析指标产生影响作用时，假定其他各个因素都无变化，顺序确定每一个因素单独变化所产生的影响。

因素分析法具体有两种：一种是连环替代法；另一种是差额分析法。

（1）连环替代法。连环替代法是将分析指标分解为各个可以计量的因素，并根据各个因素之间的依存关系，顺次用各因素的比较值（通常即实际值）替代基准值（通常即标准值或计划值）并据以测定各因素对分析指标的影响。

（2）差额分析法。差额分析法是连环替代法的一种简化形式，它是利用各个因素的比较值与基准值之间的差额，来计算各因素对分析指标的影响。

因素分析法既可以全面分析各因素对某一经济指标的影响，又可以单独分析某个因素对某一经济指标的影响，在财务分析中应用颇为广泛。但在应用这一方法时必须注意以下几个问题：① 因素分解的关联性，即确定构成经济指标的因素，必须是客观上存在着因果关系的因素，要能够反映形成该项指标差异的内在构成原因，否则就失去了其存在的价值；② 因素替代的顺序性。因素替代时，必须按照各因素的依存关系，排列成一定的顺序并依次替代，不可随意加以颠倒，否则就会得出不同的计算结果。一般而言，确定正确排列因素替代程序的原则是按分析对象的性质从诸因素相互依存关系出发，并使分析结果有助于分清责任；③ 顺序替代的连环性。因素分析法在计算每一个因素变动的影响时，都是在前一次计算的基础上进行，并采用连环比较的方法确定因素变化的影响结果。因为只有保持计算程序上的连环性，各因素影响之和才能等于分析指标变动的差异，因素分析法全面说明分析指标变动的原因。④ 计算结果的假定性。由于因素分析法计算的各因素变动的影响会因替代计算顺序的不同而有差别，因而计算结果难免带有假定性，即它不可能使每个因素计算的结果都达到绝对的准确。它只是在某种假定前提下的影响结果，离开了这种假定前提条件，也就不会是这种影响结果。为此，分析时应力求使这种假定是合乎逻辑的假定，是具有实际经济意义的假定。只有这样，计算结果的假定性才不会妨碍分析的有效性。

任务实施

1. 由于 A 产品所耗用的材料费用总额是由 A 产品产量、单位产品材料消耗用量和材料单价

3 个因素的乘积构成的，故可以把材料费用总额这一总指标分解为 3 个因素，然后运用连环替代法逐个分析它们对材料费用总额的影响程度。

2. 采用差额分析法计算并分析确定 A 产品产量、单位产品材料消耗用量和材料单价这 3 个因素的增减变动对材料费用总额的影响。

任务二 财务指标的计算与分析

任务引入

东方公司 2014 年度的资产负债表（见表 8-2）和利润表（见表 8-3）。

表 8-2　　资产负债表

编制单位：东方公司　　2014 年 12 月 31 日　　单位：万元

资产	期末余额	年初余额	负债和所有者权益	期末余额	年初余额
流动资产：			流动负债：		
货币资金	900	800	短期借款	2 300	2 000
交易性金融资产	500	1 000	应付账款	1 200	1 000
应收账款	1 300	1 200	预收账款	400	300
预付账款	70	40	其他应付款	100	100
存货	5 200	4 000	流动负债合计	4 000	3 400
其他流动资产	80	60	非流动负债：		
流动资产合计	8 050	7 100	长期借款	2 500	2 000
非流动资产：			非流动负债合计	2 500	2 000
持有至到期投资	400	400	负债合计	6 500	5 400
固定资产	14 000	12 000	所有者权益：		
无形资产	550	500	实收资本（或股本）	12 000	12 000
			盈余公积	1 600	1 600
非流动资产合计	14 950	12 900	未分配利润	2 900	1 000
			所有者权益合计	16 500	14 600
资产总计	23 000	20 000	负债及所有者权益合计	23 000	20 000

表 8-3　　利润表

编制单位：东方公司　　2014 年度　　单位：万元

项目	本期金额	上期金额
一、营业收入	21 200	18 800
减：营业成本	12 400	10 900
营业税金及附加	1 200	1 080
销售费用	1 900	1 620

续表

项目	本期金额	上期金额
管理费用	1 000	800
财务费用	300	200
加：投资收益	300	300
二、营业利润	4 700	4 500
加：营业外收入	150	100
减：营业外支出	650	600
三、利润总额	4 200	4 000
减：所得税费用	1 050	1 000
四、净利润	3 150	3 000

① 资产负债表和利润表均为简化格式，仅用于示例。

② 为简化，假设所得税税率为25%。

1. 假设该公司2014年度年初和年末的其他流动资产均为待摊费用。

2. 假设该公司2014年度年初和年末的经营现金净流量分别为3 000万元和5 000万元（经营现金净流量的数据可以从公司的现金流量表中获得）。

3. 假设该公司 2014 年度年初和年末的或有事项只有对外提供债务担保，担保金额分别为200万元和150万元（或有负债的有关信息可以从财务报表附注中获得）。

4. 假定表中财务费用全部为利息支出。

5. 假定该公司2012年年末的应收账款余额为1 100万元。

6. 假定该公司2012年年末的存货余额为3 800万元。

7. 假定该公司2012年年末的流动资产总额为6 000万元。

8. 假定该公司2012年年末的固定资产净值为11 800万元，表8-2中的固定资产金额均为固定资产净值（未计提固定资产减值准备）。

9. 假定该公司2012年年末资产总额为19 000万元。

10. 假定该公司2012年年末净资产为13 000万元。

11. 假定该公司2012年年末实收资本为12 000万元（无资本公积）。

12. 假定该公司2012～2014年度发行在外的普通股股数均为12 000股，2013年度和2014年度分别发放普通股股利12万元和14.4万元，2013年年末和2014年年末的每股市价分别为4元和5元。

相关知识

一、偿债能力指标

偿债能力是指企业偿还到期债务（包括本息）的能力。偿债能力指标包括短期偿债能力指标和长期偿债能力指标。

1. 短期偿债能力指标

短期偿债能力是指企业流动资产对流动负债及时足额偿还的保证程度，是衡量企业当前财务能力，特别是流动资产变现能力的重要标志。

企业短期偿债能力的衡量指标主要有流动比率、速动比率和现金流动负债比率 3 项。

（1）流动比率。流动比率是流动资产与流动负债的比率，它表明企业每元流动负债有多少流动资产作为偿还保证，反映企业信用可在短期内转变为现金流动资产偿还到期流动负债的能力。其计算公式为

$$流动比率=\frac{流动资产}{流动负债}\times 100\%$$

一般情况下，流动比率越高，企业短期偿债能力越强，债权人的权益越有保证。国际上通常认为，流动比率的下限为 100%，而流动比率等于 200%时较为适当，它表明企业财务状况稳定可靠，除了满足日常生产经营的流动资金需要外，还有足够的财力偿付到期短期债务。如果流动比率过低，则表示企业可能经营困难，难以如期偿还债务。但是，流动比率也不可以过高，过高则表明企业流动资产占用较多，会影响资金的使用效率和企业的筹资成本，进而影响获利能力。究竟应保持多高水平的流动比率，主要视企业对待风险与收益的态度而定。运用流动比率时，必须注意以下几个问题：① 虽然流动比率越高，企业偿还短期债务的流动资产保证程度越强，但这并不等于说企业已有足够的现金或存款用来偿债。流动比率高也可能是由存货积压，应收账款增多且收账期延长，以及待摊费用和待处理财产损失增加所致，而真正可用来偿债的现金和存款却严重短缺。所以，企业应在分析流动比率的基础上，进一步对现金流量加以考察。② 从短期债权的角度看，自然希望流动比率越高越好，但从企业经营的角度看，过高的流动比率通常意味着企业闲置现金的持有量过多，这必然造成企业机会成本的增加和获利能力的降低。因此，企业应尽可能地将流动比率维持在不使货币资金闲置的水平上。③ 流动比率是否合理，不同的企业以及同一企业不同时期的评价标准是不同的，因此，不应用统一的标准来评价各企业流动比率合理与否。④ 在分析流动比率时应当剔除一些虚假因素的影响。

（2）速动比率。速动比率是企业速动资产与流动负债的比值。所谓速动资产，是指流动资产减去变现能力较差且不稳定的存货、预付账款、一年内到期的非流动资产和其他流动资产等之后的余额。由于剔除了存货等变现能力较弱且不稳定的资产，因此，速动比率较流动比率能更加准确可靠地评价企业资产的流动性及其偿还短期负债的能力。速动比率的计算公式为

$$速动比率=\frac{流动资产}{流动负债}\times 100\%$$

$$\begin{aligned}速动资产&=货币资金+交易性金融资产+应收账款+应收票据\\&=流动资产-存货-预付账款-一年内到期的非流动资产-其他流动资产\end{aligned}$$

说明：报表中如有应收利息、应收股利和其他应收款项目，可视情况归入速动资产项目。

一般情况下，速动比率越高，企业偿还流动负债的能力越强。国际上通常认为，速动比率等于 100%时较为适当。如果速动比率小于 100%，则企业面临很大的偿债风险；如果速动比率大于 100%，尽管债务偿还的安全性很高，但企业却会因现金及应收账款资金占用过多而大大增加其

机会成本。

在分析时需注意：尽管速动比率较流动比率更能反映出流动负债偿还的安全性和稳定性，但并不能因此认为速动比率较低的企业的流动负债到期绝对不能偿还。实际上，如果企业存货流转顺畅，变现能力较强，即使速动比率较低，只要流动比率高，企业仍然有望偿还到期的债务本息。

（3）现金流动负债比率

现金流动负债比率是企业一定时期的经营现金净流量同流动负债的比率，它可以从现金流量角度来反映企业当期偿付短期负债的能力。其计算公式为

$$现金流动负债比例=\frac{年经营现金净流量}{年末流动负债}\times100\%$$

其中，年经营现金净流量指一定时期内，企业经营活动所产生的现金及现金等价物流入量与流出量的差额。

现金流动负债比率从现金流入和流出的动态角度对企业的实际偿债能力进行考察。由于有利润的年份不一定有足够的现金（含现金等价物）来偿还债务，所以利用以收付实现制为基础计量的现金流动负债比率指标，能充分体现企业经营活动所产生的现金净流量可以在多大程度上保证当期流动负债的偿还，直观地反映企业偿还流动负债的实际能力。用该指标评价企业偿债能力是更加谨慎的做法。该指标越大，表明企业经营活动产生的现金净流量越多，越能保障企业按时偿还到期债务，但也并不是越大越好，该指标过大则表明企业流动资金利用不充分，获利能力不强。

2. 长期偿债能力指标

长期偿债能力，指企业偿还长期负债的能力。企业长期偿债能力的衡量指标主要有资产负债率、产权比率、或有负债比率和已获利息倍数。

（1）资产负债率。资产负债率又称负债比率，指企业负债总额对资产总额的比率。它表明企业资产总额中，债权人提供资金所占的比重，以及企业资产对债权人权益的保障程度。其计算公式为

$$资产负债率=\frac{负债总额}{资产总额}\times100\%$$

一般情况下，资产负债率越小，企业长期偿债能力越强。但是，也并非该指标越小越好。从债权人的角度来说，该指标越小。企业偿债越有保障；如果该指标越大说明企业利用较少的自有资本投资形成了较多的生产经营资产，说明企业不仅扩大了生产经营规模，而且在经营状况良好的情况下，还可以利用财务杠杆的原理，得到较多的投资利润。如果该指标过小则表明企业对财务杠杆利用不够，但资产负债率过大，则表明企业的债务负担重，企业资金实力不强，这不仅对债权人不利，而且企业有濒临倒闭的危险。此外，企业的长期偿债能力与获利能力密切相关，因此企业的经营决策者应当将企业的偿债能力指标（风险）与获利能力指标（收益）结合起来分析，予以平衡考虑。保守的观点认为资产负债率不应高于 50%，而国际上通常认为的资产负债率为 60%时较为适当。

（2）产权比率。产权比率是指负债总额与所有者权益总额的比率，是企业财务结构稳健与否的重要标志，也称资本负债率。它反映企业所有者权益对债权人权益的保障程度。其计算公式为

$$产权比率=\frac{负债总额}{所有者权益总额}\times100\%$$

一般情况下，产权比率越小，企业的长期偿债能力越强，债权人权益的保障程度越高，承担的风险越小，但企业不能充分地发挥负债的财务杠杆效应。所以，企业在评论产权比率适度与否时，应从提高获利能力和增强偿债能力两个方面综合进行衡量，即在保障债务偿还安全的前提下，尽可能地提高产权比率。

产权比率与资产负债率评价偿债能力的作用基本相同，两者的主要区别是：资产负债率侧重于分析债务偿付安全性的物质保障程度，产权比率则侧重于揭示财务的稳健程度以及自有资金对偿债风险的承受能力。

（3）或有负债比率。或有负债比率是指企业或有负债余额对所有者权益总额的比率，反映企业所有者应对可能发生的或有负债的保障程度。其计算公式如下：

$$或有负债比率=\frac{或有负债余额}{所有者权益总额}\times100\%$$

或　　有负债余额＝已贴现商业承兑汇票余额＋对外担保金额＋未决诉讼、未决仲裁金额（除贴现与担保引起的诉讼或仲裁）＋其他或有负债金额

一般情况下，或有负债比率越低，企业长期偿债能力越强，所有者权益应对或有负债的保障程度越高；或有负债比率越高，企业承担的相关的风险越大。

（4）已获利息倍数。已获利息倍数，是指企业一定时期息税前利润总额与利息支出的比率，反映了获利能力对债务偿付的保证程度。其中，息税前利润总额指利润总额与利息支出的合计数；利息支出指实际支出的借款利息、债券利息等。其计算公式为

$$已获利息倍数=\frac{息税前利润总额}{利息支出}\times100\%$$

其中：　息税前利润总额＝利润总额＋利息支出

＝净利润＋所得税＋利息支出

已获利息倍数不仅反映了企业获利的大小，而且反映了获利能力对偿还到期债务的保证程度，它既是企业举债经营的前提依据，也是衡量企业长期偿债能力大小的重要标志。一般情况下，已获利息倍数越高，企业长期偿债能力越强。国际上通常认为，该指标为3时较为适当。从长期来看，若要维持正常偿债能力，利息保障倍数至少应当大于1，如果利息保障倍数过小，企业将面临亏损以及偿债安全性与稳定性下降的风险。究竟企业已获利息倍数应是多少才算偿付能力强，这要根据往年经验结合行业特点来判断。

二、运营能力指标

运营能力指标是指基于外部市场环境的约束，通过内部人力资源和生产资料的配置组合而对财务目标实现所产生的作用大小。运营能力指标包括人力资源运营能力指标和生产资料运营能力指标。

1. 人力资源运营能力指标

人，作为生产力的主体和企业财富的原始创造者，其素质水平的高低对企业运营能力的形成

状况具有决定性作用。而分析和评价人力资源运用能力的着眼点在于如何调动劳动者的积极性和能动性，从而提高经营效率。人力资源运营能力通常采用劳动效率指标来分析。

劳动效率是指企业营业收入或净产值与平均职工人数（可以视不同情况具体确定）的比率。其计算公式为

$$劳动效率=\frac{营业收入或净产值}{流动负债}\times100\%$$

对企业劳动效率进行考核评价主要是采用比较的方法。例如，将实际劳动效率与本企业计划水平、历史先进水平等指标进行对比，进而确定其差异程度，分析造成差异的原因，以选择适宜的对策，进一步发掘提高人力资源劳动效率的潜能。

2. 生产资料运营能力指标

企业拥有或控制的生产资料表现为各项资产占用。因此，生产资料的运营能力实际上就是企业的总资产及其各个组成要素的运营能力。资产运营能力取决于资产的周转速度、资产运行状况和资产管理水平等多种因素。以资产的周转速度为例，一般来说，周转速度越快，资产的使用效率越高，则资产运营能力越强；反之，资产运营能力越差。资产周转速度通常用周转率和周转期表示。所谓周转率，是企业在一定时期内资产的周转额与平均余额的比率，它反映企业资产在一定时期的周转次数。周转次数越多，周转速度越快，资产运营能力越强。这一指标的反指标是周转天数，它是周转次数的倒数与计算期天数的乘积，反映资产周转一次所需要的天数。周转的天数越少，周转速度越快，资产运营能力越强。两者的计算公式分别如下：

$$周转率（周转次数）=\frac{周转额}{资产平均余额}$$

$$周转期（周转天数）=\frac{计算期天数}{周转次数}=资产平均余额\times\frac{计算期天数}{周转额}$$

具体地说，生产资料运营能力分析可以从流动资产周转情况分析、固定资产周转情况分析以及总资产周转情况分析等几个方面进行。

（1）流动资产周转情况。反映流动资产周转率的指标主要有应收账款周转率、存货周转率和流动资产周转率。

① 应收账款周转率。它是企业一定时期内的营业收入（或销售收入，本章下同）与平均应收账款余额的比率，是反映应收账款周转速度的指标。其计算公式为

$$应收账款周转率（周转次数）=\frac{营业收入}{平均应收账款余额}$$

其中：
$$平均应收账款余额=\frac{应收账款余额年初数+应收账款余额年末数}{2}$$

$$应收账款周转期（周转天数）=\frac{平均应收账款余额\times360}{营业收入}$$

应收账款周转率反映了企业应收账款变现速度的快慢及管理效率的高低，周转率高则表明：① 收账迅速，账龄较短；② 资产流动性强，短期偿债能力强；③ 可以减少收账费用和坏账损失，从而相对增加企业流动资产的投资收益。同时借助应收账款周转期与企业信用期限的比较，

还可以评价购买单位的信用程度，以及企业原定的信用条件是否适当。

利用上述公式计算应收账款周转率时，需要注意以下几个问题。

① 公式中的应收账款包括会计核算中“应收账款”和“应收票据”等全部赊销账款在内。

② 如果应收账款余额的波动性较大，则应尽可能使用更详尽的计算资料，如按每月的应收账款余额来计算其平均占用额。

③ 分子、分母的数据应注意时间的对应性。

（2）存货周转率。它是企业一定时期营业成本与平均存货余额的比率，是反映企业流动资产流动性的一个指标，也是衡量企业生产经营各环节中存货运营效率的一个综合性指标，其计算公式为

$$存货周转率（周转次数）=\frac{营业成本}{平均存货余额}$$

其中：

$$平均存货余额=\frac{存货余额年初数+存货余额年末数}{2}$$

$$存货周转期（周转天数）=\frac{平均存货余额\times 360}{营业成本}$$

存货周转速度的快慢，不仅反映出企业采购、储存、生产、销售各环节管理工作状况的好坏，而且对企业的偿债能力及获利能力产生决定性的影响。一般来讲，存货周转率越高越好。存货周转率越高，变现的速度越快；周转额越大，资产占用水平越低。因此，通过存货周转分析，有利于找出存货管理存在的问题，尽可能降低资金占用水平。存货既不能储存过少（可能造成生产中断或销售紧张），又不能储存过多（形成存货呆滞、积压），而要保持结构合理、质量可靠。其次，存货是流动资产的重要组成部分，其质量和流动性对企业流动比率具有举足轻重的影响，并进而影响企业的短期偿债能力。故一定要加强存货的管理，以提高企业投资的变现能力和获利能力。

在计算存货周转率时应注意以下几个问题。

① 存货计价方法对存货周转率具有较大的影响，因此，在分析企业不同时期或不同企业的存货周转率时，应注意存货计价方法的口径是否一致。

② 分子、分母的数据应注意时间上的对应性。

（3）流动资产周转率。它是企业一定时期营业收入与平均流动资产总额的比率，是反映企业流动资产周转速度的指标。其计算公式为

$$流动资产周转率（周转次数）=\frac{营业收入}{平均流动资产总额}$$

其中：

$$平均流动资产总额=\frac{流动资产总额年初数+流动资产总额年末数}{2}$$

$$流动资产周转期（周转天数）=\frac{平均资产总额\times 360}{营业收入}$$

在一定时期内，流动资产周转次数越多，以相同的流动资产完成的周转额越多，流动资产利用效果越好。从流动资产周转天数来看，周转一次所需要的天数越少，流动资产在经历生产和销售各阶段时所占用的时间越短。生产经营活动任何一个环节上的工作改善，都会反映到周转天数

的缩短上来。

（4）固定资产周转情况。反映固定资产周转情况的主要指标是固定资产周转率，它是企业一定时期营业收入与平均固定资产净值的比值，是衡量固定资产利用效率的一项指标。其计算公式为

$$固定资产周转率（周转次数）=\frac{营业收入}{平均固定资产净值}$$

其中：
$$平均固定资产净值=\frac{固定资产净值年初数+固定资产净值年末数}{2}$$

$$固定资产周转期（周转天数）=\frac{平均固定资产净值\times 360}{营业收入}$$

需要说明的是，与固定资产有关的价值指标有固定资产原价、固定资产净值和固定资产净额等。其中固定资产原价是指固定资产的历史成本；固定资产净值为固定资产原价扣除已计提的累积折旧后的金额（固定资产净值=固定资产原价-累计折旧）；固定资产净额则是固定资产原价扣除已计提的累计折旧以及已计提的减值准备后的余额（固定资产净额=固定资产原价－累计折旧－已计提减值准备）。

一般情况下，固定资产周转率越高，企业固定资产利用越充分，固定资产结构越合理，越能够充分发挥效率。反之，如果固定资产周转率不高，则表明固定资产使用效率不高，提供的生产成果不多，企业的运营能力不强。

（5）总资产周转情况。反映总资产周转情况的主要指标是总资产周转率，它是企业一定时期营业收入与平均资产总额的比值，可以用来反映企业全部资产的利用效率。其计算公式为

$$总资产周转率（周转次数）=\frac{营业收入}{平均资产总额}$$

其中：
$$平均资产总额=\frac{资产总额年初数+资产总额年末数}{2}$$

$$总资产周转期（周转天数）=\frac{平均资产总额\times 360}{营业收入}$$

总资产周转率越高，企业全部资产的使用效率越高；反之，如果该指标较低，则说明企业利用全部资产进行经营的效率较差，最终会影响企业的获利能力。企业应采取各项措施来提高企业的资产利用程度，如提高销售收入或处理多余的资产。

三、获利能力指标

对增值的不断追求是企业资金运动的动力源泉与直接目的。获利能力就是企业资金增值的能力，它通常体现为企业收益数额的大小与水平的高低。由于企业会计的6大要素有机统一于企业资金的运动过程，并通过筹资、投资活动取得收入，补偿成本费用，从而实现利润目标。因此，可以按照会计基本要素设置营业利润率、成本费用利润率、盈余现金保障倍数、总资产报酬率、净资产收益率和资本收益率等6项指标，以评价企业各要素的获利能力及资本保值、增值情况。此外，上市公司经常使用的获利能力指标还有每股收益、每股股利、市盈率和每股净资产等。

1. 营业利润率

营业利润率是企业一定时期营业利润与营业收入的比率。其计算公式为

$$营业利润率=\frac{营业利润}{营业收入}\times 100\%$$

营业利润率越高，企业的市场竞争力越强，发展潜力越大，从而获利能力越强。

需要说明的是，从利润表来看，企业的利润包括营业利润、利润总额和净利润 3 种形式；营业收入包括主营业务收入和其他业务收入，收入来源有商品销售收入、提供劳务收入和资产使用权让渡收入等。因此，在实务中也经常使用销售净利率、销售毛利率等指标（计算公式如下）来分析企业经营业务的获利水平。此外，通过考察营业利润占整个利润总额比重的升降，可以发现企业经营理财状况的稳定性、面临的危险或者可能出现的转机迹象。

$$销售净利率=\frac{净利润}{销售收入}\times 100\%$$

$$销售毛利率=\frac{销售收入-销售成本}{销售收入}\times 100\%$$

2. 成本费用利润率

成本费用利润率是指企业一定时期利润总额与成本费用总额的比率。其计算公式为

$$成本费用利润率=\frac{利润总额}{成本费用总额}\times 100\%$$

其中：

$$成本费用总额=营业成本+营业税金及附加+销售费用+管理费用+财务费用$$

该指标越高，企业为取得利润所付出的代价越小，成本费用控制得越好，获利能力越强。

同利润一样，成本费用的计算口径可以分为不同的层次，如主营业务成本和营业成本等。在评价成本费用开支效果时，应当注意成本费用与利润之间在计算层次和口径上的对应关系。

3. 盈余现金保障倍数

盈余现金保障倍数是企业一定时期经营现金净流量与净利润的比值，反映了企业当期净利润中现金收益的保障程度，真实反映了企业盈余的质量，是评价企业盈利状况的辅助指标。其计算公式为.

$$盈余现金保障倍数=\frac{经营现金净流量}{净利润}$$

盈余现金保障倍数是从现金流入和流出的动态角度对企业收益的质量进行评价，在收付实现制的基础上，充分反映出企业当期净利润中有多少是有现金保障的。一般来说，当企业当期净利润大于 0 时，盈余现金保障倍数应当大于 1。该指标越大，企业经营活动产生的净利润对现金的贡献越大。

4. 总资产报酬率

总资产报酬率是企业一定时期内获得的息税前利润总额与平均资产总额的比率。它是反映企业资产综合利用效果的指标，也是衡量企业利用债权人和所有者权益总额所取得盈利的重要指标。其计算公式为

$$总资产报酬率=\frac{息税前利润总额}{平均资产总额}\times100\%$$

其中：　　　　　　息税前利润总额=利润总额+利息支出

=净利润+所得税+利息支出

总资产报酬率全面反映了企业全部资产的获利水平，企业所有者和债权人对该指标都非常关心。一般情况下，该指标越高，企业的资产利用效益越好，整个企业获利能力越强，经营管理水平越高。企业还可以将该指标与市场资本利率进行比较，如果前者较后者大，则说明企业可以充分利用财务杠杆，适当举债经营，以获得更多的收益。

5. 净资产收益率

净资产收益率是企业一定时期净利润与平均净资产的比率。它是反映自有资金投资收益水平的指标，是企业获利能力指标的核心。其计算公式为

$$净资收益率=\frac{净利润}{平均净资产}\times100\%$$

其中：

$$平均净资产=\frac{所有者权益年初数+所有者权益年末数}{2}$$

净资产收益率是评价企业自有资本及其累积获取报酬水平的最具综合性与代表性的指标，反映企业资本运营的综合效益。该指标通用性强，适应范围广，不受行业局限，在国际上的企业综合评价中使用率非常高。通过对该指标的综合对比分析，可以看出企业获利能力在同行中所处的地位，以及与同类企业的差异水平。一般认为，净资产收益率越高，企业自有资本获取收益的能力越强，运营效益越好，企业对投资人和债权人权益的保证程度越高。

6. 资本收益率

资本收益率是企业一定时期净利润与平均资本（即资本性投入及其资本溢价）的比率，反映企业实际获得投资额的回报水平。其计算公式如下：

$$资本收益率=\frac{净利润}{平均资本}\times100\%$$

其中：

平均资本={[实收资本（股本）年初数+资本公积年初数]+

[实收资本（股本）年末数+资本公积年末数]}/2

资本公积=实收资本（股本）中的资本溢价（股本溢价）

需要说明的是，企业所有者权益的来源包括所有者投入的资本、直接计入所有者权益的利得和损益、留存收益等。其中，所有者投入的资本，反映在实收资本（股本）和资本公积（资本溢价或股本溢价）中；直接计入所有者权益的利得和损益反映在资本公积（其他资本公积）中；留存收益则包括未分配利润和盈余公积。换句话说，并非资本公积中的所有金额都属于所有者投入的资本，只有其中的资本溢价（股本溢价）属于资本性投入。

7. 每股收益

每股收益，也称每股利润或每股盈余，是反映企业普通股股东持有每一股份所能享有的企业

利润或承担的企业亏损，是衡量上市公司获利能力时最常用的财务分析指标。每股收益越高，公司的获利能力越强。每股收益的计算包括基本每股收益和稀释收益。

企业应当按照归属于普通股股东的当期净利润，除以发行在外普通股的加权平均数计算基本每股收益。其计算公式为

$$基本每股收益=\frac{归属于普通股股东的当期净利润}{当期发行在外普通股的加权平均数}$$

$$当期发行在外普通股的加权平均数=\frac{期初发行在外普通股股数+当期新发行普通股股数\times 已发行时间}{报告期时间}-\frac{当期回购普通股股数\times 已回购时间}{报告期时间}$$

（注：已发行时间、报告期时间和已回购时间一般按天数计算，在不影响计算结果的前提下，也可以按月简化计算。）

企业存在稀释性潜在普通股的，应当分别调整归属于普通股股东的当期净利润和发行在外普通股的加权平均数（即基本每股收益计算公式中的分子和分母），据以计算稀释每股收益。其中，稀释性潜在普通股，是指假设当期转换为普通股会减少每股收益的潜在普通股，主要包括可转换公司债券、认股权证和股票期权等。

计算稀释每股收益时，对基本每股收益分子的调整项目有：① 当期已确认为费用的稀释性潜在普通股的利息；② 稀释性潜在普通股转换时将产生的收益或费用。同时，将基本每股收益分母调整为当期发行在外普通股的加权平均数与假定稀释性潜在普通股转换为已发行普通股而增加的普通股股数的加权平均之和。

每股收益是分析上市公司获利能力的一个综合性较强的财务指标，可以分解为若干个相互联系的财务指标。因此，在对每股收益进行分析时，可以运用前面介绍的连环替代法来分析各个要素对该指标的影响。下面是一个简化的分解公式，只是为了说明各财务指标之间的关系，并不是精确的计算公式。

$$\begin{aligned}
每股收益&=\frac{净利润}{普通股平均股数}\\
&=\frac{净利润}{平均股东权益}\times\frac{平均股股东益}{普通股平均股数}\\
&=股东权益收益率\times 平均每股净资产\\
&=\frac{净利润}{资产平均总额}\times\frac{资产平均总额}{平均股东权益}\times\frac{平均股东权益}{普通股平均股数}\\
&=总资产收益率\times 股东权益比率\times 平均每股净资产\\
&=\frac{净利润}{营业收入}\times\frac{营业收入}{资产平均总额}\times\frac{资产平均总额}{平均股东权益}\times\frac{平均股东权益}{普通股平均股数}\\
&=营业净利率\times 总资产周转率\times 股东权益比率\times 平均每股净资产
\end{aligned}$$

8. 每股股利

每股股利是上市公司本年发放的普通股现金股利总额与年末普通股总数的比值。其计算公式为

$$每股股利=\frac{普通股股利总额}{年末普通股股数}$$

9. 市盈率

市盈率是上市公司普通股每股市价相当于每股收益的倍数，反映投资者对上市公司每股净利润愿意支付的价格，可以用来估计股票的投资报酬和风险。其计算公式为

$$市盈率=\frac{普通股每股市价}{普通股每股收益}$$

市盈率是反映上市公司获利能力的一个重要财务指标，是投资者作出投资决策的重要参考因素之一。一般来说，市盈率高，说明投资者对该公司的发展前景看好，愿意付出较高的价格购买该公司股票，所以一些成长性较好的高科技公司股票的市盈率通常要高一些。但是，也应注意，如果某一种股票的市盈率过高，也意味着这种股票具有较高的投资风险。

10. 每股净资产

每股净资产是上市公司年末净资产（即股东权益）与年末普通股总数的比值。其计算公式为

$$每股净资产=\frac{年末股东权益}{年末普通股总数}$$

四、发展能力指标

发展能力是企业在生存的基础上，扩大规模和壮大实力的潜在能力。分析发展能力主要考察营业收入增长率、资本保值增值率、资本积累率、总资产增长率、营业利润增长率、营业收入 3 年平均增长率和资本 3 年平均增长率这 8 项指标。

1. 营业收入增长率

营业收入增长率是企业本年营业收入增长额与上年营业收入总额的比率。它反映企业营业收入的增减变动情况，是评价企业成长状况和发展能力的重要指标。其计算公式为

$$营业收入增长率=\frac{本年营业收入增长额}{上年营业收入总额}\times 100\%$$

式中：　本年营业收入增长额=本年营业收入总额 − 上年营业收入总额

实务中，也可以使用销售增长率来分析企业经营业务收入的增减情况。其公式为

$$销售增长率=\frac{本年销售收入增长额}{上年销售收入额}\times 100\%$$

营业收入增长率是衡量企业经营情况和市场占有能力，预测企业经营业务拓展趋势的重要指标。不断增加的营业收入，是企业生存的基础和发展的条件。该指标若大于 0，表示企业本年的营业收入有所增长，指标值越高，增长速度越快，企业市场前景越好；若该指标小于 0，则说明产品或服务不适销对路、质次价高，或是在售后服务等方面存在问题，市场份额萎缩。该指标在实际操作时，应结合企业历年的营业收入水平、企业市场占有情况、行业未来发展及其他影响企业发展的潜在因素进行前瞻性预测，或者结合企业前 3 年的营业收入增长率作出趋势性分析判断。

2. 资本保值增值率

资本保值增值率是企业扣除客观因素后的本年末所有者权益总额与年初所有者权益总额的比率，反映企业当年资本在企业自身努力下实际增减变动的情况。其计算公式为

$$资本保值增值率=\frac{扣除客观因素后的年末所有者友益总额}{年初所有者权益总额}\times100\%$$

一般认为，资本保值增值率越高，企业的资本保全状况越好，所有者权益增长越快，债权人的债务越有保障，该指标通常应当大于 100%。

3. 资本积累率

资本积累率是企业本年所有者权益增长额与年初所有者权益的比率。它反映企业当年资本的积累能力，是评价企业发展潜力的重要指标。其计算公式为

$$资本积累率=\frac{本年所有者权益增长额}{年初所有者权益}\times100\%$$

式中，本年所有者权益增长额＝所有者权益年末数－所有者权益年初数

资本积累率是企业当年所有者权益总的增长率，反映了企业所有者权益在当年的变动水平，体现了企业资本的积累情况，是企业发展强盛的标志，也是企业扩大再生产的源泉，展示了企业的发展潜力。资本积累率还反映了投资者投入企业资本的保全性和增长性。该指标若大于 0，则指标值越高表明企业的资本积累越多，应付风险和持续发展的能力越大；该指标如为负值，表明企业资本受到侵蚀，所有者利益受到损害，企业应予以充分重视。

4. 总资产增长率

总资产增长率是企业本年总资产增长额同年初资产总额的比率，它反映企业本期资产规模的增长情况。其计算公式为：

$$总资产增长率=本年总资产增长额/年初资产总额\times100\%$$

式中，本年总资产增长额=资产总额年末数－资产总额年初数

总资产增长率是从企业资产总量扩张方面衡量企业的发展能力，表明企业规模增长水平对企业发展后劲的影响的指标。该指标越高，企业一定时间内资产经营规模扩张的速度越快。

5. 营业利润增长率

营业利润增长率是企业本年营业利润增长额与上年营业利润总额的比率，反映企业盈利的增减变动情况。其计算公式为

$$营业利润增长率=\frac{本年利润增长额}{上年营业利润总额}\times100\%$$

式中，本年营业利润增长额=本年营业利润总额－上年营业利润总额

6. 营业收入3年平均增长率

营业收入 3 年平均增长率表明企业营业收入连续 3 年的增长情况，体现企业的持续发展态势和市场扩张能力。其计算公式为

$$营业收入3年平均增长率=\left(\sqrt[3]{\frac{本年营业收入总额}{3年前营业收入总额}}-1\right)\times100\%$$

式中，3 年前营业收入总额指企业 3 年前的营业收入总额，例如，在评价企业 2015 年的绩效状况时，则 3 年前企业收入总额是指 2013 年的营业收入总额。

实务中，也可以使用销售收入 3 年平均增长率来分析企业经营业务收入连续 3 年的增减情况。

其计算公式为

$$\text{销售收入3年平均增长率}=\left(\sqrt[3]{\frac{\text{本年销售收入总额}}{\text{3年前销售收入总额}}}-1\right)\times 100\%$$

营业收入是企业积累和发展的基础，该指标越高，企业积累的基础越牢，可持续发展能力越强，发展的潜力越大。利用营业（销售）收入3年平均增长率指标，能够反映企业的经营业务增长趋势和稳定程度，体现企业的连续发展状况和发展能力，避免因少数年份业务波动而对企业发展潜力的错误判断。一般认为，该指标越高，企业经营业务持续增长势头越好，市场扩张能力越强。

7. 资本3年平均增长率

资本3年平均增长率表示企业资本连续3年的累积情况，在一定程度上体现了企业的持续发展水平和发展趋势。其计算公式为

$$\text{资本3年平均增长率}=\left(\sqrt[3]{\frac{\text{年末所有者权益总额}}{\text{3年前年末所有者权益总额}}}-1\right)\times 100\%$$

式中，3年前年末所有者权益指企业3年前的所有者权益年末数，例如，在评价2015年企业效绩状况时，3年前所有者权益年末数是指2013年所有者权益年末数。

一般增长率指标在分析时具有“滞后”性，仅反映当期情况，而利用该指标，能够反映企业资本积累或资本扩张的历史发展状况，以及企业稳步发展的趋势。一般认为，该指标越高，企业所有者利益得到保障的程度越大，企业可以长期使用的资金越充足，抗风险和持续发展的能力越强。

任务实施

1. 偿债能力指标

① 计算分析该公司2014年的年初和年末流动比率，并与一般公认标准进行比较。

② 计算分析该公司2014年的年初和年末速动比率，并与一般公认标准进行比较。

③ 计算分析该公司2013年度和2014年度的现金流动负债比率，并进行比较。

④ 计算分析该公司2014年的年初和年末的资产负债率，并进行比较。

⑤ 计算分析该公司2014年的年初和年末的产权比率，并进行比较。

⑥ 计算分析该公司2014年的年初和年末的或有负债比率，并进行比较。

⑦ 计算分析该公司2013年度和2014年度的已获利息倍数，并进行比较。

2. 运营能力指标

① 计算分析该公司2013年度和2014年度应收账款周转率，并进行比较。

② 计算分析该公司2013年度和2014年度存货周转率和流动资产周转率，并进行比较。

③ 计算分析该公司2013年度和2014年度固定资产周转率，并进行比较。

④ 计算分析该公司2013年度和2014年度总资产周转率，并进行比较。

3. 获利能力指标

① 计算分析该公司2013年度和2014年度的营业利润率，并进行比较。

② 计算分析该公司 2013 年度和 2014 年度的成本费用利润率，并进行比较。

③ 计算分析该公司 2013 年度和 2014 年度的盈余现金保障倍数，并进行比较。

④ 计算分析该公司 2013 年度和 2014 年度的总资产报酬率，并进行比较。

⑤ 计算分析该公司 2013 年度和 2014 年度的净资产收益率，并进行比较。

⑥ 计算分析该公司 2013 年度和 2014 年度的资本收益率，并进行比较。

⑦ 计算分析该公司 2012 年度、2013 年度和 2014 年度的每股收益、营业净利率、总资产周转率、股东权益比率和平均每股净资产等财务指标，并进行比较。

⑧ 计算分析该公司 2013 年度和 2014 年每股股利，并进行比较。

⑨ 计算分析该公司 2013 年和 2014 年年末市盈率，并进行比较。

⑩ 计算分析该公司 2013 年和 2014 年年末每股净资产，并进行比较。

4. 发展能力指标

分别计算该公司 2014 年度的营业增长率、资本保值增值率、资本积累率、总资本增长率和营业利润增长率等指标，并说明其含义。

任务三　财务综合分析与应用

任务引入

东方公司财务综合分析

东方纸业股份有限公司（以下简称“东方公司”）成立于 1982 年，是全球先进的跨国造纸集团和林浆纸一体化上市公司，中国造纸行业领军企业，全球造纸行业的百强企业。2006 年 11 月 16 日在深圳证券交易所成功上市，2014 年年末公司总股本为 229 854 万股。公司主导产品有高档涂布包装纸板、高级美术铜版纸、高级文化办公用纸、特种纤维溶解浆、生活用纸等五大系列。

下面我们结合东方公司 2013 年和 2014 年的有关财务数据（见表 8-4 和表 8-5），使用杜邦分析法分析指标变动的原因。

表 8-4　　东方公司 2013 年和 2014 年的有关账务数据（一）　　单位：亿元

年度	净利润	全部成本	销售收入	资产总额	负债总额
2013	2.29	80.81	83.1	158	103
2014	3.68	75.02	78.7	164	107

表 8-5　　东方公司 2013 年和 2014 年的有关账务数据（二）

年度	净资产收益率	权益乘数	资产负债率	总资产净利率	销售净利率	总资产周转率
2013	4.42%	2.89	65.37%	1.48%	2.76%	53.69%
2014	6.04%	2.88	65.22%	2.28%	4.68%	48.71%

任务要求如下。

1. 计算并判断东方公司的净资产收益率及其分解指标数值（见表 8-5）是否正确。
2. 对东方公司的净资产收益率及其分解指标进行分析。

相关知识

杜邦财务分析体系（简称杜邦体系）是利用各项财务指标间的内在联系，对企业综合营运理财及经济效益进行系统分析评价的方法。因其最初由美国杜邦公司创立并成功运用而得名。杜邦财务分析模型基本结构如图 8-1 所示。

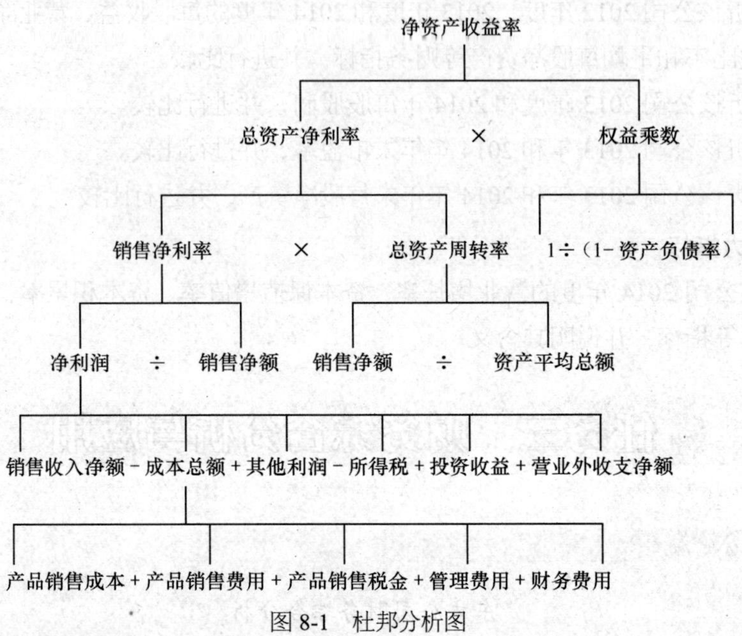

图 8-1　杜邦分析图

杜邦分析图包括以下几种主要的指标关系。

（1）净资产收益率是一个综合性最强的财务指标，是整个分析系统的起点和核心。

（2）权益乘数表明了企业的负债程度。

（3）总资产收益率是销售利润率与总资产周转率的乘积。

（4）销售净利率反映了企业净利润与销售净收入的关系。

（5）总资产周转率反映企业资产实现销售收入的综合能力。

一、杜邦财务分析体系

杜邦财务分析体系的核心指标是权益净利率（净资产收益率）。

权益净利率=净利润/平均所有者权益

=（净利润/平均净资产）×（平均总资产/平均所有者权益）

=资产净利率×权益乘数

=（净利润/销售收入）×（销售收入/平均总资产）×（平均总资产/平均所有者权益）

=销售净利率×资产周转率×权益乘数

杜邦分析法主要反映了以下几种主要的财务比率关系。

（1）权益报酬率与资产净利率及权益乘数之间的关系。

权益报酬率＝资产净利率×权益乘数

（2）资产净利率与销售净利率及资产周转率之间的关系。

资产净利率＝销售净利率×资产周转率

（3）销售净利率与净利润及销售收入之间的关系。

销售净利率＝净利润÷销售收入

（4）资产周转率与销售收入及资产平均总额之间的关系。

资产周转率＝销售收入÷资产平均总额

杜邦分析法是对企业财务状况进行的自上而下的综合分析。它通过几种主要的财务指标之间的关系，直观、明了地反映出企业的偿债能力、营运能力、盈利能力及其相互之间的关系，从而为经营者提供解决企业财务问题的思路并为企业提供财务目标的分解、控制途径。从杜邦分析法可以了解到下面的财务信息。

（1）从杜邦系统图中可以看出权益报酬率是杜邦财务分析体系的核心，是综合性最强的一个指标，反映了企业财务管理的目标。企业财务管理的重要目标之一就是实现股东财富的最大化，权益报酬率正是反映了股东投入资金的获利能力，这一比率反映了企业筹资、投资和生产运营等各方面经营活动的效率。权益报酬率取决于企业资产净利率和权益乘数。资产净利率反映企业运用资产进行生产经营活动的效率高低，而权益乘数则主要反映企业的筹资情况，即企业资金来源结构。

（2）资产净利率是反映企业获利能力的一个重要财务比率，它揭示了企业生产经营活动的效率，也是综合性极强的一个指标。企业的销售收入、成本费用、资产结构、资产周转速度以及资金占用量等各种因素都直接影响资产净利率的高低。资产净利率是销售净利率与资产周转率的乘积。因此，可以从企业的销售活动与资产管理两个方面来进行分析。

① 从企业的销售方面看，销售净利率反映了企业净利润与销售收入之间的关系。一般来说，销售收入增加，企业的净利会随之增加，但是要想提高销售净利率，必须一方面提高销售收入，另一方面降低各种成本费用，这样才能使净利润的增长高于销售收入的增长，从而使销售净利率得到提高。由此可见，提高销售净利率必须注重以下两个方面：一是开拓市场，增加销售收入；二是加强成本费用控制，降低耗费，增加利润。

② 在企业资产方面主要应分析以下两个方面：一是分析企业的资产结构是否合理，即流动资产与非流动资产的比例是否合理。一般来说，如果企业流动资产中货币资金占的比重过大，就应当分析企业现金持有量是否合理，有无现金闲置现象，因为过量的现金会影响企业的获利能力；如果流动资产中的存货与应收账款过多，就会占用大量的资金，影响企业的资金周转。二是结合销售收入分析企业的资产周转情况。如果企业资产周转较慢，就会占用大量资金，增加资金成本，减少企业的利润。资产周转情况的分析要从分析企业总资产周转率、企业存货周转率与应收账款周转率几个方面进行，并将其周转情况与资金占用情况结合起来分析。

总之，从杜邦分析法可以看出企业的获利能力涉及生产经营活动的方方面面。权益报酬率与企业的筹资结构、销售规模、成本水平、资产管理等因素密切相关，这些因素构成一个完整的系统，系统内部各因素之间相互作用。只有协调好系统内部各个因素之间的关系，才能使权益报酬率最高，从而实现股东财富最大化的理财目标。

二、沃尔评分法

最初的财务比率综合分析法也称沃尔评分法。其发明者是亚历山大·沃尔。他在 20 世纪初出版的《信用晴雨表研究》和《财务报表比率分析》中提出了信用能力指数的概念，把若干个财务比率用线性关系结合起来，以评价企业的信用水平。他选择了 7 种财务比率，分别给定其在总体评价中所占的比重，总和为 100 分。然后确定标准比率，并与实际比率相比较，评出每项指标的得分，最后求出总评分，从而对企业业绩进行评价。

【业务实例 8-1】 沃尔评分法如表 8-6 所示。

表 8-6 沃尔评分法

财务比率	比重①	标准比率②	实际比率③	相对比率④＝③÷②	评分⑤＝①×④
流动比率	25	2.00	2.33	1.17	29.25
净资产/负债	25	1.50	0.88	0.59	14.75
资产/固定资产	15	2.50	3.33	1.33	19.95
销售成本/存货	10	8	12	1.50	15.00
销售额/应收账款	10	6	10	1.70	17.00
销售额/固定资产	10	4	2.66	0.67	6.70
销售额/净资产	5	3	1.63	0.54	2.70
合计	100				105.35

从理论上讲，沃尔评分法存在一个弱点：未能证明为什么要选择这 7 个指标，而不是更多或更少的指标，或者选择别的财务比率，以及未能证明每个指标所占比重的合理性。这个问题至今仍然没有从理论上解决。尽管沃尔评分法在理论上还有待证明，在技术上也不完善，但它还是在实践中被广泛应用。耐人寻味的是，很多理论上相当完善的经济计量模型在实践中往往应用并不普遍，但实际使用并行之有效的模型却又在理论上难以解释，这也许就是经济活动复杂性的表现。

现代社会与沃尔所在的时代相比，已发生很大的变化，所以在评价指标方面有一些变动，在给每个指标评分时，需规定上限和下限，以减少个别指标异常对总分造成不利的影响。

三、上市公司财务比率分析

对于上市公司来说，最重要的财务指标是每股收益、每股净资产和净资产收益率。

1. 每股收益

（1）每股收益的计算及分析。每股收益是指本年净利润与年末普通股份总数的比值。其计算公式为

$$每股收益＝净利润/年末普通股份总数$$

每股收益是衡量上市公司盈利能力最重要的财务指标，它反映普通股的获利水平。在分析时，可以进行公司间的比较，以评价该公司的相对盈利能力；可以进行不同时期的比较，以了解该公司盈利能力的变化趋势；可以进行经营实绩和盈利预测的比较，以掌握该公司的管理能力。

使用每股收益分析盈利性要注意的问题如下。

① 每股收益不反映股票所含有的风险。例如，假设A公司原来经营日用品的产销，最近转向房地产投资，公司的经营风险增大了许多，但每股收益可能不变或提高，并没有反映风险增加的不利变化。

② 股票是一个“份额”概念，不同股票的每一股在经济上不等量，它们所含有的净资产和市价不同即换取每股收益的投入量不相同，这限制了每股收益的公司间比较。

③ 每股收益多，不一定意味着分红多，还要看公司股利分配政策。

（2）每股收益的延伸分析。为了克服每股收益指标的局限性，可以延伸分析市盈率、每股股利、股利支付率、股利保障倍数和留存盈利比率等财务比率。

① 市盈率。市盈率是指普通股每股市价为每股收益的倍数，其计算公式为

市盈率＝普通股每股市价/普通股每股收益

市盈率反映投资人对每元净利润所愿支付的价格，可以用来估计股票的投资报酬和风险。它是市场对公司的共同期望指标，市盈率越高，表明市场对公司的未来越看好。在市价确定的情况下，每股收益越高，市盈率越低，投资风险越小；反之亦然。在每股收益确定的情况下，市价越高，市盈率越高，风险越大；反之亦然。仅从市盈率高低的横向比较看，市盈率高说明公司能够获得社会信赖，具有良好的前景；反之亦然。

使用市盈率指标时应注意该指标不能用于不同行业公司的比较，充满扩展机会的新兴行业企业市盈率普遍较高，而成熟工业企业的市盈率普遍较低，这并不说明后者的股票没有投资价值。在每股收益很小或亏损时，市价不会降至零，很高的市盈率往往不说明任何问题。市盈率高低受净利润的影响，而净利润受可选择的会计政策的影响，这使公司间的比较受到限制。市盈率高低受市价的影响，市价变动的影响因素很多，包括投机炒作等，因此观察市盈率的长期趋势很重要。

② 每股股利。每股股利是指股利总额与期末普通股股份总数之比。其计算公式为

每股股利＝股利总额/年末普通股股份总数

③ 股票获利率。股票获利率是指每股股利与股票市价的比率，也称市价股利比率。其计算公式为

股票获利率＝普通股每股股利/普通股每股市价×100%

股票获利率反映股利和股价的比例关系。股票持有人取得收益的来源有两个：一是取得股利；二是取得股价上涨的收益。只有股票持有人认为股价将上升，才会接受较低的股票获利率。如果预期股价不能上升，股票获利率就成了衡量股票投资价值的主要依据。

④ 股利支付率。股利支付率是指普通股净收益中股利所占的比重，它反映公司的股利分配政策和支付股利的能力。其计算公式为

股利支付率＝普通股每股股利/普通股每股净收益×100%

⑤ 股利保障倍数。股利支付率的倒数称为股利保障倍数，倍数越大，公司支付股利的能力越强。其计算公式为

股利保障倍数＝普通股每股净收益/普通股每股股利

⑥ 留存盈利比率。留存盈利是指净利润减去全部股利（包括优先股利和普通股利）的余额。

留存盈利与净利润的比率，称为留存盈利比率。

留存盈利比率＝（净利润－全部股利）/净利润×100%

留存盈利比率反映企业的理财方针。如果企业认为有必要从内部积累资金，以便扩大经营规模，经股东大会同意可以采用较高的留存盈利比率。如果企业不需要资金或者可以用其他方式筹资，为满足股东取得现金股利的要求可降低留存盈利的比率。显然，提高留存盈利比率必然降低股利支付率。

2. 每股净资产

每股净资产，是期末净资产（即股东权益）与年度末普通股份总数的比值，也称为每股账面价值或每股权益，其计算公式为

每股净资产＝年度末股东权益/年度末普通股数

该指标反映发行在外的每股普通股所代表的净资产成本即账面权益。在投资分析时，只能有限地使用这个指标，因其是用历史成本计量的，既不反映净资产的变现价值，也不反映净资产的产出能力。例如，某公司的资产只有一块前几年购买的土地，并且没有负债，公司的净资产是土地的原始成本。现在土地的价格比过去翻了几番，引起股票价格上升，而其账面价值不变。这个账面价值，既不说明土地现在可以卖多少钱，也不说明公司使用该土地能获得什么。

每股净资产，在理论上提供了股票的最低价值。如果公司的股票价格低于净资产的成本，成本又接近变现价值，说明公司已无存在价值，清算是股东最好的选择。正因为如此，新设公司不允许股票折价发行。

3. 净资产收益率

净资产收益率，也称净值报酬率或权益报酬率，它是指企业一定时期内的净利润与平均净资产的比率。它可以反映投资者投入企业的自有资本获取净收益的能力，即反映投资与报酬的关系，因而是评价企业资本营运效率的核心指标。其计算公式为

净资产收益率＝净利润÷平均净资产×100%

（1）净利润是指企业的税后利润，是未作任何分配的数额。

（2）平均净资产是企业年初所有者权益与年末所有者权益的平均数其计算公式为

平均净资产＝（所有者权益年初数＋所有者权益年末数）÷2。

净资产收益率是评价企业自有资本及其积累获取报酬水平的最具综合性与代表性的指标，反映企业资本营运的综合效益。该指标通用性强，适用范围广，不受行业局限。在我国上市公司业绩综合排序中，该指标居于首位。通过对该指标的综合对比分析，可以看出企业获利能力在同行业中所处的地位，以及与同类企业的差异水平。一般认为，企业净资产收益率越高，企业自有资本获取收益的能力越强，运营效益越好，对企业投资人、债权人的保障程度越高。

任务实施

1. 首先参照图8-1杜邦分析图分解指标——净资产收益率，然后参照东方公司的实际数据计算各个分解指标，并对照表8-5分析数据是否一致。

2. 对比东方公司2013年和2014年的净资产收益率及其分解指标，分别对净资产收益率和分解指标的变化进行分析。

项目小结

1. 财务分析就是以财务报表和其他资料为依据和起点，采用专门的方法，系统地分析和评价企业的财务状况、经营成果和现金流量的过程。财务分析是评价财务状况、衡量经营业绩的重要依据；是挖掘潜力，改进工作，实现理财目标的重要手段；是合理实施投资决策的重要步骤。

2. 财务分析方法包括比较分析法、比率分析法和因素分析法。比较分析法，是通过对比两期或连续数期财务报告中的相同指标，确定其增减变动的方向、数额和幅度，来说明企业财务状况或经营成果的变动趋势的一种方法；比率分析法是通过计算各种比率指标来确定财务活动变动程度的方法；因素分析法是依据分析指标与其影响因素的关系，从数量上确定各因素对分析指标影响方向和影响程度的一种方法。

3. 财务分析指标包括偿债能力指标、运营能力指标、获利能力指标和发展能力指标。

4. 将各种指标纳入一个有机的整体之中，全面地对企业经营状况、财务状况进行解剖和分析，称之为综合指标分析。综合指标分析方法主要有杜邦财务分析体系和沃尔比重评分法。

能力拓展训练

一、单选题

1. 企业大量增加速动资产可能导致的结果是（　　）。

A. 减少财务风险　　B. 提高流动资产的收益率

C. 增加财务风险　　D. 增加资金的机会成本

2. 下列各项中，不会影响流动比率的业务是（　　）。

A. 用现金购买固定资产　　B. 用现金购买短期债券

C. 用存货进行对外投资　　D. 从银行取得长期借款

3. 某企业2015年年初与年末所有者权益分别为250万元和400万元，则资本保值增值率为（　　）%。

A. 62.5　　B. 160　　C. 60　　D. 40

4. 如果营运资金大于0，则以下结论正确的有（　　）。

A. 速动比率大于1　　B. 现金比率大于1

C. 流动比率大于1　　D. 短期偿债能力绝对有保障

5.（　　）指标不是评价企业短期偿债能力的指标。

A. 流动比率　　B. 速动比率　　C. 现金流量比率　　D. 产权比率

6.（　　）是企业财务结构稳健与否的重要指标。

A. 资产负债率　　B. 产权比率　　C. 现金比率　　D. 流动比率

7. 当企业流动比率大于 1 时，增加流动资金借款会使当期流动比率（　　）。

A. 降低　B. 不变　C. 提高　D. 不确定

8.（　　）指标是一个综合性最强的财务比率，也是杜邦分析体系的核心。

A. 营业利润率　B. 资产周转率　C. 权益乘数　D. 净资产收益率

9. 在基本条件不变的情况下，下列经济业务可能导致总资产报酬率下降的是（　　）。

A. 用银行存款支付一笔销售费用　B. 用银行存款购入一台设备

C. 将可转换债券转换为普通股　D. 用银行存款归还银行借款

10. 某公司年末会计报表上部分数据为：流动负债 60 万元，流动比率为 2，速动比率为 1.2，营业成本 100 万元，年初存货 52 万元，则本年存货周转次数为（　　）次。

A. 1.65　B. 2　C. 2.3　D. 1.45

二、多选题

1. 下列各项指标中，可用于分析企业长期偿债能力的有（　　）。

A. 流动比率　B. 速动比率　C. 权益比率　D. 资产负债率

2. 对资产负债率评价正确的有（　　）。

A. 从债权人角度看，负债比率越低越好

B. 从债权人角度看，负债比率越高越好

C. 从股东角度看，负债比率越高越好

D. 从股东与经营者角度看，当资本收益率高于债务利息率时，应适当提高负债比率

3. 下列分析方法中，不属于财务综合分析方法的有（　　）。

A. 因素分析法　B. 差异分析法　C. 趋势分析法　D. 杜邦分析法

4. 衡量企业短期偿债能力的指标有（　　）。

A. 到期债务本息偿付比率　B. 流动比率

C. 速动比率　D. 现金流量比率

5. 财务比率分析的内容包括（　　）。

A. 发展能力分析　B. 资产管理能力分析

C. 盈利能力分析　D. 偿债能力分析

6. 应收账款周转率提高，意味着企业（　　）。

A. 短期偿债能力增强　B. 盈利能力提高

C. 坏账成本下降　D. 流动比率提高

7. 影响存货周转率的因素有（　　）。

A. 营业收入　B. 营业成本　C. 存货计价方法　D. 存货余额

8. 可以表述权益乘数的计算公式有（　　）。

A. 权益乘数 = 资产/所有者权益　B. 权益乘数 = 1/（1 − 资产负债率）

C. 权益乘数 = 所有者权益/资产　D. 权益乘数 = 1 + 产权比率

9. 属于营运能力分析的指标有（　　）。

A. 存货周转率　　B. 应收账款周转率　C. 固定资产周转率　D. 流动资产周转率

10. 企业盈利能力分析可以运用的指标有（　　）。

A. 资本保值增值率　　　　　　　　　　B. 成本利润率

C. 权益乘数　　　　　　　　　　　　　D. 总资产周转率

三、判断题

1. 相关比率反映部分与总体的关系。（　　）

2. 存货周转率是营业收入与存货平均余额之比。（　　）

3. 提高保守的速动比率不仅增强了企业短期偿债能力，而且提高了企业的资金收益水平。（　　）

4. 财务报表分析方法主要有比率分析法、因素分析法和趋势分析法。（　　）

5. 在杜邦分析体系中计算权益乘数时，资产负债率是用期末负债总额与期末资产总额来计算的。（　　）

6. 采用因素分析法可以分析引起变化的主要原因、变动性质，并可预测企业未来的发展前景。（　　）

7. 在总资产净利率不变的情况下，资产负债率越低，净资产收益率越高。（　　）

8. 反映企业发展能力的指标主要有营业增长率和利润增长率。（　　）

9. 权益乘数的高低取决于企业的资金结构，负债比率越高，权益乘数越低，财务风险越大。（　　）

10. 某企业去年的营业净利率为 6.2%，资产周转率为 1.8；今年的营业净利率为 6.4%，资产周转率为 1.46。若两年的资产负债率相同，今年的净资产收益率比去年的变化趋势为上升。（　　）

四、计算分析题

1. 凯旋公司总资产期初数 800 万元，期末数 1 000 万元，其中：存货期初数为 180 万元，期末数为 240 万元；期初流动负债为 150 万元，期末流动负债为 225 万元；期初速动比率为 0.75，期末流动比率为 1.6；本期总资产周转次数为 1.2 次（假定该公司流动资产等于速动资产加存货）。

要求：

（1）计算该公司流动资产的期初数与期末数。

（2）计算该公司本期营业收入。

（3）计算该公司本期流动资产平均余额和流动资产周转次数。

2. 光明公司年初存货为 15 万元，应收账款为 12 万元，年末流动比率为 2，速动比率为 1.5，存货周转率为 4 次，流动资产为 42 万元，其中现金类资产 10 万元，本期销售成本率为 80%（假设该公司流动资产包括存货、应收账款和现金类资产，其他忽略不计）。

要求：计算该公司的本年营业收入和应收账款的平均收账期。

3. 某公司2014年年末有关资料如下。

（1）货币资产为750万元，固定资产净值为6 100万元，资产总额为16 200万元

（2）应交税金为50万元，实收资本为7 500万元。

（3）存货周转率为6次，期初存货为1 500万元，本期营业成本为14 700万元。

（4）流动比率为2，产权比率为0.7。

要求：计算表8-7中的未知项目，将该简要资产负债表填列完整。

表8-7　　××资产负债表

2014年12月31日　　单位：元

项目		金额	项目		金额
货币资产	（1）	750	应付账款	（6）	
应收账款	（2）		应交税费	（7）	50
存货	（3）		长期负债	（8）	
固定资产净值	（4）	6 100	实收资本	（9）	7 500
			未分配利润	（10）	
资产合计	（5）	16 200	负债和所有者权益合计	（11）	

4. 某公司上一年利润总额为1 250万元，营业收入为3 750万元，资产平均占用额为4 687.5万元，所有者权益为2 812.5万元，企业所得税税率为25%。

要求：

（1）计算营业净利率。

（2）计算总资产周转率。

（3）计算总资产净利率。

（4）计算净资产收益率。

5. 某公司2014年年末资产负债表（简表）如表8-8所示，其中2014年年初应收账款余额为2 312万元，存货余额为1 400万元。2014年利润表有关资料如下：营业收入12 860万元，营业成本11 140万元，营业毛利1 720万元，管理费用1 160万元，利息费用196万元，利润总额364万元，所得税144万元，净利润220万元。

要求：

（1）计算并填列该公司财务比率表（见表8-9）。

（2）与行业平均财务比率比较，说明该公司经营管理可能存在的问题。

表8-8　　资产负债表　　单位：元

项目	金额	项目	金额
货币资产	620	短期借款	1 032
应收账款	2 688	应付账款	672
存货	1 932	应交税费	936
固定资产净值	2 340	长期负债	2 052
		实收资本	2 888
资产合计	7 580	负债和所有者权益合计	7 580

表 8-9　　财务比率表

比率名称		本公司	行业平均数
流动比率	（1）		1.98
资产负债率	（2）		62%
利息保障倍数	（3）		3.8
存货周转率	（4）		6 次
应收账款周转天数	（5）		35 天
固定资产周转率	（6）		13 次
总资产周转率	（7）		3 次
营业净利率	（8）		1.3%
总资产净利率	（9）		3.4%
净资产收益率	（10）		8.3%

6. 已知若雪公司资产负债如表 8-10 所示，该公司 2013 年度营业利润率 16%，总资产周转率 0.5 次，权益乘数为 2.5，净资产收益率为 20%；2014 年度营业收入为 700 万元，净利润为 126 万元。

要求：

（1）计算 2014 年流动比率、速动比率和资产负债率。

（2）计算 2014 年总资产周转率、营业净利率和净资产收益率。

（3）分析营业净利率、总资产周转率和权益乘数变动对净资产收益率的影响。

表 8-10　　若雪公司资产负债表

2014 年 12 月 31 日　　单位：万元

资产	年初	年末	负债及所有者权益	年初	年末
流动资产			流动负债合计	210	300
货币资金	100	90	长期负债合计	490	400
应收账款净额	120	180	负债合计	700	700
存货	184	288	所有者权益合计	700	700
待摊费用	46	72			
流动资产合计	450	630			
固定资产净值	950	770			
总计	1 400	1 400	总计	1 400	1 400

附表A

复利终值系数表

计算公式：$f=(1+i)^n$

期数	1%	2%	3%	4%	5%	6%	7%	8%	9%	10%
1	1.010 0	1.020 0	1.030 0	1.040 0	1.050 0	1.060 0	1.070 0	1.080 0	1.090 0	1.100 0
2	1.020 1	1.040 4	1.060 9	1.081 6	1.102 5	1.123 6	1.144 9	1.166 4	1.188 1	1.210 0
3	1.030 3	1.061 2	1.092 7	1.124 9	1.157 6	1.191 0	1.225 0	1.259 7	1.295 0	1.331 0
4	1.040 6	1.082 4	1.125 5	1.169 9	1.215 5	1.262 5	1.310 8	1.360 5	1.411 6	1.464 1
5	1.051 0	1.104 1	1.159 3	1.216 7	1.276 3	1.338 2	1.402 6	1.469 3	1.538 6	1.610 5
6	1.061 5	1.126 2	1.194 1	1.265 3	1.340 1	1.418 5	1.500 7	1.586 9	1.677 1	1.771 6
7	1.072 1	1.148 7	1.229 9	1.315 9	1.407 1	1.503 6	1.605 8	1.713 8	1.828 0	1.948 7
8	1.082 9	1.171 7	1.266 8	1.368 6	1.477 5	1.593 8	1.718 2	1.850 9	1.992 6	2.143 6
9	1.093 7	1.195 1	1.304 8	1.423 3	1.551 3	1.689 5	1.838 5	1.999 0	2.171 9	2.357 9
10	1.104 6	1.219 0	1.343 9	1.480 2	1.628 9	1.790 8	1.967 2	2.158 9	2.367 4	2.593 7
11	1.115 7	1.243 4	1.384 2	1.539 5	1.710 3	1.898 3	2.104 9	2.331 6	2.580 4	2.853 1
12	1.126 8	1.268 2	1.425 8	1.601 0	1.795 9	2.012 2	2.252 2	2.518 2	2.812 7	3.138 4
13	1.138 1	1.293 6	1.468 5	1.665 1	1.885 6	2.132 9	2.409 8	2.719 6	3.065 8	3.452 3
14	1.149 5	1.319 5	1.512 6	1.731 7	1.979 9	2.260 9	2.578 5	2.937 2	3.341 7	3.797 5
15	1.161 0	1.345 9	1.558 0	1.800 9	2.078 9	2.396 6	2.759 0	3.172 2	3.642 5	4.177 2
16	1.172 6	1.372 8	1.604 7	1.873 0	2.182 9	2.540 4	2.952 2	3.425 9	3.970 3	4.595 0
17	1.184 3	1.400 2	1.652 8	1.947 9	2.292 0	2.692 8	3.158 8	3.700 0	4.327 6	5.054 5
18	1.196 1	1.428 2	1.702 4	2.025 8	2.406 6	2.854 3	3.379 9	3.996 0	4.717 1	5.559 9
19	1.208 1	1.456 8	1.753 5	2.106 8	2.527 0	3.025 6	3.616 5	4.315 7	5.141 7	6.115 9
20	1.220 2	1.485 9	1.806 1	2.191 1	2.653 3	3.207 1	3.869 7	4.661 0	5.604 4	6.727 5
21	1.232 4	1.515 7	1.860 3	2.278 8	2.786 0	3.399 6	4.140 6	5.033 8	6.108 8	7.400 2
22	1.244 7	1.546 0	1.916 1	2.369 9	2.925 3	3.603 5	4.430 4	5.436 5	6.658 6	8.140 3
23	1.257 2	1.576 9	1.973 6	2.464 7	3.071 5	3.819 7	4.740 5	5.871 5	7.257 9	8.954 3
24	1.269 7	1.608 4	2.032 8	2.563 3	3.225 1	4.048 9	5.072 4	6.341 2	7.911 1	9.849 7
25	1.282 4	1.640 6	2.093 8	2.665 8	3.386 4	4.291 9	5.427 4	6.848 5	8.623 1	10.834 7
26	1.295 3	1.673 4	2.156 6	2.772 5	3.555 7	4.549 4	5.807 4	7.396 4	9.399 2	11.918 2
27	1.308 2	1.706 9	2.221 3	2.883 4	3.733 5	4.822 3	6.213 9	7.988 1	10.245 1	13.110 0
28	1.321 3	1.741 0	2.287 9	2.998 7	3.920 1	5.111 7	6.648 8	8.627 1	11.167 1	14.421 0
29	1.334 5	1.775 8	2.356 6	3.118 7	4.116 1	5.418 4	7.114 3	9.317 3	12.172 2	15.863 1
30	1.347 8	1.811 4	2.427 3	3.243 4	4.321 9	5.743 5	7.612 3	10.062 7	13.267 7	17.449 4

续表

期数	11%	12%	13%	14%	15%	16%	17%	18%	19%	20%
1	1.110 0	1.120 0	1.130 0	1.140 0	1.150 0	1.160 0	1.170 0	1.180 0	1.190 0	1.200 0
2	1.232 1	1.254 4	1.276 9	1.299 6	1.322 5	1.345 6	1.368 9	1.392 4	1.416 1	1.440 0
3	1.367 6	1.404 9	1.442 9	1.481 5	1.520 9	1.560 9	1.601 6	1.643 0	1.685 2	1.728 0
4	1.518 1	1.573 5	1.630 5	1.689 0	1.749 0	1.810 6	1.873 9	1.938 8	2.005 3	2.073 6
5	1.685 1	1.762 3	1.842 4	1.925 4	2.011 4	2.100 3	2.192 4	2.287 8	2.386 4	2.488 3
6	1.870 4	1.973 8	2.082 0	2.195 0	2.313 1	2.436 4	2.565 2	2.699 6	2.839 8	2.986 0
7	2.076 2	2.210 7	2.352 6	2.502 3	2.660 0	2.826 2	3.001 2	3.185 5	3.379 3	3.583 2
8	2.304 5	2.476 0	2.658 4	2.852 6	3.059 0	3.278 4	3.511 5	3.758 9	4.021 4	4.299 8
9	2.558 0	2.773 1	3.004 0	3.251 9	3.517 9	3.803 0	4.108 4	4.435 5	4.785 4	5.159 8
10	2.839 4	3.105 8	3.394 6	3.707 2	4.045 6	4.411 4	4.806 8	5.233 8	5.694 7	6.191 7
11	3.151 8	3.478 6	3.835 9	4.226 2	4.652 4	5.117 3	5.624 0	6.175 9	6.776 7	7.430 1
12	3.498 5	3.896 0	4.334 5	4.817 9	5.350 3	5.936 0	6.580 1	7.287 6	8.064 2	8.916 1
13	3.883 3	4.363 5	4.898 0	5.492 4	6.152 8	6.885 8	7.698 7	8.599 4	9.596 4	10.699 3
14	4.310 4	4.887 1	5.534 8	6.261 3	7.075 7	7.987 5	9.007 5	10.147 2	11.419 8	12.839 2
15	4.784 6	5.473 6	6.254 3	7.137 9	8.137 1	9.265 5	10.538 7	11.973 7	13.589 5	15.407 0
16	5.310 9	6.130 4	7.067 3	8.137 2	9.357 6	10.748 0	12.330 3	14.129 0	16.171 5	18.488 4
17	5.895 1	6.866 0	7.986 1	9.276 5	10.761 3	12.467 7	14.426 5	16.672 2	19.244 1	22.186 1
18	6.543 6	7.690 0	9.024 3	10.575 2	12.375 5	14.462 5	16.879 0	19.673 3	22.900 5	26.623 3
19	7.263 3	8.612 8	10.197 4	12.055 7	14.231 8	16.776 5	19.748 4	23.214 4	27.251 6	31.948 0
20	8.062 3	9.646 3	11.523 1	13.743 5	16.366 5	19.460 8	23.105 6	27.393 0	32.429 4	38.337 6
21	8.949 2	10.803 8	13.021 1	15.667 6	18.821 5	22.574 5	27.033 6	32.323 8	38.591 0	46.005 1
22	9.933 6	12.100 3	14.713 8	17.861 0	21.644 7	26.186 4	31.629 3	38.142 1	45.923 3	55.206 1
23	11.026 3	13.552 3	16.626 6	20.361 6	24.891 5	30.376 2	37.006 2	45.007 6	54.648 7	66.247 4
24	12.239 2	15.178 6	18.788 1	23.212 2	28.625 2	35.236 4	43.297 3	53.109 0	65.032 0	79.496 8
25	13.585 5	17.000 1	21.230 5	26.461 9	32.919 0	40.874 2	50.657 8	62.668 6	77.388 1	95.396 2
26	15.079 9	19.040 1	23.990 5	30.166 6	37.856 8	47.414 1	59.269 7	73.949 0	92.091 8	114.475 5
27	16.738 7	21.324 9	27.109 3	34.389 9	43.535 3	55.000 4	69.345 5	87.259 8	109.589 3	137.370 6
28	18.579 9	23.883 9	30.633 5	39.204 5	50.065 6	63.800 4	81.134 2	102.966 6	130.411 2	164.844 7
29	20.623 7	26.749 9	34.615 8	44.693 1	57.575 5	74.008 5	94.927 1	121.500 5	155.189 3	197.813 6
30	22.892 3	29.959 9	39.115 9	50.950 2	66.211 8	85.849 9	111.064 7	143.370 6	184.675 3	237.376 3

续表

期数	21%	22%	23%	24%	25%	26%	27%	28%	29%	30%
1	1.210 0	1.220 0	1.230 0	1.240 0	1.250 0	1.260 0	1.270 0	1.280 0	1.290 0	1.300 0
2	1.464 1	1.488 4	1.512 9	1.537 6	1.562 5	1.587 6	1.612 9	1.638 4	1.664 1	1.690 0
3	1.771 6	1.815 8	1.860 9	1.906 6	1.953 1	2.000 4	2.048 4	2.097 2	2.146 7	2.197 0
4	2.143 6	2.215 3	2.288 9	2.364 2	2.441 4	2.520 5	2.601 4	2.684 4	2.769 2	2.856 1
5	2.593 7	2.702 7	2.815 3	2.931 6	3.051 8	3.175 8	3.303 8	3.436 0	3.572 3	3.712 9
6	3.138 4	3.297 3	3.462 8	3.635 2	3.814 7	4.001 5	4.195 9	4.398 0	4.608 3	4.826 8
7	3.797 5	4.022 7	4.259 3	4.507 7	4.768 4	5.041 9	5.328 8	5.629 5	5.944 7	6.274 9
8	4.595 0	4.907 7	5.238 9	5.589 5	5.960 5	6.352 8	6.767 5	7.205 8	7.668 6	8.157 3
9	5.559 9	5.987 4	6.443 9	6.931 0	7.450 6	8.004 5	8.594 8	9.223 4	9.892 5	10.604 5
10	6.727 5	7.304 6	7.925 9	8.594 4	9.313 2	10.085 7	10.915 3	11.805 9	12.761 4	13.785 8
11	8.140 3	8.911 7	9.748 9	10.657 1	11.641 5	12.708 0	13.862 5	15.111 6	16.462 2	17.921 6
12	9.849 7	10.872 2	11.991 2	13.214 8	14.551 9	16.012 0	17.605 3	19.342 8	21.236 2	23.298 1
13	11.918 2	13.264 1	14.749 1	16.386 3	18.189 9	20.175 2	22.358 8	24.758 8	27.394 7	30.287 5
14	14.421 0	16.182 2	18.141 4	20.319 1	22.737 4	25.420 7	28.395 7	31.691 3	35.339 1	39.373 8
15	17.449 4	19.742 3	22.314 0	25.195 6	28.421 7	32.030 1	36.062 5	40.564 8	45.587 5	51.185 9
16	21.113 8	24.085 6	27.446 2	31.242 6	35.527 1	40.357 9	45.799 4	51.923 0	58.807 9	66.541 7
17	25.547 7	29.384 4	33.758 8	38.740 8	44.408 9	50.851 0	58.165 2	66.461 4	75.862 1	86.504 2
18	30.912 7	35.849 0	41.523 3	48.038 6	55.511 2	64.072 2	73.869 8	85.070 6	97.862 2	112.455 4
19	37.404 3	43.735 8	51.073 7	59.567 9	69.388 9	80.731 0	93.814 7	108.890 4	126.242 2	146.192 0
20	45.259 3	53.357 6	62.820 6	73.864 1	86.736 2	101.721 1	119.144 6	139.379 7	162.852 4	190.049 6
21	54.763 7	65.096 3	77.269 4	91.591 5	108.420 2	128.168 5	151.313 7	178.406 0	210.079 6	247.064 5
22	66.264 1	79.417 5	95.041 3	113.573 5	135.525 3	161.492 4	192.168 3	228.359 6	271.002 7	321.183 9
23	80.179 5	96.889 4	116.900 8	140.831 2	169.406 6	203.480 4	244.053 8	292.300 3	349.593 5	417.539 1
24	97.017 2	118.205 0	143.788 0	174.630 6	211.758 2	256.385 3	309.948 3	374.144 4	450.975 6	542.800 8
25	117.390 9	144.210 1	176.859 3	216.542 0	264.697 8	323.045 4	393.634 4	478.904 9	581.758 5	705.641 0
26	142.042 9	175.936 4	217.536 9	268.512 1	330.872 2	407.037 3	499.915 7	612.998 2	750.468 5	917.333 3
27	171.871 9	214.642 4	267.570 4	332.955 0	413.590 3	512.867 0	634.892 9	784.637 7	968.104 4	1 192.533 3
28	207.965 1	261.863 7	329.111 5	412.864 2	516.987 9	646.212 4	806.314 0	1 004.336 3	1 248.854 6	1 550.293 3
29	251.637 7	319.473 7	404.807 2	511.951 6	646.234 9	814.227 6	1 024.018 7	1 285.550 4	1 611.022 5	2 015.381 3
30	304.481 6	389.757 9	497.912 9	634.819 9	807.793 6	1 025.926 7	1 300.503 8	1 645.504 6	2 078.219 0	2 619.995 6

附表 B

复利现值系数表

计算公式：$f=(1+i)^n$

期数	1%	2%	3%	4%	5%	6%	7%	8%	9%	10%
1	0.990 1	0.980 4	0.970 9	0.961 5	0.952 4	0.943 4	0.934 6	0.925 9	0.917 4	0.909 1
2	0.980 3	0.961 2	0.942 6	0.924 6	0.907 0	0.890 0	0.873 4	0.857 3	0.841 7	0.826 4
3	0.970 6	0.942 3	0.915 1	0.889 0	0.863 8	0.839 6	0.816 3	0.793 8	0.772 2	0.751 3
4	0.961 0	0.923 8	0.888 5	0.854 8	0.822 7	0.792 1	0.762 9	0.735 0	0.708 4	0.683 0
5	0.951 5	0.905 7	0.862 6	0.821 9	0.783 5	0.747 3	0.713 0	0.680 6	0.649 9	0.620 9
6	0.942	0.888 0	0.837 5	0.790 3	0.746 2	0.705 0	0.666 3	0.630 2	0.596 3	0.564 5
7	0.932 7	0.870 6	0.813 1	0.759 9	0.710 7	0.665 1	0.622 7	0.583 5	0.547	0.513 2
8	0.923 5	0.853 5	0.789 4	0.730 7	0.676 8	0.627 4	0.582	0.540 3	0.501 9	0.466 5
9	0.914 3	0.836 8	0.766 4	0.702 6	0.644 6	0.591 9	0.543 9	0.500 2	0.460 4	0.424 1
10	0.905 3	0.820 3	0.744 1	0.675 6	0.613 9	0.558 4	0.508 3	0.463 2	0.422 4	0.385 5
11	0.896 3	0.804 3	0.722 4	0.649 6	0.584 7	0.526 8	0.475 1	0.428 9	0.387 5	0.350 5
12	0.887 4	0.788 5	0.701 4	0.624 6	0.556 8	0.497 0	0.444 0	0.397 1	0.355 5	0.318 6
13	0.878 7	0.773 0	0.681 0	0.600 6	0.530 3	0.468 8	0.415 0	0.367 7	0.326 2	0.289 7
14	0.870 0	0.757 9	0.661 1	0.577 5	0.505 1	0.442 3	0.387 8	0.340 5	0.299 2	0.263 3
15	0.861 3	0.743 0	0.641 9	0.555 3	0.481 0	0.417 3	0.362 4	0.315 2	0.274 5	0.239 4
16	0.852 8	0.728 4	0.623 2	0.533 9	0.458 1	0.393 6	0.338 7	0.291 9	0.251 9	0.217 6
17	0.844 4	0.714 2	0.605 0	0.513 4	0.436 3	0.371 4	0.316 6	0.270 3	0.231 1	0.197 8
18	0.836 0	0.700 2	0.587 4	0.493 6	0.415 5	0.350 3	0.295 9	0.250 2	0.212 0	0.179 9
19	0.827 7	0.686 4	0.570 3	0.474 6	0.395 7	0.330 5	0.276 5	0.231 7	0.194 5	0.163 5
20	0.819 5	0.673 0	0.553 7	0.456 4	0.376 9	0.311 8	0.258 4	0.214 5	0.178 4	0.148 6
21	0.811 4	0.659 8	0.537 5	0.438 8	0.358 9	0.294 2	0.241 5	0.198 7	0.163 7	0.135 1
22	0.803 4	0.646 8	0.521 9	0.422 0	0.341 8	0.277 5	0.225 7	0.183 9	0.150 2	0.122 8
23	0.795 4	0.634 2	0.506 7	0.405 7	0.325 6	0.261 8	0.210 9	0.170 3	0.137 8	0.111 7
24	0.787 6	0.621 7	0.491 9	0.390 1	0.310 1	0.247 0	0.197 1	0.157 7	0.126 4	0.101 5
25	0.779 8	0.609 5	0.477 6	0.375 1	0.295 3	0.233 0	0.184 2	0.146 0	0.116 0	0.092 3
26	0.772 0	0.597 6	0.463 7	0.360 7	0.281 2	0.219 8	0.172 2	0.135 2	0.106 4	0.083 9
27	0.764 4	0.585 9	0.450 2	0.346 8	0.267 8	0.207 4	0.160 9	0.125 2	0.097 6	0.076 3
28	0.756 8	0.574 4	0.437 1	0.333 5	0.255 1	0.195 6	0.150 4	0.115 9	0.089 5	0.069 3
29	0.749 3	0.563 1	0.424 3	0.320 7	0.242 9	0.184 6	0.140 6	0.107 3	0.082 2	0.063 0
30	0.741 9	0.552 1	0.412 0	0.308 3	0.231 4	0.174 1	0.131 4	0.099 4	0.075 4	0.057 3

续表

期数	11%	12%	13%	14%	15%	16%	17%	18%	19%	20%
1	0.900 9	0.892 9	0.885 0	0.877 2	0.869 6	0.862 1	0.854 7	0.847 5	0.840 3	0.833 3
2	0.811 6	0.797 2	0.783 1	0.769 5	0.756 1	0.743 2	0.730 5	0.718 2	0.706 2	0.694 4
3	0.731 2	0.711 8	0.693 1	0.675 0	0.657 5	0.640 7	0.624 4	0.608 6	0.593 4	0.578 7
4	0.658 7	0.635 5	0.613 3	0.592 1	0.571 8	0.552 3	0.533 7	0.515 8	0.498 7	0.482 3
5	0.593 5	0.567 4	0.542 8	0.519 4	0.497 2	0.476 1	0.456 1	0.437 1	0.419 0	0.401 9
6	0.534 6	0.506 6	0.480 3	0.455 6	0.432 3	0.410 4	0.389 8	0.370 4	0.352 1	0.334 9
7	0.481 7	0.452 3	0.425 1	0.399 6	0.375 9	0.353 8	0.333 2	0.313 9	0.295 9	0.279 1
8	0.433 9	0.403 9	0.376 2	0.350 6	0.326 9	0.305 0	0.284 8	0.266 0	0.248 7	0.232 6
9	0.390 9	0.360 6	0.332 9	0.307 5	0.284 3	0.263 0	0.243 4	0.225 5	0.209 0	0.193 8
10	0.352 2	0.322 0	0.294 6	0.269 7	0.247 2	0.226 7	0.208 0	0.191 1	0.175 6	0.161 5
11	0.317 3	0.287 5	0.260 7	0.236 6	0.214 9	0.195 4	0.177 8	0.161 9	0.147 6	0.134 6
12	0.285 8	0.256 7	0.230 7	0.207 6	0.186 9	0.168 5	0.152 0	0.137 2	0.124 0	0.112 2
13	0.257 5	0.229 2	0.204 2	0.182 1	0.162 5	0.145 2	0.129 9	0.116 3	0.104 2	0.093 5
14	0.232 0	0.204 6	0.180 7	0.159 7	0.141 3	0.125 2	0.111 0	0.098 5	0.087 6	0.077 9
15	0.209 0	0.182 7	0.159 9	0.140 1	0.122 9	0.107 9	0.094 9	0.083 5	0.073 6	0.064 9
16	0.188 3	0.163 1	0.141 5	0.122 9	0.106 9	0.093 0	0.081 1	0.070 8	0.061 8	0.054 1
17	0.169 6	0.145 6	0.125 2	0.107 8	0.092 9	0.080 2	0.069 3	0.060 0	0.052 0	0.045 1
18	0.152 8	0.130 0	0.110 8	0.094 6	0.080 8	0.069 1	0.059 2	0.050 8	0.043 7	0.037 6
19	0.137 7	0.116 1	0.098 1	0.082 9	0.070 3	0.059 6	0.050 6	0.043 1	0.036 7	0.031 3
20	0.124 0	0.103 7	0.086 8	0.072 8	0.061 1	0.051 4	0.043 3	0.036 5	0.030 8	0.026 1
21	0.111 7	0.092 6	0.076 8	0.063 8	0.053 1	0.044 3	0.037 0	0.030 9	0.025 9	0.021 7
22	0.100 7	0.082 6	0.068 0	0.056 0	0.046 2	0.038 2	0.031 6	0.026 2	0.021 8	0.018 1
23	0.090 7	0.073 8	0.060 1	0.049 1	0.040 2	0.032 9	0.027 0	0.022 2	0.018 3	0.015 1
24	0.081 7	0.065 9	0.053 2	0.043 1	0.034 9	0.028 4	0.023 1	0.018 8	0.015 4	0.012 6
25	0.073 6	0.058 8	0.047 1	0.037 8	0.030 4	0.024 5	0.019 7	0.016 0	0.012 9	0.010 5
26	0.066 3	0.052 5	0.041 7	0.033 1	0.026 4	0.021 1	0.016 9	0.013 5	0.010 9	0.008 7
27	0.059 7	0.046 9	0.036 9	0.029 1	0.023 0	0.018 2	0.014 4	0.011 5	0.009 1	0.007 3
28	0.053 8	0.041 9	0.032 6	0.025 5	0.020 0	0.015 7	0.012 3	0.009 7	0.007 7	0.006 1
29	0.048 5	0.037 4	0.028 9	0.022 4	0.017 4	0.013 5	0.010 5	0.008 2	0.006 4	0.005 1
30	0.043 7	0.033 4	0.025 6	0.019 6	0.015 1	0.011 6	0.009 0	0.007 0	0.005 4	0.004 2

续表

期数	21%	22%	23%	24%	25%	26%	27%	28%	29%	30%
1	0.826 4	0.819 7	0.813 0	0.806 5	0.800 0	0.793 7	0.787 4	0.781 3	0.775 2	0.769 2
2	0.683 0	0.671 9	0.661 0	0.650 4	0.640 0	0.629 9	0.620 0	0.610 4	0.600 9	0.591 7
3	0.564 5	0.550 7	0.537 4	0.524 5	0.512 0	0.499 9	0.488 2	0.476 8	0.465 8	0.455 2
4	0.466 5	0.451 4	0.436 9	0.423 0	0.409 6	0.396 8	0.384 4	0.372 5	0.361 1	0.350 1
5	0.385 5	0.370 0	0.355 2	0.341 1	0.327 7	0.314 9	0.302 7	0.291 0	0.279 9	0.269 3
6	0.318 6	0.303 3	0.288 8	0.275 1	0.262 1	0.249 9	0.238 3	0.227 4	0.217 0	0.207 2
7	0.263 3	0.248 6	0.234 8	0.221 8	0.209 7	0.198 3	0.187 7	0.177 6	0.168 2	0.159 4
8	0.217 6	0.203 8	0.190 9	0.178 9	0.167 8	0.157 4	0.147 8	0.138 8	0.130 4	0.122 6
9	0.179 9	0.167 0	0.155 2	0.144 3	0.134 2	0.124 9	0.116 4	0.108 4	0.101 1	0.094 3
10	0.148 6	0.136 9	0.126 2	0.116 4	0.107 4	0.099 2	0.091 6	0.084 7	0.078 4	0.072 5
11	0.122 8	0.112 2	0.102 6	0.093 8	0.085 9	0.078 7	0.072 1	0.066 2	0.060 7	0.055 8
12	0.101 5	0.092 0	0.083 4	0.075 7	0.068 7	0.062 5	0.056 8	0.051 7	0.047 1	0.042 9
13	0.083 9	0.075 4	0.067 8	0.061 0	0.055 0	0.049 6	0.044 7	0.040 4	0.036 5	0.033 0
14	0.069 3	0.061 8	0.055 1	0.049 2	0.044 0	0.039 3	0.035 2	0.031 6	0.028 3	0.025 4
15	0.057 3	0.050 7	0.044 8	0.039 7	0.035 2	0.031 2	0.027 7	0.024 7	0.021 9	0.019 5
16	0.047 4	0.041 5	0.036 4	0.032 0	0.028 1	0.024 8	0.021 8	0.019 3	0.017 0	0.015 0
17	0.039 1	0.034 0	0.029 6	0.025 8	0.022 5	0.019 7	0.017 2	0.015 0	0.013 2	0.011 6
18	0.032 3	0.027 9	0.024 1	0.020 8	0.018 0	0.015 6	0.013 5	0.011 8	0.010 2	0.008 9
19	0.026 7	0.022 9	0.019 6	0.016 8	0.014 4	0.012 4	0.010 7	0.009 2	0.007 9	0.006 8
20	0.022 1	0.018 7	0.015 9	0.013 5	0.011 5	0.009 8	0.008 4	0.007 2	0.006 1	0.005 3
21	0.018 3	0.015 4	0.012 9	0.010 9	0.009 2	0.007 8	0.006 6	0.005 6	0.004 8	0.004 0
22	0.015 1	0.012 6	0.010 5	0.008 8	0.007 4	0.006 2	0.005 2	0.004 4	0.003 7	0.003 1
23	0.012 5	0.010 3	0.008 6	0.007 1	0.005 9	0.004 9	0.004 1	0.003 4	0.002 9	0.002 4
24	0.010 3	0.008 5	0.007 0	0.005 7	0.004 7	0.003 9	0.003 2	0.002 7	0.002 2	0.001 8
25	0.008 5	0.006 9	0.005 7	0.004 6	0.003 8	0.003 1	0.002 5	0.002 1	0.001 7	0.001 4
26	0.007 0	0.005 7	0.004 6	0.003 7	0.003 0	0.002 5	0.002 0	0.001 6	0.001 3	0.001 1
27	0.005 8	0.004 7	0.003 7	0.003 0	0.002 4	0.001 9	0.001 6	0.001 3	0.001 0	0.000 8
28	0.004 8	0.003 8	0.003 0	0.002 4	0.001 9	0.001 5	0.001 2	0.001 0	0.000 8	0.000 6
29	0.004 0	0.003 1	0.002 5	0.002 0	0.001 5	0.001 2	0.001 0	0.000 8	0.000 6	0.000 5
30	0.003 3	0.002 6	0.002 0	0.001 6	0.001 2	0.001 0	0.000 8	0.000 6	0.000 5	0.000 4

附表 C

年金终值系数表

期数	1%	2%	3%	4%	5%	6%	7%	8%	9%	10%
1	1.000 0	1.000 0	1.000 0	1.000 0	1.000 0	1.000 0	1.000 0	1.000 0	1.000 0	1.000 0
2	2.010 0	2.020 0	2.030 0	2.040 0	2.050 0	2.060 0	2.070 0	2.080 0	2.090 0	2.100 0
3	3.030 1	3.060 4	3.090 9	3.121 6	3.152 5	3.183 6	3.214 9	3.246 4	3.278 1	3.310 0
4	4.060 4	4.121 6	4.183 6	4.246 5	4.310 1	4.374 6	4.439 9	4.506 1	4.573 1	4.641 0
5	5.101 0	5.204 0	5.309 1	5.416 3	5.525 6	5.637 1	5.750 7	5.866 6	5.984 7	6.105 1
6	6.152 0	6.308 1	6.468 4	6.633 0	6.801 9	6.975 3	7.153 3	7.335 9	7.523 3	7.715 6
7	7.213 5	7.434 3	7.662 5	7.898 3	8.142 0	8.393 8	8.654 0	8.922 8	9.200 4	9.487 2
8	8.285 7	8.583 0	8.892 3	9.214 2	9.549 1	9.897 5	10.259 8	10.636 6	11.028 5	11.435 9
9	9.368 5	9.754 6	10.159 1	10.582 8	11.026 6	11.491 3	11.978 0	12.487 6	13.021 0	13.579 5
10	10.462 2	10.949 7	11.463 9	12.006 1	12.577 9	13.180 8	13.816 4	14.486 6	15.192 9	15.937 4
11	11.566 8	12.168 7	12.807 8	13.486 4	14.206 8	14.971 6	15.783 6	16.645 5	17.560 3	18.531 2
12	12.682 5	13.412 1	14.192 0	15.025 8	15.917 1	16.869 9	17.888 5	18.977 1	20.140 7	21.384 3
13	13.809 3	14.680 3	15.617 8	16.626 8	17.713 0	18.882 1	20.140 6	21.495 3	22.953 4	24.522 7
14	14.947 4	15.973 9	17.086 3	18.291 9	19.598 6	21.015 1	22.550 5	24.214 9	26.019 2	27.975 0
15	16.096 9	17.293 4	18.598 9	20.023 6	21.578 6	23.276 0	25.129 0	27.152 1	29.360 9	31.772 5
16	17.257 9	18.639 3	20.156 9	21.824 5	23.657 5	25.672 5	27.888 1	30.324 3	33.003 4	35.949 7
17	18.430 4	20.012 1	21.761 6	23.697 5	25.840 4	28.212 9	30.840 2	33.750 2	36.973 7	40.544 7
18	19.614 7	21.412 3	23.414 4	25.645 4	28.132 4	30.905 7	33.999 0	37.450 2	41.301 3	45.599 2
19	20.810 9	22.840 6	25.116 9	27.671 2	30.539 0	33.760 0	37.379 0	41.446 3	46.018 5	51.159 1
20	22.019 0	24.297 4	26.870 4	29.778 1	33.066 0	36.785 6	40.995 5	45.762 0	51.160 1	57.275 0
21	23.239 2	25.783 3	28.676 5	31.969 2	35.719 3	39.992 7	44.865 2	50.422 9	56.764 5	64.002 5
22	24.471 6	27.299 0	30.536 8	34.248 0	38.505 2	43.392 3	49.005 7	55.456 8	62.873 3	71.402 7
23	25.716 3	28.845 0	32.452 9	36.617 9	41.430 5	46.995 8	53.436 1	60.893 3	69.531 9	79.543 0
24	26.973 5	30.421 9	34.426 5	39.082 6	44.502 0	50.815 6	58.176 7	66.764 8	76.789 8	88.497 3
25	28.243 2	32.030 3	36.459 3	41.645 9	47.727 1	54.864 5	63.249 0	73.105 9	84.700 9	98.347 1
26	29.525 6	33.670 9	38.553 0	44.311 7	51.113 5	59.156 4	68.676 5	79.954 4	93.324 0	109.181 8
27	30.820 9	35.344 3	40.709 6	47.084 2	54.669 1	63.705 8	74.483 8	87.350 8	102.723 1	121.099 9
28	32.129 1	37.051 2	42.930 9	49.967 6	58.402 6	68.528 1	80.697 7	95.338 8	112.968 2	134.209 9
29	33.450 4	38.792 2	45.218 9	52.966 3	62.322 7	73.639 8	87.346 5	103.965 9	124.135 4	148.630 9
30	34.784 9	40.568 1	47.575 4	56.084 9	66.438 8	79.058 2	94.460 8	113.283 2	136.307 5	164.494 0

续表

期数	11%	12%	13%	14%	15%	16%	17%	18%	19%	20%
1	1.000 0	1.000 0	1.000 0	1.000 0	1.000 0	1.000 0	1.000 0	1.000 0	1.000 0	1.000 0
2	2.110 0	2.120 0	2.130 0	2.140 0	2.150 0	2.160 0	2.170 0	2.180 0	2.190 0	2.200 0
3	3.342 1	3.374 4	3.406 9	3.439 6	3.472 5	3.505 6	3.538 9	3.572 4	3.606 1	3.640 0
4	4.709 7	4.779 3	4.849 8	4.921 1	4.993 4	5.066 5	5.140 5	5.215 4	5.291 3	5.368 0
5	6.227 8	6.352 8	6.480 3	6.610 1	6.742 4	6.877 1	7.014 4	7.154 2	7.296 6	7.441 6
6	7.912 9	8.115 2	8.322 7	8.535 5	8.753 7	8.977 5	9.206 8	9.442 0	9.683 0	9.929 9
7	9.783 3	10.089 0	10.404 7	10.730 5	11.066 8	11.413 9	11.772 0	12.141 5	12.522 7	12.915 9
8	11.859 4	12.299 7	12.757 3	13.232 8	13.726 8	14.240 1	14.773 3	15.327 0	15.902 0	16.499 1
9	14.164 0	14.775 7	15.415 7	16.085 3	16.785 8	17.518 5	18.284 7	19.085 9	19.923 4	20.798 9
10	16.722 0	17.548 7	18.419 7	19.337 3	20.303 7	21.321 5	22.393 1	23.521 3	24.708 9	25.958 7
11	19.561 4	20.654 6	21.814 3	23.044 5	24.349 3	25.732 9	27.199 9	28.755 1	30.403 5	32.150 4
12	22.713 2	24.133 1	25.650 2	27.270 7	29.001 7	30.850 2	32.823 9	34.931 1	37.180 2	39.580 5
13	26.211 6	28.029 1	29.984 7	32.088 7	34.351 9	36.786 2	39.404 0	42.218 7	45.244 5	48.496 6
14	30.094 9	32.392 6	34.882 7	37.581 1	40.504 7	43.672 0	47.102 7	50.818 0	54.840 9	59.195 9
15	34.405 4	37.279 7	40.417 5	43.842 4	47.580 4	51.659 5	56.110 1	60.965 3	66.260 7	72.035 1
16	39.189 9	42.753 3	46.671 7	50.980 4	55.717 5	60.925 0	66.648 8	72.939 0	79.850 2	87.442 1
17	44.500 8	48.883 7	53.739 1	59.117 6	65.075 1	71.673 0	78.979 2	87.068 0	96.021 8	105.930 6
18	50.395 9	55.749 7	61.725 1	68.394 1	75.836 4	84.140 7	93.405 6	103.740 3	115.265 9	128.116 7
19	56.939 5	63.439 7	70.749 4	78.969 2	88.211 8	98.603 2	110.284 6	123.413 5	138.166 4	154.740 0
20	64.202 8	72.052 4	80.946 8	91.024 9	102.443 6	115.379 7	130.032 9	146.628 0	165.418 0	186.688 0
21	72.265 1	81.698 7	92.469 9	104.768 4	118.810 1	134.840 5	153.138 5	174.021 0	197.847 4	225.025 6
22	81.214 3	92.502 6	105.491 0	120.436 0	137.631 6	157.415 0	180.172 1	206.344 8	236.438 5	271.030 7
23	91.147 9	104.602 9	120.204 8	138.297 0	159.276 4	183.601 4	211.801 3	244.486 8	282.361 8	326.236 9
24	102.174 2	118.155 2	136.831 5	158.658 6	184.167 8	213.977 6	248.807 6	289.494 5	337.010 5	392.484 2
25	114.413 3	133.333 9	155.619 6	181.870 8	212.793 0	249.214 0	292.104 9	342.603 5	402.042 5	471.981 1
26	127.998 8	150.333 9	176.850 1	208.332 7	245.712 0	290.088 3	342.762 7	405.272 1	479.430 6	567.377 3
27	143.078 6	169.374 0	200.840 6	238.499 3	283.568 8	337.502 4	402.032 3	479.221 1	571.522 4	681.852 8
28	159.817 3	190.698 9	227.949 9	272.889 2	327.104 1	392.502 8	471.377 8	566.480 9	681.111 6	819.223 3
29	178.397 2	214.582 8	258.583 4	312.093 7	377.169 7	456.303 2	552.512 1	669.447 5	811.522 8	984.068 0
30	199.020 9	241.332 7	293.199 2	356.786 8	434.745 1	530.311 7	647.439 1	790.948 0	966.712 2	1 181.881 6

续表

期数	21%	22%	23%	24%	25%	26%	27%	28%	29%	30%
1	1.000 0	1.000 0	1.000 0	1.000 0	1.000 0	1.000 0	1.000 0	1.000 0	1.000 0	1.000 0
2	2.210 0	2.220 0	2.230 0	2.240 0	2.250 0	2.260 0	2.270 0	2.280 0	2.290 0	2.300 0
3	3.674 1	3.708 4	3.742 9	3.777 6	3.812 5	3.847 6	3.882 9	3.918 4	3.954 1	3.990 0
4	5.445 7	5.524 2	5.603 8	5.684 2	5.765 6	5.848 0	5.931 3	6.015 6	6.100 8	6.187 0
5	7.589 2	7.739 6	7.892 6	8.048 4	8.207 0	8.368 4	8.532 7	8.699 9	8.870 0	9.043 1
6	10.183 0	10.442 3	10.707 9	10.980 1	11.258 8	11.544 2	11.836 6	12.135 9	12.442 3	12.756 0
7	13.321 4	13.739 6	14.170 8	14.615 3	15.073 5	15.545 8	16.032 4	16.533 9	17.050 6	17.582 8
8	17.118 9	17.762 3	18.430 0	19.122 9	19.841 9	20.587 6	21.361 2	22.163 4	22.995 3	23.857 7
9	21.713 9	22.670 0	23.669 0	24.712 5	25.802 3	26.940 4	28.128 7	29.369 2	30.663 9	32.015 0
10	27.273 8	28.657 4	30.112 8	31.643 4	33.252 9	34.944 9	36.723 5	38.592 6	40.556 4	42.619 5
11	34.001 3	35.962 0	38.038 8	40.237 9	42.566 1	45.030 6	47.638 8	50.398 5	53.317 8	56.405 3
12	42.141 6	44.873 7	47.787 7	50.895 0	54.207 7	57.738 6	61.501 3	65.510 0	69.780 0	74.327 0
13	51.991 3	55.745 9	59.778 8	64.109 7	68.759 6	73.750 6	79.106 6	84.852 9	91.016 1	97.625 0
14	63.909 5	69.010 0	74.528 0	80.496 1	86.949 5	93.925 8	101.465 4	109.611 7	118.410 8	127.912 5
15	78.330 5	85.192 2	92.669 4	100.815 1	109.686 8	119.346 5	129.861 1	141.302 9	153.750 0	167.286 3
16	95.779 9	104.934 5	114.983 4	126.010 8	138.108 5	151.376 6	165.923 6	181.867 7	199.337 4	218.472 2
17	116.893 7	129.020 1	142.429 5	157.253 4	173.635 7	191.734 5	211.723 0	233.790 7	258.145 3	285.013 9
18	142.441 3	158.404 5	176.188 3	195.994 2	218.044 6	242.585 5	269.888 2	300.252 1	334.007 4	371.518 0
19	173.354 0	194.253 5	217.711 6	244.032 8	273.555 8	306.657 7	343.758 0	385.322 7	431.869 6	483.973 4
20	210.758 4	237.989 3	268.785 3	303.600 6	342.944 7	387.388 7	437.572 6	494.213 1	558.111 8	630.165 5
21	256.017 6	291.346 9	331.605 9	377.464 8	429.680 9	489.109 8	556.717 3	633.592 7	720.964 2	820.215 1
22	310.781 3	356.443 2	408.875 3	469.056 3	538.101 1	617.278 3	708.030 9	811.998 7	931.043 8	1 067.279 6
23	377.045 4	435.860 7	503.916 6	582.629 8	673.626 4	778.770 7	900.199 3	1 040.358 3	1 202.046 5	1 388.463 5
24	457.224 9	532.750 1	620.817 4	723.461 0	843.032 9	982.251 1	1 144.253 1	1 332.658 6	1 551.640 0	1 806.002 6
25	554.242 2	650.955 1	764.605 4	898.091 6	1 054.791 2	1 238.636 3	1 454.201 4	1 706.803 1	2 002.615 6	2 348.803 3
26	671.633 0	795.165 3	941.464 7	1 114.633 6	1 319.489 0	1 561.681 8	1 847.835 8	2 185.707 9	2 584.374 1	3 054.444 3
27	813.675 9	971.101 6	1 159.001 6	1 383.145 7	1 650.361 2	1 968.719 1	2 347.751 5	2 798.706 1	3 334.842 6	3 971.777 6
28	985.547 9	1 185.744 0	1 426.571 9	1 716.100 7	2 063.951 5	2 481.586 0	2 982.644 4	3 583.343 8	4 302.947 0	5 164.310 9
29	1 193.512 9	1 447.607 7	1 755.683 5	2 128.964 8	2 580.939 4	3 127.798 4	3 788.958 3	4 587.680 1	5 551.801 6	6 714.604 2
30	1 445.150 7	1 767.081 3	2 160.490 7	2 640.916 4	3 227.174 3	3 942.026 0	4 812.977 1	5 873.230 6	7 162.824 1	8 729.985 5

附表D

年金现值系数表

期数	1%	2%	3%	4%	5%	6%	7%	8%	9%	10%
1	0.990 1	0.980 4	0.970 9	0.961 5	0.952 4	0.943 4	0.934 6	0.925 9	0.917 4	0.909 1
2	1.970 4	1.941 6	1.913 5	1.886 1	1.859 4	1.833 4	1.808 0	1.783 3	1.759 1	1.735 5
3	2.941 0	2.883 9	2.828 6	2.775 1	2.723 2	2.673 0	2.624 3	2.577 1	2.531 3	2.486 9
4	3.902 0	3.807 7	3.717 1	3.629 9	3.546 0	3.465 1	3.387 2	3.312 1	3.239 7	3.169 9
5	4.853 4	4.713 5	4.579 7	4.451 8	4.329 5	4.212 4	4.100 2	3.992 7	3.889 7	3.790 8
6	5.795 5	5.601 4	5.417 2	5.242 1	5.075 7	4.917 3	4.766 5	4.622 9	4.485 9	4.355 3
7	6.728 2	6.472 0	6.230 3	6.002 1	5.786 4	5.582 4	5.389 3	5.206 4	5.033 0	4.868 4
8	7.651 7	7.325 5	7.019 7	6.732 7	6.463 2	6.209 8	5.971 3	5.746 6	5.534 8	5.334 9
9	8.566 0	8.162 2	7.786 1	7.435 3	7.107 8	6.801 7	6.515 2	6.246 9	5.995 2	5.759 0
10	9.471 3	8.982 6	8.530 2	8.110 9	7.721 7	7.360 1	7.023 6	6.710 1	6.417 7	6.144 6
11	10.367 6	9.786 8	9.252 6	8.760 5	8.306 4	7.886 9	7.498 7	7.139 0	6.805 2	6.495 1
12	11.255 1	10.575 3	9.954 0	9.385 1	8.863 3	8.383 8	7.942 7	7.536 1	7.160 7	6.813 7
13	12.133 7	11.348 4	10.635 0	9.985 6	9.393 6	8.852 7	8.357 7	7.903 8	7.486 9	7.103 4
14	13.003 7	12.106 2	11.296 1	10.563 1	9.898 6	9.295 0	8.745 5	8.244 2	7.786 2	7.366 7
15	13.865 1	12.849 3	11.937 9	11.118 4	10.379 7	9.712 2	9.107 9	8.559 5	8.060 7	7.606 1
16	14.717 9	13.577 7	12.561 1	11.652 3	10.837 8	10.105 9	9.446 6	8.851 4	8.312 6	7.823 7
17	15.562 3	14.291 9	13.166 1	12.165 7	11.274 1	10.477 3	9.763 2	9.121 6	8.543 6	8.021 6
18	16.398 3	14.992 0	13.753 5	12.659 3	11.689 6	10.827 6	10.059 1	9.371 9	8.755 6	8.201 4
19	17.226 0	15.678 5	14.323 8	13.133 9	12.085 3	11.158 1	10.335 6	9.603 6	8.950 1	8.364 9
20	18.045 6	16.351 4	14.877 5	13.590 3	12.462 2	11.469 9	10.594 0	9.818 1	9.128 5	8.513 6
21	18.857 0	17.011 2	15.415 0	14.029 2	12.821 2	11.764 1	10.835 5	10.016 8	9.292 2	8.648 7
22	19.660 4	17.658 0	15.936 9	14.451 1	13.163 0	12.041 6	11.061 2	10.200 7	9.442 4	8.771 5
23	20.455 8	18.292 2	16.443 6	14.856 8	13.488 6	12.303 4	11.272 2	10.371 1	9.580 2	8.883 2
24	21.243 4	18.913 9	16.935 5	15.247 0	13.798 6	12.550 4	11.469 3	10.528 8	9.706 6	8.984 7
25	22.023 2	19.523 5	17.413 1	15.622 1	14.093 9	12.783 4	11.653 6	10.674 8	9.822 6	9.077 0
26	22.795 2	20.121 0	17.876 8	15.982 8	14.375 2	13.003 2	11.825 8	10.810 0	9.929 0	9.160 9
27	23.559 6	20.706 9	18.327 0	16.329 6	14.643 0	13.210 5	11.986 7	10.935 2	10.026 6	9.237 2
28	24.316 4	21.281 3	18.764 1	16.663 1	14.898 1	13.406 2	12.137 1	11.051 1	10.116 1	9.306 6
29	25.065 8	21.844 4	19.188 5	16.983 7	15.141 1	13.590 7	12.277 7	11.158 4	10.198 3	9.369 6
30	25.807 7	22.396 5	19.600 4	17.292 0	15.372 5	13.764 8	12.409 0	11.257 8	10.273 7	9.426 9

续表

期数	11%	12%	13%	14%	15%	16%	17%	18%	19%	20%
1	0.900 9	0.892 9	0.885 0	0.877 2	0.869 6	0.862 1	0.854 7	0.847 5	0.840 3	0.833 3
2	1.712 5	1.690 1	1.668 1	1.646 7	1.625 7	1.605 2	1.585 2	1.565 6	1.546 5	1.527 8
3	2.443 7	2.401 8	2.361 2	2.321 6	2.283 2	2.245 9	2.209 6	2.174 3	2.139 9	2.106 5
4	3.102 4	3.037 3	2.974 5	2.913 7	2.855 0	2.798 2	2.743 2	2.690 1	2.638 6	2.588 7
5	3.695 9	3.604 8	3.517 2	3.433 1	3.352 2	3.274 3	3.199 3	3.127 2	3.057 6	2.990 6
6	4.230 5	4.111 4	3.997 5	3.888 7	3.784 5	3.684 7	3.589 2	3.497 6	3.409 8	3.325 5
7	4.712 2	4.563 8	4.422 6	4.288 3	4.160 4	4.038 6	3.922 4	3.811 5	3.705 7	3.604 6
8	5.146 1	4.967 6	4.798 8	4.638 9	4.487 3	4.343 6	4.207 2	4.077 6	3.954 4	3.837 2
9	5.537 0	5.328 2	5.131 7	4.946 4	4.771 6	4.606 5	4.450 6	4.303 0	4.163 3	4.031 0
10	5.889 2	5.650 2	5.426 2	5.216 1	5.018 8	4.833 2	4.658 6	4.494 1	4.338 9	4.192 5
11	6.206 5	5.937 7	5.686 9	5.452 7	5.233 7	5.028 6	4.836 4	4.656 0	4.486 5	4.327 1
12	6.492 4	6.194 4	5.917 6	5.660 3	5.420 6	5.197 1	4.988 4	4.793 2	4.610 5	4.439 2
13	6.749 9	6.423 5	6.121 8	5.842 4	5.583 1	5.342 3	5.118 3	4.909 5	4.714 7	4.532 7
14	6.981 9	6.628 2	6.302 5	6.002 1	5.724 5	5.467 5	5.229 3	5.008 1	4.802 3	4.610 6
15	7.190 9	6.810 9	6.462 4	6.142 2	5.847 4	5.575 5	5.324 2	5.091 6	4.875 9	4.675 5
16	7.379 2	6.974 0	6.603 9	6.265 1	5.954 2	5.668 5	5.405 3	5.162 4	4.937 7	4.729 6
17	7.548 8	7.119 6	6.729 1	6.372 9	6.047 2	5.748 7	5.474 6	5.222 3	4.989 7	4.774 6
18	7.701 6	7.249 7	6.839 9	6.467 4	6.128 0	5.817 8	5.533 9	5.273 2	5.033 3	4.812 2
19	7.839 3	7.365 8	6.938 0	6.550 4	6.198 2	5.877 5	5.584 5	5.316 2	5.070 0	4.843 5
20	7.963 3	7.469 4	7.024 8	6.623 1	6.259 3	5.928 8	5.627 8	5.352 7	5.100 9	4.869 6
21	8.075 1	7.562 0	7.101 6	6.687 0	6.312 5	5.973 1	5.664 8	5.383 7	5.126 8	4.891 3
22	8.175 7	7.644 6	7.169 5	6.742 9	6.358 7	6.011 3	5.696 4	5.409 9	5.148 6	4.909 4
23	8.266 4	7.718 4	7.229 7	6.792 1	6.398 8	6.044 2	5.723 4	5.432 1	5.166 8	4.924 5
24	8.348 1	7.784 3	7.282 9	6.835 1	6.433 8	6.072 6	5.746 5	5.450 9	5.182 2	4.937 1
25	8.421 7	7.843 1	7.330 0	6.872 9	6.464 1	6.097 1	5.766 2	5.466 9	5.195 1	4.947 6
26	8.488 1	7.895 7	7.371 7	6.906 1	6.490 6	6.118 2	5.783 1	5.480 4	5.206 0	4.956 3
27	8.547 8	7.942 6	7.408 6	6.935 2	6.513 5	6.136 4	5.797 5	5.491 9	5.215 1	4.963 6
28	8.601 6	7.984 4	7.441 2	6.960 7	6.533 5	6.152 0	5.809 9	5.501 6	5.222 8	4.969 7
29	8.650 1	8.021 8	7.470 1	6.983 0	6.550 9	6.165 6	5.820 4	5.509 8	5.229 2	4.974 7
30	8.693 8	8.055 2	7.495 7	7.002 7	6.566 0	6.177 2	5.829 4	5.516 8	5.234 7	4.978 9

续表

期数	21%	22%	23%	24%	25%	26%	27%	28%	29%	30%
1	0.826 4	0.819 7	0.813 0	0.806 5	0.800 0	0.793 7	0.787 4	0.781 3	0.775 2	0.769 2
2	1.509 5	1.491 5	1.474 0	1.456 8	1.440 0	1.423 5	1.407 4	1.391 6	1.376 1	1.360 9
3	2.073 9	2.042 2	2.011 4	1.981 3	1.952 0	1.923 4	1.895 6	1.868 4	1.842 0	1.816 1
4	2.540 4	2.493 6	2.448 3	2.404 3	2.361 6	2.320 2	2.280 0	2.241 0	2.203 1	2.166 2
5	2.926 0	2.863 6	2.803 5	2.745 4	2.689 3	2.635 1	2.582 7	2.532 0	2.483 0	2.435 6
6	3.244 6	3.166 9	3.092 3	3.020 5	2.951 4	2.885 0	2.821 0	2.759 4	2.700 0	2.642 7
7	3.507 9	3.415 5	3.327 0	3.242 3	3.161 1	3.083 3	3.008 7	2.937 0	2.868 2	2.802 1
8	3.725 6	3.619 3	3.517 9	3.421 2	3.328 9	3.240 7	3.156 4	3.075 8	2.998 6	2.924 7
9	3.905 4	3.786 3	3.673 1	3.565 5	3.463 1	3.365 7	3.272 8	3.184 2	3.099 7	3.019 0
10	4.054 1	3.923 2	3.799 3	3.681 9	3.570 5	3.464 8	3.364 4	3.268 9	3.178 1	3.091 5
11	4.176 9	4.035 4	3.901 8	3.775 7	3.656 4	3.543 5	3.436 5	3.335 1	3.238 8	3.147 3
12	4.278 4	4.127 4	3.985 2	3.851 4	3.725 1	3.605 9	3.493 3	3.386 8	3.285 9	3.190 3
13	4.362 4	4.202 8	4.053 0	3.912 4	3.780 1	3.655 5	3.538 1	3.427 2	3.322 4	3.223 3
14	4.431 7	4.264 6	4.108 2	3.961 6	3.824 1	3.694 9	3.573 3	3.458 7	3.350 7	3.248 7
15	4.489 0	4.315 2	4.153 0	4.001 3	3.859 3	3.726 1	3.601 0	3.483 4	3.372 6	3.268 2
16	4.536 4	4.356 7	4.189 4	4.033 3	3.887 4	3.750 9	3.622 8	3.502 6	3.389 6	3.283 2
17	4.575 5	4.390 8	4.219 0	4.059 1	3.909 9	3.770 5	3.640 0	3.517 7	3.402 8	3.294 8
18	4.607 9	4.418 7	4.243 1	4.079 9	3.927 9	3.786 1	3.653 6	3.529 4	3.413 0	3.303 7
19	4.634 6	4.441 5	4.262 7	4.096 7	3.942 4	3.798 5	3.664 2	3.538 6	3.421 0	3.310 5
20	4.656 7	4.460 3	4.278 6	4.110 3	3.953 9	3.808 3	3.672 6	3.545 8	3.427 1	3.315 8
21	4.675 0	4.475 6	4.291 6	4.121 2	3.963 1	3.816 1	3.679 2	3.551 4	3.431 9	3.319 8
22	4.690 0	4.488 2	4.302 1	4.130 0	3.970 5	3.822 3	3.684 4	3.555 8	3.435 6	3.323 0
23	4.702 5	4.498 5	4.310 6	4.137 1	3.976 4	3.827 3	3.688 5	3.559 2	3.438 4	3.325 4
24	4.712 8	4.507 0	4.317 6	4.142 8	3.981 1	3.831 2	3.691 8	3.561 9	3.440 6	3.327 2
25	4.721 3	4.513 9	4.323 2	4.147 4	3.984 9	3.834 2	3.694 3	3.564 0	3.442 3	3.328 6
26	4.728 4	4.519 6	4.327 8	4.151 1	3.987 9	3.836 7	3.696 3	3.565 6	3.443 7	3.329 7
27	4.734 2	4.524 3	4.331 6	4.154 2	3.990 3	3.838 7	3.697 9	3.566 9	3.444 7	3.330 5
28	4.739 0	4.528 1	4.334 6	4.156 6	3.992 3	3.840 2	3.699 1	3.567 9	3.445 5	3.331 2
29	4.743 0	4.531 2	4.337 1	4.158 5	3.993 8	3.841 4	3.700 1	3.568 7	3.446 1	3.331 7
30	4.746 3	4.533 8	4.339 1	4.160 1	3.995 0	3.842 4	3.700 9	3.569 3	3.446 6	3.332 1

参考文献

［1］财政部会计资格评价中心．2006～2009 年全国中级会计师专业技术资格考试财务管理辅导教材．北京：中国财政经济出版社，2006～2009.

［2］孔德兰．财务管理实务．北京：中国人民大学出版社，2015.

［3］张卫东．财务管理实务．上海：上海财经大学出版社有限公司，2015.

［4］邹敏．财务管理实务．北京：清华大学出版社，2014.

［5］黄佑军．财务管理实务（第一版）．北京：人民邮电出版社，2011.

［6］黄佑军．财务管理项目实训．北京：经济科学出版社，2010.